SPSS를 활용한

통계적 방법론 2판

SPSS 아카데미 시리즈

SPSS를 활용한

통계적 방법론 2판

허명회 지음

한나래아카데미

SPSS를 활용한 **통계적 방법론** 2판

지은이 / 허명회
펴낸이 / 한기철

2002년 3월 15일 1판 1쇄 발행
2008년 10월 20일 2판 1쇄 인쇄
2008년 10월 31일 2판 1쇄 발행

펴낸곳 / 한나래출판사
등록 / 1991. 2. 25 제22-80호
주소 / 서울시 서대문구 냉천동 182 냉천빌딩 4층
전화 / 02-738-5637 · 팩스 / 02-363-5637 · e-mail / hannarae07@unitel.co.kr
www.hannarae.net

필름출력 / 남양프로세스 인쇄 · 제책 / (주) 신화프린팅

국립중앙도서관 출판시도서목록(CIP)

SPSS를 활용한 통계적 방법론 = Statistical methods using SPSS
/ 허명회 지음. -- 2판. -- 서울 : 한나래출판사, 2008
262p. ; 26cm. -- (SPSS 아카데미 시리즈)

참고문헌과 색인 수록
권말부록: 통계분포표 ; 컴퓨터 파일 목록
ISBN 978-89-5566-082-1 94310 : ₩22000
ISBN 978-89-5566-051-7(세트)

통계 분석[統計分析] 에스피에스에스[SPSS]

310.16-KDC4
519.53-DDC21 CIP2008002901

머리말

이 책은 일전에 저자가 펴낸『SPSS를 활용한 통계적 방법론(멀티미디어 학습 CD)』(서울: 자유아카데미, 2002)을 부분 개정한 것으로, SPSS 분석절차를 포함시킨 것이 특징이다. 이전 책과 마찬가지로 SPSS를 기본으로 전제하였고 독자들의 개인적 실습이 가능하도록 하였다.

이 책은 여느 책과 다르다. 무엇보다도 수학 이론을 별로 쓰지 않으면서도 통계적 개념과 논리를 설명하고 있다는 점에서 그렇다. 또한 통계적 방법을 기초부터 다루고 있지만 초급에 머무르지 않고 실전에 응용할 수 있는 수준까지 학습할 수 있도록 되어 있다. 그 과정에서 독자들은 실생활에 활용할 수 있는 통계학을 쉽게 배울 것이다.

처음 세 장은 기술통계(記述統計, descriptive statistics), 통계적 추론의 기본 개념과 방법, 두 집단의 비교를 위한 통계적 방법 등에 관한 것이다. 독자들은 새로운 눈으로 통계학을 볼 수 있기 바란다.

4장부터 6장까지는 비교실험의 설계와 분석에 관한 것이다. 1원 설계·2원 설계부터 요인실험, 그리고 현실적으로 많이 활용되는 반복측정 설계까지를 다루었다.

7장부터 9장까지는 통계적 관계, 즉 회귀분석에 관한 것이다. 단순·다중 선형회귀뿐만 아니라 회귀진단과 변수선택, 그리고 공분산분석과 일반선형모형에 이르기까지 중심적인 것과 주변적인 것을 가려 제시하였다. 10장에는 교차표 분석·로지스틱 회귀 등 범주형 자료분석을 다루었다.

이 책에 포함되지 않은 다변량 통계기법에 관하여는 자매서인『SPSS 다변량자료분석』(허명회·양경숙, 2007, 서울: 한나래)을 참고하면 좋을 것이다.

2008년 가을

고려대 통계학과 교수 허 명 회 (許明會)
stat420@korea.ac.kr

Statistical Methods Using SPSS Revised Edition

지은이

허명회(許明會)

서울대학교 계산통계학과 졸업
미국 스탠포드 대학교 대학원, 통계학 박사
현 고려대학교 정경대학 통계학과 교수
(e-mail: stat420@korea.ac.kr)

주요 저서 : 통계조사의 길잡이 (1995, 자유아카데미)
통계적 개념 · 방법 · 응용 (1997, 자유아카데미)
사회여론조사 (1998, 자유아카데미)
수량화 방법 I · II · III · IV (1998, 자유아카데미)
다변량 수량화 (1999, 자유아카데미)
사회과학을 위한 다변량자료분석 (1999, 자유아카데미)
수리통계학 강의 (2001, 자유아카데미)
통계적 사고 (2006, 교우사)
통계수학강의 (2007, 교우사)
R을 활용한 탐색적 자료분석 (2007, 자유아카데미)
SPSS 설문지 조사 입문 (2007, 한나래)
SPSS 다변량자료분석 (2007, 한나래, 공저)
데이터마이닝 모델링과 사례 (제 2판) (2008, 한나래, 공저)

Statistical Methods Using SPSS Revised Edition

CONTENTS

Statistical Methods Using SPSS Revised Edition

1장 | 자료기술

- 일변량 및 이변량 자료기술(data description) 기법을 설명하기로 한다.
- 중심용어 : 줄기그림, 히스토그램, 다섯수치요약, 평균·표준편차, 상자그림, 특이값, 빈도표, 교차표, 산점도, 상관계수(피어슨, 스피어만, 켄달) 등

1.1 줄기그림과 히스토그램

자료를 볼 때 통계적 관점에서는 자료값들의 중심성향과 산포를 중시한다. 중심성향(中心性向, central tendency)은 자료값들이 어떤 값을 중심으로 하고 있는가를 말하고, 산포(散布, dispersion, 퍼짐)는 자료값들이 어느 정도, 어떻게 퍼져 있는가를 말한다.

예를 들어 <표 1>의 자료를 보자. 이 가상자료는 H교수의 "사회과학을 위한 통계적 방법론"을 수강한 61명으로부터 수강 의견을 점수화한 것으로, 여기서 만족도 점수(변수명 score)는 5점 척도의 10개 문항의 합계이고, 변수 field는 전공 분야를 나타내는 코드이며, 변수 gender는 성별 코드이다.

만족도는 대략 얼마쯤일까? 누구나 쉽게 생각하는 것이 평균이지만, 일변량 자료 기술에서는 그 변수의 분포를 보는 것이 무엇보다 앞서 필요하다. 그 방법으로

- 히스토그램(histogram)
- 줄기그림(줄기잎 그림, stem-and-leaf display)

이 대표적이다.

분석 사례 - 수강생 만족도 자료

줄기그림부터 예를 들어 설명하기로 한다. 줄기그림은 자료값을 줄기와 잎으로 분리하여 펼쳐 보인 그래프이다.

예컨대 <표 1>의 처음 네 자료값 31, 31, 28, 24는 각각

$$31 = 30 + 1,\quad 31 = 30 + 1,\quad 28 = 20 + 8,\quad 24 = 20 + 4$$

〈표 1〉 수강생 만족도 자료(desc61.sav)

score	field	gender*	score	field	gender	score	field	gender
31	1	1	31	1	0	36	2	1
31	1	0	29	1	0	35	2	1
28	1	0	29	1	0	34	2	1
24	1	0	27	1	0	29	2	0
23	1	1	29	1	1	33	2	1
22	1	1	30	2	0	28	2	1
27	1	0	30	2	0	28	2	1
26	1	0	37	2	0	36	2	1
24	1	0	31	2	1	33	2	0
22	1	0	33	2	0	31	2	1
24	1	0	30	2	0	28	2	0
27	1	1	36	2	0	29	2	1
26	1	0	35	2	0	30	2	1
28	1	0	29	2	0	34	2	0
24	1	0	25	2	1	40	2	1
30	1	0	32	2	0	34	2	0
23	1	0	23	2	0	40	2	1
20	1	0	34	2	1	28	2	1
27	1	0	35	2	0	31	2	0
23	1	1	26	2	1	33	2	0
			29	2	1			

* score = 5점 척도의 10개 문항의 합계(최소 0점, 최대 40점):

문항의 예) 적절한 사례를 들어 동기부여를 하였는가?
강의의 구성이 적절하였는가?
학생들의 질문에 성의 있게 답하였는가?
시험이 강의의 내용을 적절히 반영하였는가?

반응척도) 0점 - 전혀 그렇지 않았다
1점 - 그렇지 않은 편이었다
2점 - 보통이었다
3점 - 그런 편이었다
4점 - 아주 그러하였다

field = 전공 분야 코드 : 경영학이면 field = 1,
사회학, 행정학, 심리학, 교육학 등 기타 사회과학이면 field = 2

gender = 성별 코드 : 남자는 gender = 0, 여자는 gender = 1

이므로 이것을

3 | 11
2 | 84

로 나타낸다. 이런 식으로 61개 자료값들을 모두 나타내보면 다음과 같다.

줄기그림 [1]

4 | 00
3 | 1101007130652456543631044413
2 | 843276424768430739979953699888898

앞 그림이 분포의 모양을 나타내기에는 줄기의 수가 너무 적으므로 다음과 같이 한 줄기를 2개로 쪼개어본다. 즉 20점대를 20에서 24까지의 아랫줄기와 25에서 29까지의 윗줄기로 나눈다는 것이다. 마찬가지로 30점대도 아랫줄기와 윗줄기로 나눈다. 그러면 다음과 같다.

줄기그림 [2]

4 | 00
3 | 7655656
3 | 110100130244331044413
2 | 8767687997995699888898
2 | 43242443033

10점 폭의 줄기를 5개로 나누는 방법도 있다. 예컨대 20점과 21점을 한 줄기로, 22점과 23점, 24점과 25점, 26점과 27점, 28점과 29점을 묶는 것이 그것이다. 자료의 잎을 오름차순으로 정리하여 이 방법으로 줄기그림을 만들어보면 다음과 같다.

줄기그림 [3]

4 | 00
3 |
3 | 6667
3 | 4444555
3 | 23333
3 | 00000111111
2 | 8888889999999
2 | 6667777
2 | 44445
2 | 223333
2 | 0

〈그림 1〉 수강 만족도에 대한 히스토그램 : 왜곡된 분포

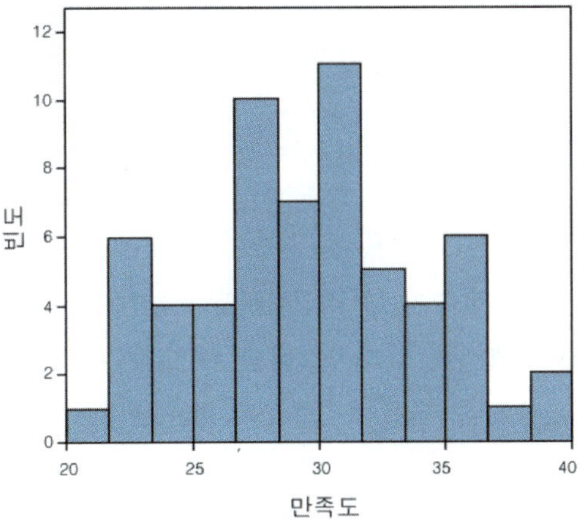

이 사례에서는 줄기그림 [1], [2], [3] 중에서 [3]이 분포 모양을 충실히 보여준다는 데 대부분 동의할 것이다. 자료의 크기가 100 이내인 경우라면 이렇게 시행착오를 통해 좋은 모양의 줄기그림을 수작업으로 그려보는 것이 좋겠다.

분포의 모양을 보기 위한 전통적 방법은 히스토그램이다. 히스토그램은 줄기그림에 비하여 계급의 범위와 폭을 임의로 정할 수 있다는 이점이 있지만, 수작업으로는 작성하기 어렵고 의외로 분포를 왜곡시킬 수 있다는 단점이 있다. <그림 1>이 수강 만족도에 대한 히스토그램인데, 언뜻 보기에는 그럴듯하지만 상당한 무리가 있는 그래프이다. 구간의 폭이 5/3이므로, 예컨대

$$[30, 31\frac{2}{3}), [31\frac{2}{3}, 33\frac{1}{3}), [33\frac{1}{3}, 35)$$

는 각각

$$\{30, 31\}, \{32, 33\}, \{34\}$$

로서 실제적으로는 불균일하다. 그러므로 첫째, 둘째 구간의 빈도가 셋째 구간의 빈도에 비해 과장되는 문제가 생긴다. 이런 문제는 구간의 폭을 2로 조정하면 해결될 것이다.

일반적으로, 자료 수가 큰 경우에는 줄기그림보다 히스토그램이 보기 좋다. 히스토그램을 그릴 때에는 구간의 수가 적은 것부터 많은 것에 이르기까지 여러 개를 시도해본 다음, 자료분포의 모양이 너무 밋밋하지도 않고 너무 뾰쪽뾰쪽하지도 않은

것을 고르는 것이 바람직하다. 단, 자료값의 숫자 형태에 유의하여 각 구간의 길이를 실질적으로도 같게 하여야 한다.

1.2 다섯수치요약과 상자그림

줄기그림 [3]에서 만족도 점수가 최소값(minimum) 20점과 최대값(maximum) 40점 사이에 걸쳐 있는 것을 볼 수 있다. 그러면 자료값의 주 경향을 나타내는 대표값은 무엇인가? 평균(mean)과 중간값(중위수, median)이 그것인데 여기서는 중간값을 우선하기로 한다.

- 중간값(中位數, median) : 자료를 크기순으로 늘어놓았을 때 중간에 오는 값.
  - 자료의 크기 n이 홀수이면 $(n+1)/2$번째 값이 중간값이다.
  - n이 짝수이면 $n/2$번째 값과 $n/2+1$번째 값의 평균이 중간값이다.

이제까지 자료를 최소값, 중간값, 최대값의 3개 수치로 요약하였지만, 이들 요약수치로부터 자료 전체의 분포를 재건할 수 없다는 의미에서 결코 충분하다고는 할 수 없다. 어떤 요약수치가 있으면 효과적일까? 하위 50% 집단의 중간값과 상위 50% 집단의 중간값이 자료값 분포의 산포에 대한 정보를 준다.

- 4분위수(四分位數, quartile) : 크기순으로 늘어놓았을 때 1/4 위치의 자료값.
  - 자료의 크기를 n이라고 하면 $H=(n+1)/4$번째 값이 4분위수이다.
  - 만약 H가 정수가 아니면 인근 자료값을 보간하여 얻는다.

이렇게 자료를 일단 5개의 수치로 요약하면 그런대로 충분하다.

- 다섯수치요약(five number summary) :
  최소값(min), 아래 4분위수(Q1), 중간값(med), 위 4분위수(Q3), 최대값(max).

위의 다섯수치요약 외에 자료의 중심경향인 대표값과 산포에 대한 측도로 사회에서 빈도 높게 쓰이는 것은 평균과 표준편차이다. 자료값을 $x_1, \cdots, x_n$ 이라고 할 때 평균과 표준편차의 정의는 다음과 같다.

〈그림 2〉 미국 프로야구선수들의 연봉 분포(1994년)

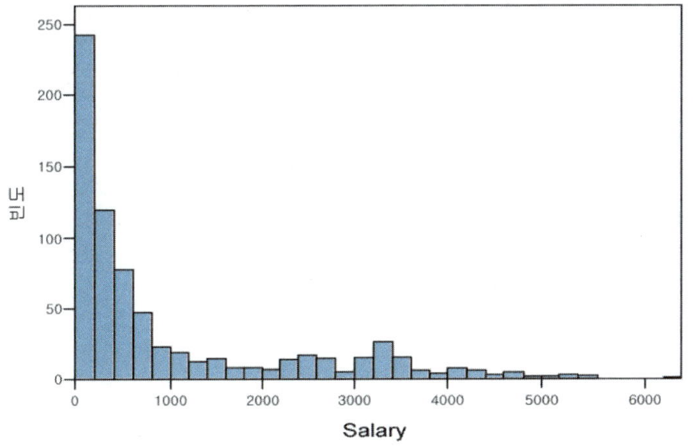

- 평균(mean) : $\bar{x} = \dfrac{x_1 + \cdots + x_n}{n}$

- 표준편차(standard deviation) : $s = \sqrt{\dfrac{(x_1 - \bar{x})^2 + \cdots + (x_n - \bar{x})^2}{n-1}}$

중심성향을 측정하는 중간값과 평균은 같을 수도 있지만 다른 경우도 많이 볼 수 있다. <그림 2>는 1994년도 미국 프로야구선수 747명의 연봉 자료의 분포인데, 이 사례에서 평균은 1,073이지만 중간값은 이보다 작은 400이다 (단위 : 1,000불). 그리고 평균보다 작은 자료값들의 비율은 70%가 된다.

따라서 분포가 비대칭적인 경우에 있어서는 평균이 자료값들의 대표값이라고 하기 어렵다. 다시 말하자면 자료분포가 대칭적일 때 한하여 평균이 대표값으로 쓰일 수 있으므로 평균을 남용하면 곤란하다. 표준편차도 마찬가지이다.

참고로, 우리나라 2007년도 4/4분기 현재 가구당 평균소득은 327만 4천원이지만 전체 가구 중 약 60%의 소득은 그 이하이다. 그리고 2007년도 현재 농가 1호당 경지면적은 평균 1.4ha이지만 75% 정도의 농가가 그 이하의 농지를 경작한다. 평균이 '보통' 값이라고 생각하고 있다면 이번 기회에 생각을 바로잡기 바란다. 한쪽으로 기운 분포의 경우 '평균'은 왜곡된 수량적 정보를 퍼뜨릴 위험이 있다.

〈그림 3〉 수강생 만족도에 관한 상자그림

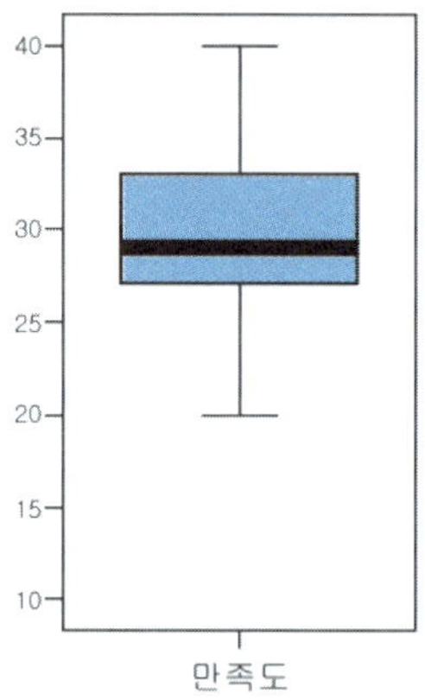

분석 사례 - 수강생 만족도 자료

앞 절의 정의에 따라 <표 1> 자료의 중간값을 구해보자. $n = 61$이므로 $(61+1)/2 = 31$번째 값이 중간값이다. 줄기그림 [3]에서 그것을 추적해보면 29이다. $n = 61$이면 $H = (61+1)/4 = 15.5$이다. <표 1>의 자료에서 점수가 작은 쪽으로 15번째 값이 26점, 16번째 값이 27점이므로 아래 4분위수는 26.5점이다(줄기그림 [3] 참조). 점수가 큰 쪽으로 15번째 값이 33점, 16번째 값도 33점이므로 위 4분위수는 33점이다.

중심성향	평균		29.5
	중간값		29
산포	표준편차		4.5
	최소값		20
	최대값		40
	백분위수	25%	26.5
		50%	29
		75%	33

<표 1>의 자료에 대한 다섯수치요약은 최소값(min), 아래 4분위수(Q1), 중간값(med), 위 4분위수(Q3), 최대값(max)의 순으로 (20, 26.5, 29, 33, 40)이다. 상자그림(box plot)은 다섯수치요약을 한눈에 볼 수 있게 한 것이다. <그림 3>에서 볼 수 있

듯이, 상자의 양끝 선은 두 4분위수이고 가운데 선은 중간값이다. 그리고 상자의 양끝에서 최소값·최대값 사이는 선으로 연결되어 있다. 그러므로 자료분포에서 상자와 선이 차지하는 비율은 각각 절반씩이다.

앞서 크기가 61인 <표 1>의 자료에 대하여 평균과 표준편차를 구해보면 $\bar{x}=29.5$, $s=4.5$인데, 평균만 구한다고 하더라도 포켓 계산기로는 구해내기가 상당히 힘들다. 따라서 중간값과는 달리 평균은 수작업으로 가능한 방법이라고 하기 어렵다.

1.3 정규분포와 특이값

원점에서 시작하여 1/2의 확률로 오른쪽으로 한 칸 움직이고 1/2의 확률로 왼쪽으로 한 칸 움직인다고 하자. 예컨대 동전 던지기를 염두에 두자. 이런 확률적 시행을 독립적으로 n번 한다면 최종 위치 X_n이 어떤 모습의 분포를 따를까? (만약 1회의 게임에서 1/2의 확률로 1원을 따거나 1/2의 확률로 1원을 잃을 수 있다고 한 다음 이런 게임을 n번 한다면, X_n은 n게임 후의 득실이 될 것이다)

$n=1$이면 $P(X_1=-1)=P(X_1=+1)=1/2$이다. 즉

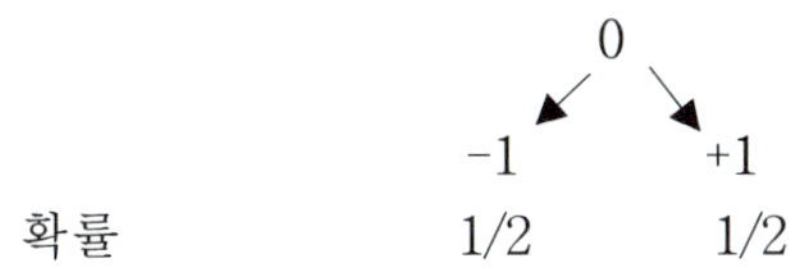

$n=2$이면

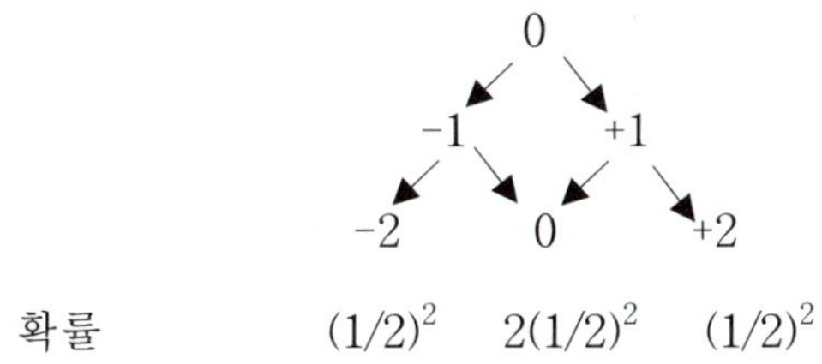

$n = 3$ 이면

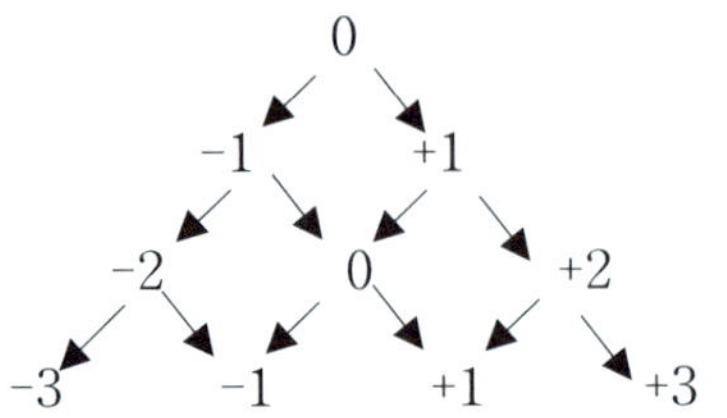

확률 $\left(\frac{1}{2}\right)^3$ $3\left(\frac{1}{2}\right)^3$ $3\left(\frac{1}{2}\right)^3$ $\left(\frac{1}{2}\right)^3$

이런 식으로 n이 커지면 X_n의 분포가 다음과 같은 확률밀도함수의 형태가 된다는 것을 보일 수 있다(여기서는 수학적 유도 과정을 생략한다. 허명회(1997)의 『통계적 개념·방법·응용』(3.1절)을 참조하기 바란다).

$$f(x\,;\mu,\sigma^2) = \frac{1}{\sqrt{2\pi}\,\sigma}\, e^{-\frac{(x-\mu)^2}{2\sigma^2}}, \quad -\infty < x < +\infty$$

이 곡선을 가우스 곡선 또는 정규곡선(normal curve)이라고 하며 그 모습은 서양의 종 모양(bell shape)을 띤다(여기서 $e = 2.7182\cdots$).

<그림 4>를 보라. 이 곡선형 확률분포, 즉 정규분포(normal distribution) $N(\mu, \sigma^2)$의 특성은 다음과 같다.

- μ(mu)는 분포의 위치(location)를 나타낸다.
  - 분포가 μ를 중심으로 대칭이다.
  - μ는 분포의 평균이다.
- σ(sigma)는 분포의 척도(scale)를 결정한다.
  - σ가 크면 분포가 납작하고 σ가 작으면 분포가 뾰족하다.
  - σ는 분포의 표준편차이다.
  - σ^2을 분포의 분산(variance)이라고 한다.

또한

- $P\{-\sigma \le X-\mu \le \sigma\} = 0.6826$, 약 68%(≒2/3)
- $P\{-2\sigma \le X-\mu \le 2\sigma\} = 0.9544$, 약 95%(=19/20)
- $P\{-3\sigma \le X-\mu \le 3\sigma\} = 0.9974$, 약 99.5%(=199/200)

〈그림 4〉 정규분포 $N(\mu, \sigma^2)$

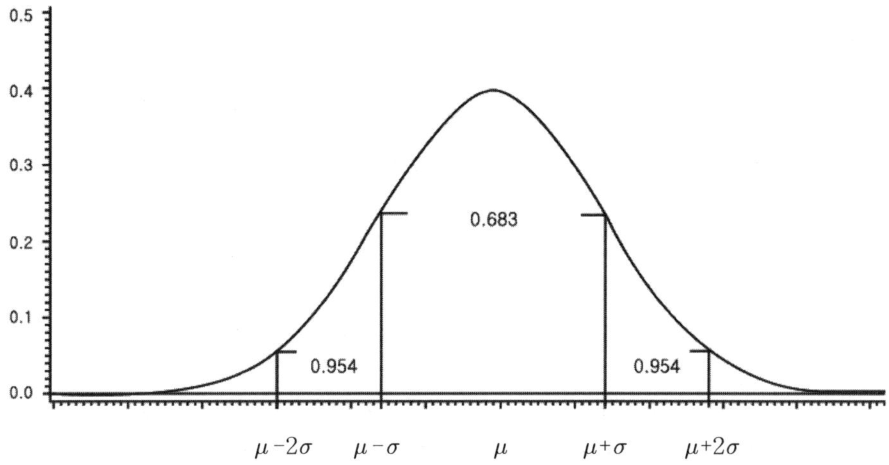

이다. 그 밖에

$$P\{-z\sigma \le X-\mu \le z\sigma\} = P\left\{-z \le \frac{X-\mu}{\sigma} \le z\right\}$$

의 값은 정규분포표(부록 A.3)로부터 구한다(각 $z \ge 0$에 대하여).

사회와 자연에서 관측되는 많은 자료들이 정규분포를 따른다. 왜 그런가? 앞의 유도 과정을 넓게 해석하면 여러 독립적인, 그리고 비슷한 크기의 변동요인들의 합(合)으로 형성되는 개별 자료값은 정규분포라는 확률적 법칙을 따른다고 볼 수 있다. 18세 청소년의 키 같은 것이 그 좋은 예이다. 18세 청소년 갑동이의 키는 아버지와 어머니로부터 다양한 유전적 영향을 받았을 것이고, 또한 이와는 독립적으로 다양한 사회적·환경적 영향을 받았을 것이기 때문이다.

그러나 또 다른 많은 자료들은 실제로 정규분포를 따르지 않는다. <그림 2>의 프로야구선수 연봉 자료나 우리나라 도시가구 월소득 자료가 그런 예들이다. 개별 자료값들이 여러 독립적인, 그리고 비슷한 크기의 변동요인들의 합으로 형성되는 것으로 보기 어려운 경우는 비정규적 분포를 따르게 된다.

여러 원인에 의하여 정상적인 범위를 벗어난 특이값(特異値, outlier)이 끼어든 자료가 드물지 않게 만들어진다. 숫자를 잘못 기록하거나 입력하는 것이 한 원인이다. A의 월소득이 1,800,000원이라고 하자. 원래는 만원 단위로 기록하도록 되어 있으나 면접원이 착오로 천원 단위로 기록하였다면(즉 1,800으로) 무려 10배로 부풀려진 자료값이 분석단계로 넘어갈 것이다.

단순한 실수 외에 측정도구의 결함으로 특이값이 발생할 수도 있다. 어떤 경우에는 특이값이 의외로 중대한 발견의 기회가 되기도 한다. 특이값이 꼭 이상한 것은 아니다.

하여튼 자료분석에 있어 특이값에 대한 기술을 포함할 필요가 있다. 어느 관측값이 특이값이라고 할 수 있을까? 아래 4분위수 Q_1과 위 4분위수 Q_3의 차이인 4분위수 간 거리(IQR, inter-quartile range)를 IQR이라고 할 때 정규분포를 따르는 자료에서 정상범위

$$(Q_1 - 1.5\ \mathrm{IQR},\ Q_3 + 1.5\ \mathrm{IQR})$$

을 벗어나는 관측값이 발견될 가능성은 1% 미만이다. 그러므로 특이값을 위 범위를 벗어나는 관측값으로 정의한다.

예컨대 어떤 자료의 다섯수치요약이

(20.00, 27.00, 29.50, 33.75, 50.00)

이라면 IQR = 33.75-27.00 = 6.75이고 특이값은 정상범위

$(27 - 1.5 \cdot 6.75,\ 33.75 + 1.5 \cdot 6.75)$, 즉 (16.88, 43.88)

을 벗어나는 관측값이다. <그림 5>는 특이값이 표시된 상자그림의 예이다.

특이값에 대하여는 그 원인을 탐구하여, 만약 측정불량 또는 입력실수로 인하여 발생한 것이라면 후속분석에 앞서 바로잡아야 한다.

〈그림 5〉 특이값이 표시된 상자그림

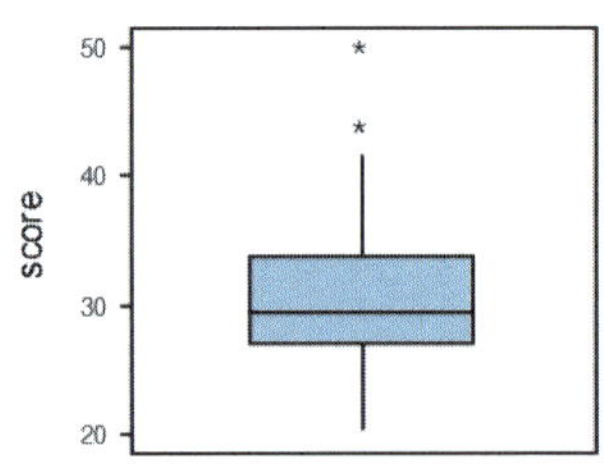

통계이론 앞의 다섯수치요약을 활용한 특이값 탐지 방법을 수리적으로 설명하면 다음과 같다. 자료가 정규분포를 따른다고 가정하면 정규분포의 특성상

$$P\{-0.675\sigma \le X-\mu \le 0.675\sigma\} = 0.5$$

가 된다. 즉

$$P\{X \le \mu - 0.675\sigma\} = 0.25, \quad P\{X \ge \mu + 0.675\sigma\} = 0.25$$

이다. 그러므로 아래 4분위수 Q_1과 위 4분위수 Q_3의 차이인 4분위수 사이의 거리(IQR)는 $1.35\sigma(=2 \cdot 0.675\sigma)$에 대한 추정치가 된다. 그러므로

$$\sigma \simeq \mathrm{IQR}/1.35,$$
$$\therefore\ Q \pm 1.5\,\mathrm{IQR} \simeq \mu \pm 0.675\sigma \pm 1.5\times(1.35\sigma) = \mu \pm 2.7\sigma$$

이다. 그런데 정규분포에서

$$P\{-2.7\sigma \le X-\mu \le 2.7\sigma\} = 0.993, \text{ 즉 } 99\% \text{ 이상}$$

이므로(부록 A.3 참조), 정규분포를 따르는 자료에서 정상범위

$$(Q_1 - 1.5\ \mathrm{IQR},\ Q_3 + 1.5\ \mathrm{IQR})$$

을 벗어나는 관측값이 발견될 가능성은 1% 미만이다. 그런 이유로 특이값을 위 범위를 벗어나는 관측값으로 정의한다.

1.4 두 집단의 비교

통계자료의 분석에는 흔히 여러 집단의 비교가 포함된다. 예컨대 <표 1>의 자료에서 수강생 만족도(변수명 score)를 전체 집단에서만 볼 것이 아니라 전공 분야별(변수명 field)로, 그리고 성별(변수명 gender)로 보는 것도 의미 있는 일이다. 이것을 위해서 기본적으로 필요한 것은 집단별 다섯수치요약을 구하는 것이다.

분석 사례 - 수강생 만족도 자료

수강생 만족도 자료에 대해 분야에 따라 다섯수치요약을 구해보면, 다음에서 보듯이 분야 1(경영학)보다는 분야 2(기타 사회과학)에서 평가점수가 높게 나타난다. 구체적으로 분야 1의 위 4분위수가 분야 2의 아래 4분위수와 같고 중간값에서 분야 1에 비해 분야 2가 4.5점이 높다.

	크기 n	최소값	Q_1	중간값	Q_3	최대값	IQR(=Q_3-Q_1)
전공 분야 1:	25	20.00	23.50	27.00	29.00	31.00	5.50
전공 분야 2:	36	23.00	29.00	31.50	34.75	40.00	5.75

어떤 이유에서 그런지 그 원인을 밝혀야겠지만, H교수의 강의에 경영학 전공 학생들은 기타 사회과학 전공 학생에 비하여 덜 만족하는 편인 것이다.

한편, 성별로 보면 다음과 같다. H교수의 강의가 여학생들에게 좀 더 평이 좋은 듯하지만 그 차이는 미미하다.

	크기 n	최소값	Q_1	중간값	Q_3	최대값	IQR(=Q_3-Q_1)
남학생 0:	37	20.00	26.00	29.00	32.50	37.00	6.50
여학생 1:	24	22.00	27.25	29.50	34.00	40.00	6.75

상자그림은 단일 집단의 경우보다 두 집단의 비교에 있어, 그리고 더 효과적으로는 세 집단 이상의 비교에 있어 더 강력한 그래프적 기법이다. <그림 6>과 <그림 7>을 보라.

〈그림 6〉 전공 분야별 상자그림

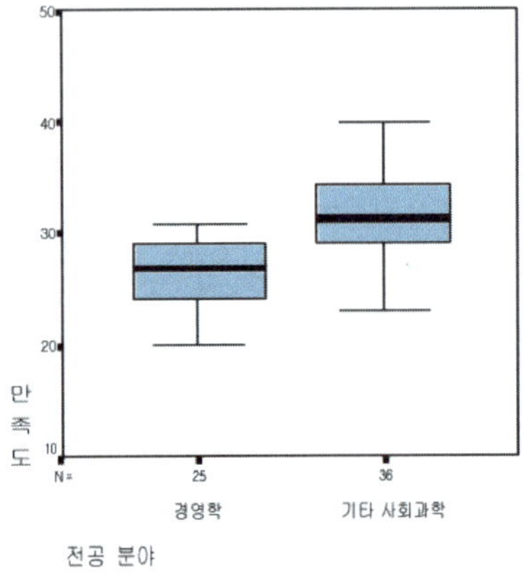

〈그림 7〉 성별 상자그림

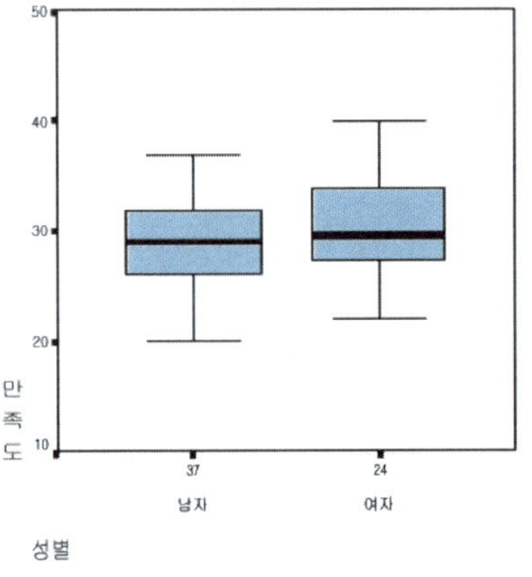

두 집단(또는 세 집단 이상)의 집단 내 상대적 위치를 측정하는 통상적 통계는 소위 표준(화) 점수 Z이다.

- Z 점수(정의) = $\dfrac{X-\mu}{\sigma}$

  여기서 μ는 대표값(중간값 또는 평균),

  σ는 산포의 측도(IQR/1.35 또는 표준편차)이다.

예컨대 성별 0(=남학생)에서 31점의 만족도와 성별 1(=여학생)에서 31점의 만족도를 집단 내 위치로 비교한다면,

$$\text{성별 0의 36점} \rightarrow z = (36-29)/(6.50/1.35) = 1.45$$
$$\text{성별 1의 36점} \rightarrow z = (36-29.5)/(6.75/1.35) = 1.40$$

이므로 성별 0의 31점이 성별 1의 31점에 비하여 집단 내에서는 상대적으로 더 큰 편이라고 말할 수 있다.

1.5 빈도분석과 교차표

변수가 갖는 값의 특성에 따라서 연속형 변수와 이산형 변수로 나누어볼 수 있다. 연속형 변수는 그 범위가 실직선 상의 일정한 구간을 갖는다. 반면에 이산형 변수는 몇 개의 유한한 값을 갖는다. <표 1>의 자료에서 만족도는 0점부터 40점 사이에서 연속적인 값을 가지므로 연속형 변수로 분류된다. 그러나 전공의 경우 경영학과에 임의의 숫자 1을 주고 기타 사회과학은 0의 값을 주어 숫자로써 학과를 구분하고 있다. 이러한 성질을 갖는 변수를 이산형 변수라 한다.

앞 절에서는 연속형 변수의 자료기술에 대해 살펴보았다. 만족도 같은 연속형 변수에 대하여는 중심성향과 산포를 통해 자료의 특성을 파악할 수 있고, 이산형 변수에 대하여는 각 값들의 빈도수나 교차표에서 각 행내 열들의 비율을 비교하게 된다.

분석 사례 - 수강생 만족도 자료

<표 2>는 수강생 만족도 자료에서 전공과 성별에 대한 빈도분석표이다.

〈표 2〉 전공과 성별의 빈도분석

		빈도	퍼센트	유효 퍼센트	누적 퍼센트
유효	경영학	25	41.0	41.0	41.0
	사회과학	36	59.0	59.0	100.0
	합계	61	100.0	100.0	

		빈도	퍼센트	유효 퍼센트	누적 퍼센트
유효	남자	37	60.7	60.7	60.7
	여자	24	39.3	39.3	100.0
	합계	61	100.0	100.0	

<표 2>처럼 간단한 정리를 통해, 경영학과 학생이 총 25명으로 전체의 41%를 차지하고 있으며 사회과학 학생이 36명으로 전체의 59%를 차지하고 있음을 알 수 있다. 성별에서는 남자가 37명으로 전체의 60.7%이며 여자는 24명으로 전체의 39.3%를 차지하고 있다. 참고로 <표 2>는 결측값을 제외한 유효 표본에 대한 유효 퍼센트뿐만 아니라 누적 퍼센트를 동시에 보여주고 있다.

두 이산형 변수에 대하여는 <표 2>와 같이 각각의 빈도를 살펴볼 수 있을 뿐만 아니라 두 변수 간의 교차표를 구할 수 있다. 교차표는 한 변수는 행에, 다른 변수는 열에 놓고 한 변수의 수준별로 다른 변수의 빈도를 정리한 표이다. 이는 앞서 전공별(성별) 만족도 점수의 차이를 비교한 것과 같은 방식이다.

<표 3>은 전공을 행에 두고, 성별을 열에 둠으로써 전공별 성비율 차이를 보여주고 있다.

〈표 3〉 전공별 성비율 교차표

			성별		전체
			남자	여자	
전공 분야	경영학	빈도	19	6	25
		전공 분야의 %	76.0	24.0	100.0
	사회과학	빈도	18	18	36
		전공 분야의 %	50.0	50.0	100.0
전체		빈도	37	24	61
		전공 분야의 %	60.7	39.3	100.0

<표 3>에서 경영학과 25명 중에서 남학생이 76%(19명), 여학생이 24%(6명)로 남학생의 비율이 매우 높은 것을 알 수 있다. 반면에 사회과학에서는 전체 36명 가운데 남학생 50%(18명), 여학생 50%(18명)로 동일한 성비를 갖는다. 이와 같은 교차표를 통해 전공에 따라 성별이 차이가 있음을 파악할 수 있다. 이에 대한 통계적 유의성 검증은 10장에서 다루도록 한다.

1.6 산점도와 상관계수

앞서 연속형 변수의 일변량 자료의 기술에 대하여 설명하였다. 그러면 두 개의 연속형 변량 자료에 대하여는 어떤 방법이 있는가? 물론 각 변량에 대하여는 일변량 자료기술 기법을 적용하면 된다. 그러나 이변량 자료에서는 독특하게 변수(변량) 간 관계도 관심이므로 이에 대해 적절한 처리가 필요하다.

이변량 자료에서 각 변수가 연속형인 경우 가장 좋은 그래프적 자료기술 기법은 한 축에 X를, 다른 한 축에 Y를 잡고 자료점을 플롯한 산점도(散點圖, scatter plot)이다. 또한 연속형 변량 간 연관성을 정량화할 수 있는데 그 통계량이 바로 상관계수이다. 상관계수 중에서 가장 많이 사용되는 것은 피어슨 상관계수, 스피어만 상관계수, 켄달의 상관계수이다.

분석 사례 – 학교성적과 수능성적

한 예로서 변수 X를 학교성적(변수명 grade), 변수 Y를 수능성적(변수명 sat)이라고 하고, 한 고등학교의 100명으로부터 자료가 취해졌다고 하자. <표 4>를 보라.

연속형 변량의 연관성을 시각적으로 표현한 산점도가 <그림 8>에 제시되어 있다. 산점도를 보면, 학교성적(grade)과 수능성적(sat) 사이에 어느 정도의 연관성이 있음을 볼 수 있다. 즉 학교성적이 좋을수록 수능성적도 좋은 관계가 있지 않은가 싶다. 마찬가지로 수능성적이 좋을수록 학교성적도 좋은 관계가 어렴풋이 보인다. 이러한 연관성을 정량화한 상관계수를 살펴보도록 하자. <표 5>에는 두 변수 간 연관성을 나타내는 대표적인 상관계수들이 정리되어 있다.

우선 상관계수 중 가장 대표적인 피어슨 상관계수를 살펴보자. 피어슨 상관계수는 두 변수의 선형적 연관성을 정량화한 것이다. 피어슨 상관계수는 두 변수 X와 Y가 기울기가 양인 완전한 선형적 관계에 있을 때 r이 1이고, 반면 두 변수가 기울기가

〈표 4〉 학교성적과 수능성적(sat100.sav)

학교성적	수능성적	학교성적	수능성적	학교성적	수능성적
74	358	61	320	74	329
79	355	79	336	66	230
72	273	68	290	63	302
72	337	65	247	78	310
68	342	84	290	72	316
71	291	77	313	57	246
85	297	55	219	62	326
86	337	77	341	72	305
57	299	62	265	57	248
82	339	85	326	91	388
63	226	55	271	61	297
63	210	79	287	96	367
67	194	71	356	64	244
55	259	77	292	58	312
86	342	58	249	70	273
70	284	57	329	85	362
74	303	64	328	62	279
53	263	66	260	67	300
81	344	61	288	64	259
64	294	74	304	68	256
69	318	62	316	90	383
91	310	74	326	54	271
55	235	74	313	57	240
76	254	82	313	66	261
74	267	66	308	55	264
64	260	69	269	75	245
65	207	73	194	79	327
67	264	58	321	71	269
54	336	73	338	77	319
84	330	70	305	54	191
63	339	74	295	59	244
79	292	74	321	98	299
61	313	82	279	75	306
		62	280		

〈그림 8〉 학교성적과 수능성적의 산점도

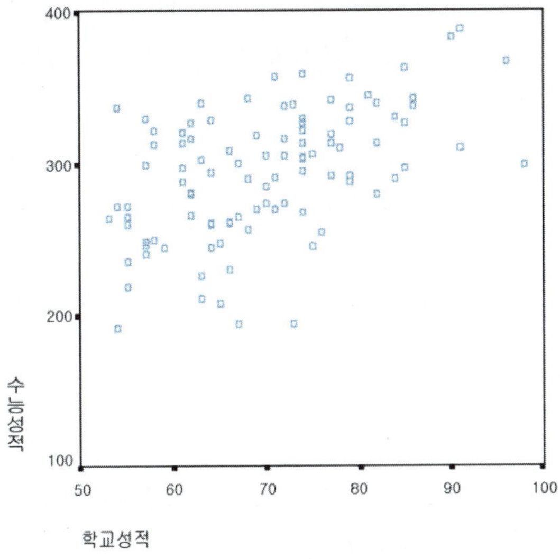

음인 완전한 선형적 관계에 있을 때 r이 -1이다. r이 0이면 두 변수 간 선형적 연관성이 없음을 나타낸다. 자료에서 피어슨 상관계수는 0.517로 완전한 선형관계는 아니지만, 어느 정도 선형관계를 갖는 것을 알 수 있다.

피어슨 상관계수는 두 변수가 완벽한 단조적 대응관계에 있다고 하더라도 그 관계가 선형적이 아니면 r이 1이거나 -1일 수 없다. 예컨대

$$\{(x,y) \mid y = x^3,\ x = -10, \cdots, -1, 0, 1, \cdots, 10\}$$

처럼 Y가 X와 선형적인 관계가 아닌 세제곱의 곡선형 관계에 있는 경우, 두 변수 간의 연관성은 완벽하다. 그러나 선형성만을 측정하는 피어슨 상관계수는 1이 아니라 0.918에 불과하다.

〈표 5〉 학교성적과 수능성적의 상관계수

구분		학교성적	수능성적
Pearson 상관계수	학교성적	1.000	0.517
	수능성적	0.517	1.000
Spearman 상관계수 rho	학교성적	1.000	0.497
	수능성적	0.497	1.000
Kendall 상관계수 tau_b	학교성적	1.000	0.355
	수능성적	0.355	1.000

이런 피어슨 상관계수의 한계를 시정하고자, 즉 비선형적 단조적 관계의 정량화를 위해 스피어만 상관계수를 정의한다. 자료에서 스피어만 상관계수는 0.497로 나타나 두 변수 간에 어느 정도 단조증가적 관계가 있음을 알 수 있다.

피어슨 상관계수나 스피어만 상관계수나 모두 ±1이나 0이 아닌 경우, 그 행태적 해석이 어렵다. 이에 반하여 켄달의 상관계수는 비교적 쉽게 해석 가능하다. 켄달의 상관계수는 임의의 두 관측치가 부합쌍인지 비부합쌍인지를 판명한 후, 부합적 경향과 비부합적 경향의 상대적 차이를 정량화한 것이다. 부합적이라는 것은 두 관측 중에서 한 변수값이 큰 관측이 다른 변수값도 큰 경우이며, 비부합적이라는 것은 한 변수값이 큰 관측이 다른 변수값은 작은 경우이다.

자료에서는 켄달의 상관계수가 0.355이며 이로부터 부합률이 0.6775, 비부합률이 0.3225로 계산된다. 따라서 임의의 두 학생 자료를 검토할 때 학교성적이 우수한 학생이 수능성적도 또한 상대방보다 우수한 경우가 67.8%라는 상대적 빈도로 발생하고, 동시에 학교성적이 나은 학생이 수능성적은 오히려 상대방보다 못한 경우도 32.2%라는 상대적 빈도로 출현한다는 것을 동시에 의미한다. 그 이유에 대하여는 아래 통계이론을 참조하라.

통계이론 앞서 살펴본 세 가지 상관계수에 대한 정의와 해석 방법은 다음과 같다.

- 정의 : 피어슨 상관계수(Pearson's correlation coefficient)

$$r = \frac{\sum_{i=1}^{n}(x_i - \bar{x})(y_i - \bar{y})}{\sqrt{\sum_{i=1}^{n}(x_i - \bar{x})^2} \cdot \sqrt{\sum_{i=1}^{n}(y_i - \bar{y})^2}}, \quad -1 \le r \le 1$$

두 변수 X와 Y가 기울기가 양인 완전한 선형적 관계에 있을 때 r이 1이고, 반면 두 변수가 기울기가 음인 완전한 선형적 관계에 있을 때 r이 -1이다. r이 0이면 두 변수 간 선형적 연관성이 없다.

- 정의 : 스피어만 상관계수(Spearman's correlation coefficient)

$$r_S = \frac{\sum_{i=1}^{n}(s_i - \bar{s})(t_i - \bar{t})}{\sqrt{\sum_{i=1}^{n}(s_i - \bar{s})^2} \cdot \sqrt{\sum_{i=1}^{n}(t_i - \bar{t})^2}}, \quad -1 \le r_S \le 1$$

여기서 s_i는 $x_1, \cdots, x_n$ 중에서 x_i에 부여된 순위(rank)이고, t_i는 $y_1, \cdots, y_n$ 중에서 y_i에 부여된 순위이다.

두 변수 X와 Y가 $y = x^3$과 같이 완전한 단조증가적 관계에 있으면 r_S가 1이고, 두 변수가 완전한 단조감소적 관계에 있으면 r_S는 -1이다.

- 정의 : 켄달 상관계수(Kendall's correlation coefficient)

$$r_K = \frac{P-Q}{P+Q}, \quad -1 \le r_K \le 1$$

여기서 P는 부합적 관측쌍의 수, Q는 비부합적 관측쌍의 수이다.

'부합적', '비부합적'의 의미는 다음과 같다. n개의 이변량 관측 중에서 임의의 두 관측을 $(x_i, y_i), (x_j, y_j)$라고 할 때($1 \le i < j \le n$)

$$(x_i - x_j)(y_i - y_j) > 0$$

이면 두 관측이 부합적(符合的, concordant)이라고 할 수 있다. 말하자면, 두 관측 중에서 X 변수값이 큰 관측이 Y 변수값도 큰 경우이다. 반대로

$$(x_i - x_j)(y_i - y_j) < 0$$

이면 두 관측이 비부합적(非符合的, discordant)이다. 다시 말하자면, 두 관측 중에서 X 변수값이 큰 관측이 Y 변수값은 작은 경우이다. 그러므로 모든 관측쌍 중에서 부합적인 쌍의 수를 P, 비부합적인 쌍의 수를 Q라고 할 때

$$r_K = \frac{P-Q}{P+Q}$$

로 정의되는 켄달의 상관계수 r_K는 부합적 경향과 비부합적 경향의 상대적 차이를 정량화한 것이다(단, $x_1, \cdots, x_n$이 모두 다른 값을 취하고, $y_1, \cdots, y_n$도 모두 다른 값을 취한다는 가정 하에서). 따라서 부합률과 비부합률이 각각

$$\frac{P}{P+Q} = \frac{1+r_K}{2}, \quad \frac{Q}{P+Q} = \frac{1-r_K}{2}$$

임을 알 수 있다.

앞서 정의한 켄달의 상관계수를 더 엄밀하게 한 것이 τ_b(tau-b)이다. 참고로 피어슨의 상관을 모수적 상관이라고 하고, 스피어만 상관과 켄달의 상관을 비모수적(非母數的, nonparametric) 상관이라고 한다.

1.7 SPSS 분석 절차

분석 사례 - 수강생 만족도 자료분석

- 파일 열기로 자료 desc61.sav를 SPSS 데이터 편집기에 넣는다. 아래와 같이 되었으면 옳게 된 것이다.

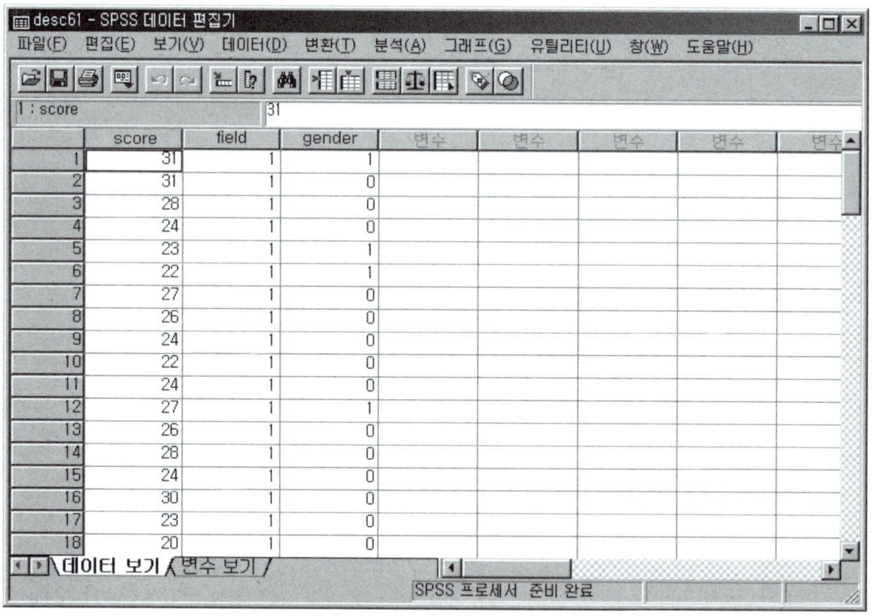

- SPSS 분석(Analyze) 메뉴에서

기술통계량(Descriptive Statistics) ▶ 데이터 탐색(Explore...)

에 들어간다. 아래와 같이 데이터 탐색의 주 대화상자가 나타나면 변수 '만족도'를 종속변수(Dependent List)에 넣는다.

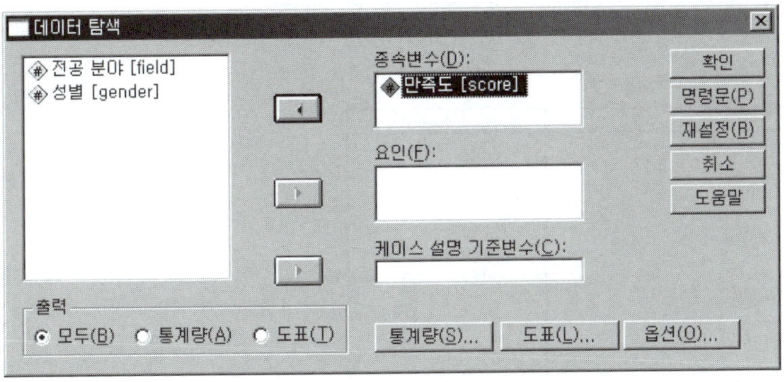

- 통계량(Statistics) 대화상자에서 기술통계(Descriptives)와 백분위수(Percentiles)를 지정한다.

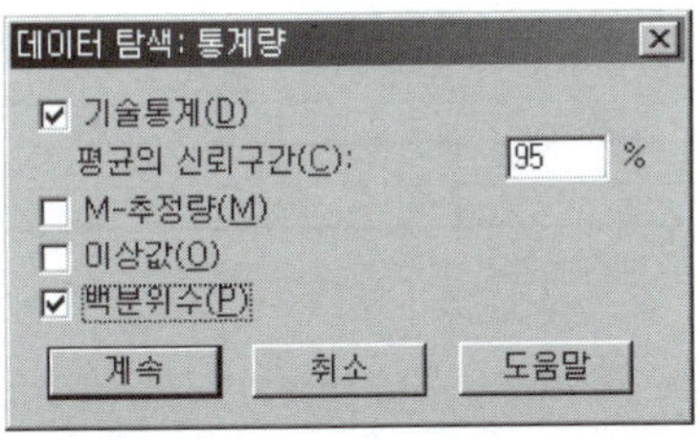

- 도표(Plots) 대화상자에서 줄기와 잎 그림(Stem-and-leaf) 외에 히스토그램(Histogram)을 지정한다.

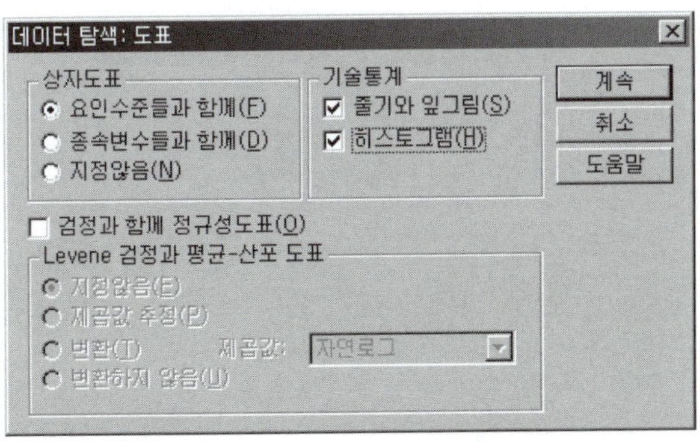

- 주 대화상자에서 확인(OK)을 누른다. 다음이 이에 따른 출력 결과이다.

케이스 처리 요약

	케이스					
	유효		결측		전체	
	N	퍼센트	N	퍼센트	N	퍼센트
만족도	61	100.0%	0	.0%	61	100.0%

케이스 수 N을 확인해볼 필요가 있다.

기술통계

			통계량	표준오차
만족도	평균		29.51	.581
	평균의 95% 신뢰구간	하한	28.35	
		상한	30.67	
	5% 절삭평균		29.44	
	중위수		29.00	
	분산		20.587	
	표준편차		4.537	
	최소값		20	
	최대값		40	
	범위		20	
	사분위수 범위		7	
	왜도		.154	.306
	첨도		-.367	.604

평균 = 29.5
표준편차 = 4.5

최소값 = 20
최대값 = 40

백분위수

		백분위수						
		5	10	25	50	75	90	95
가중평균(정의 1)	만족도	22.10	23.00	26.50	29.00	33.00	35.80	36.90
Tukey의 Hinges	만족도			27.00	29.00	33.00		

가중평균(정의 1)에 의한 25% 분위수, 50% 분위수, 75% 분위수가 아래 4분위수(Q1), 중간값(med), 위 4분위수(Q3)이다 (이 책 18쪽 참조).

```
만족도 Stem-and-Leaf Plot

 Frequency    Stem &  Leaf

    11.00        2 .  02233334444
    21.00        2 .  566677778888889999999
    20.00        3 .  00000111111233334444
     7.00        3 .  5556667
     2.00        4 .  00

 Stem width:       10
 Each leaf:       1 case(s)
```

줄기그림이다 (14쪽의 줄기그림 [2] 참조).

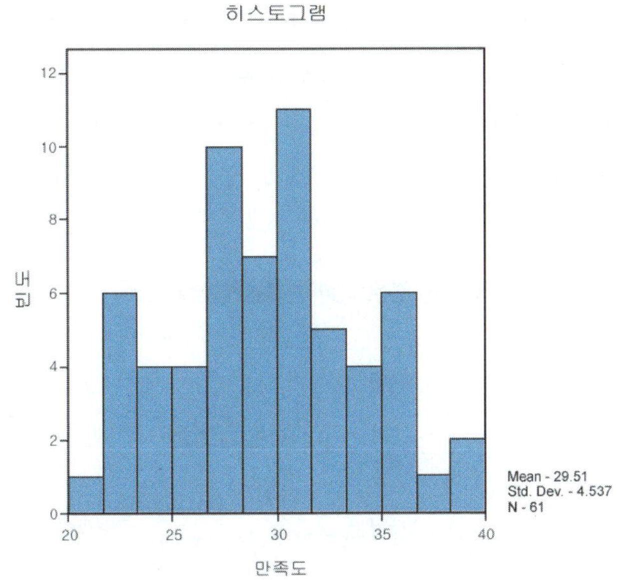

만족도에 대한 히스토그램이다(15쪽의 <그림 1> 참조). 도표를 더블 클릭하면 편집 가능한 상태가 된다. 이것을 아래 왼쪽 그래프로 바꾸어보자. 오른쪽은 적당히 편집된 상자그림이다(18쪽의 <그림 3> 참조).

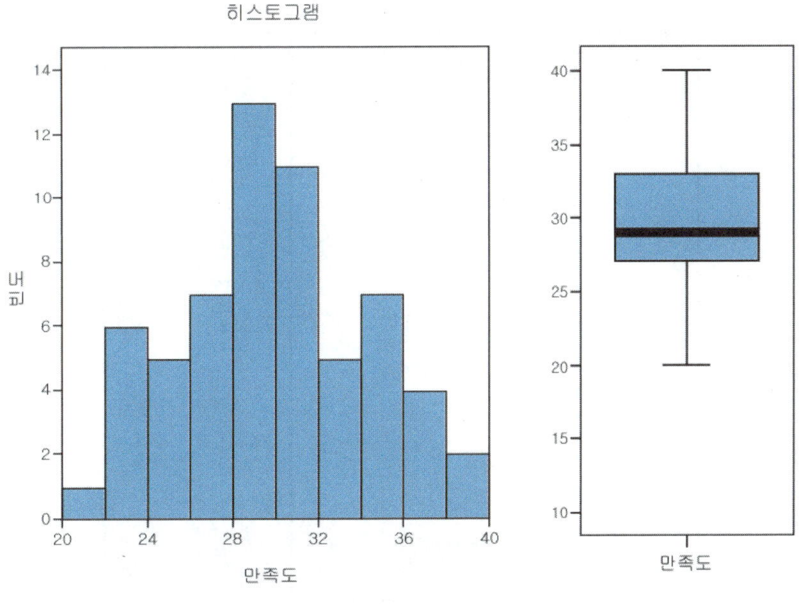

- 수강생 만족도 자료(desc61.sav)에서 2개 분야에 따라, 그리고 성에 따라 만족도에 차이가 있는가를 보도록 하자. SPSS 분석(Analyze) 메뉴에서

  기술통계량(Descriptive Statistics) ▶ 데이터 탐색(Explore...)

  을 선택한다. 아래와 같이 데이터 탐색의 주 대화상자가 나타나면 변수 '만족도'를 종속변수(Dependent List)에 넣고 '전공 분야'를 요인(Factor List)에 넣는다. 그런 다음 확인(OK).

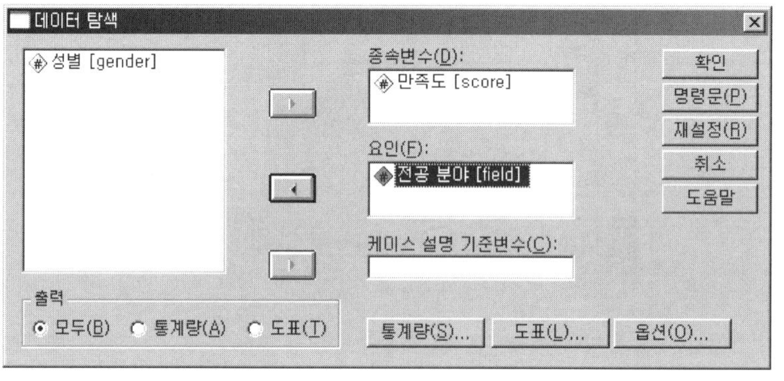

- 통계량과 도표 대화상자가 앞의 상태를 유지하고 있다면 아래와 같은 출력 결과가 나온다.

기술통계

	전공 분야			통계량	표준오차
만족도	경영학	평균		26.20	.632
		평균의 95% 신뢰구간	하한	24.89	
			상한	27.51	
		5% 절삭평균		26.26	
		중위수		27.00	
		분산		10.000	
		표준편차		3.162	
		최소값		20	
		최대값		31	
		범위		11	
		사분위수 범위		6	
		왜도		-.088	.464
		첨도		-.998	.902
	사회과학	평균		31.81	.650
		평균의 95% 신뢰구간	하한	30.49	
			상한	33.12	
		5% 절삭평균		31.79	
		중위수		31.50	
		분산		15.190	
		표준편차		3.897	
		최소값		23	
		최대값		40	
		범위		17	
		사분위수 범위		6	
		왜도		.042	.393
		첨도		-.113	.768

백분위수

		전공 분야	5	10	25	50	75	90	95
			백분위수						
가중평균(정의 1)	만족도	경영학	20,60	22,00	23,50	27,00	29,00	31,00	31,00
		사회과학	24,70	27,40	29,00	31,50	34,75	36,30	40,00
Tukey의 Hinges	만족도	경영학			24,00	27,00	29,00		
		사회과학			29,00	31,50	34,50		

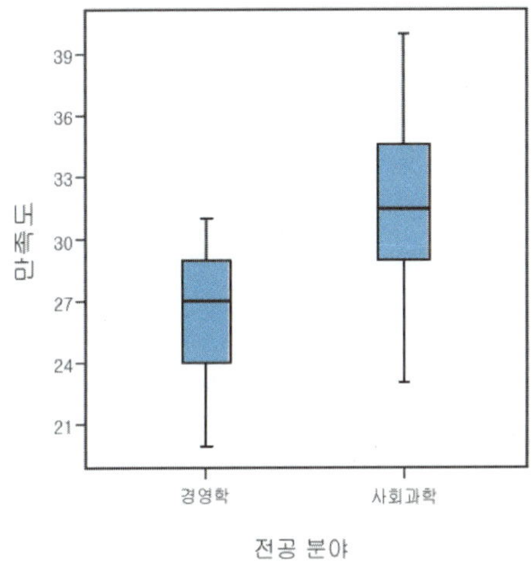

이것은 일부이다. 이것을 정리하면 24쪽의 요약이 된다. 성에 따른 비교도 이와 같다.

- 수강생 만족도 자료(desc61.sav)에서 전공과 성별 간 빈도분석을 해보자. SPSS 분석(Analyze) 메뉴에서

  기술통계량(Descriptive Statistics) ▶ 빈도분석(Frequencies...)

  을 선택한다. 아래와 같이 빈도분석의 주 대화상자가 나타나면 '전공 분야'와 '성별'을 변수(Variables)에 넣는다. 그리고 확인(OK).

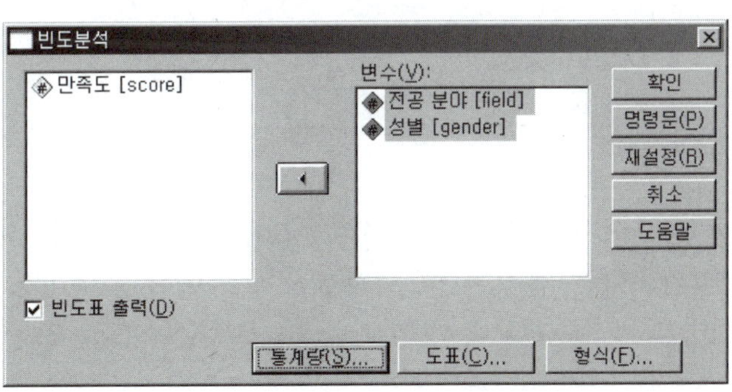

- 다음이 출력 결과이다 (26쪽의 <표 2> 참조).

전공 분야

		빈도	퍼센트	유효 퍼센트	누적퍼센트
유효	경영학	25	41.0	41.0	41.0
	사회과학	36	59.0	59.0	100.0
	합계	61	100.0	100.0	

성별

		빈도	퍼센트	유효 퍼센트	누적퍼센트
유효	남자	37	60.7	60.7	60.7
	여자	24	39.3	39.3	100.0
	합계	61	100.0	100.0	

- 수강생 만족도 자료(desc61.sav)에서 전공과 성별에 대한 교차표를 만들어보자. SPSS 분석(Analyze) 메뉴에서

기술통계량(Descriptive Statistics) ▶ 교차분석(CrossTab...)

을 선택한다. 아래와 같은 교차분석의 주 대화상자가 나타나면 '전공 분야'를 행(Rows)에, '성별'을 열(Columns)에 넣는다.

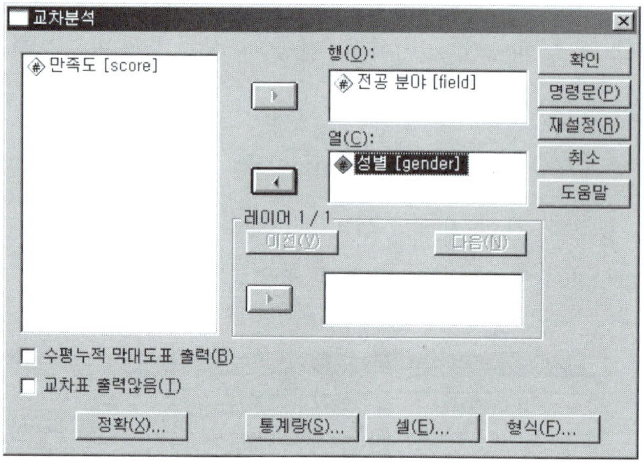

- 셀 대화상자에 들어가 관측빈도(Observed Counts)와 행 퍼센트(Row Percentages)를 지정한다. 그리고 교차분석의 주 대화상자에 돌아가 확인(OK).

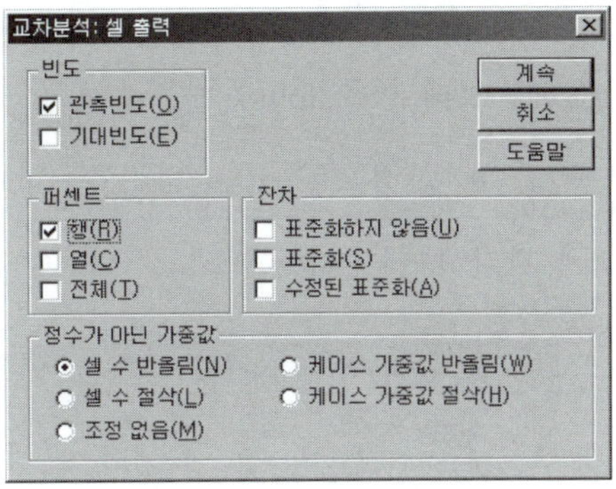

- 다음이 그 출력 결과이다 (26쪽의 <표 3> 참조).

전공 분야 * 성별 교차표

			성별		
			남자	여자	전체
전공 분야	경영학	빈도	19	6	25
		전공 분야의 %	76.0%	24.0%	100.0%
	사회과학	빈도	18	18	36
		전공 분야의 %	50.0%	50.0%	100.0%
전체		빈도	37	24	61
		전공 분야의 %	60.7%	39.3%	100.0%

분석 사례 – 학교성적과 수능성적 자료분석

- 학교성적과 수능성적 자료(sat100.sav)에서 두 변수 간 관계를 산점도와 상관계수로 살펴보도록 하자.

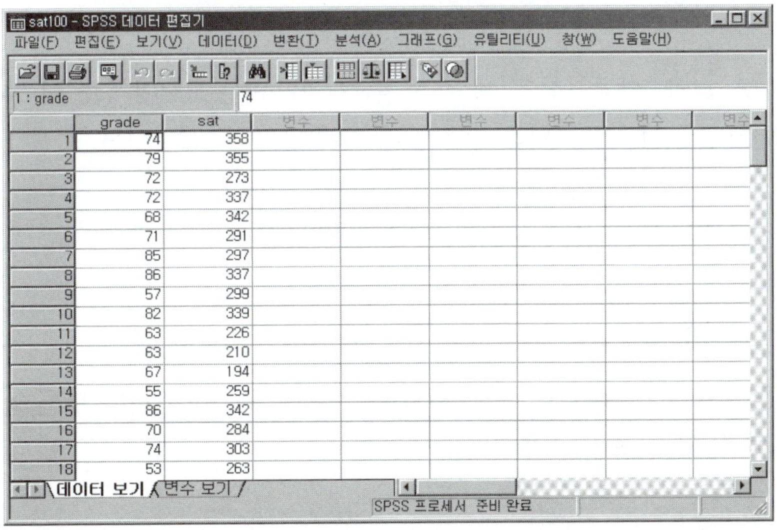

- 학교성적과 수능성적 자료(sat100.sav)에서 두 변수 간 관계를 산점도와 상관계수로 살펴보도록 하자. SPSS 그래프(Graphs) 메뉴에서

▶ 산점도(Scatter/Dot...)

에 들어가면 다음 대화상자가 나타난다.

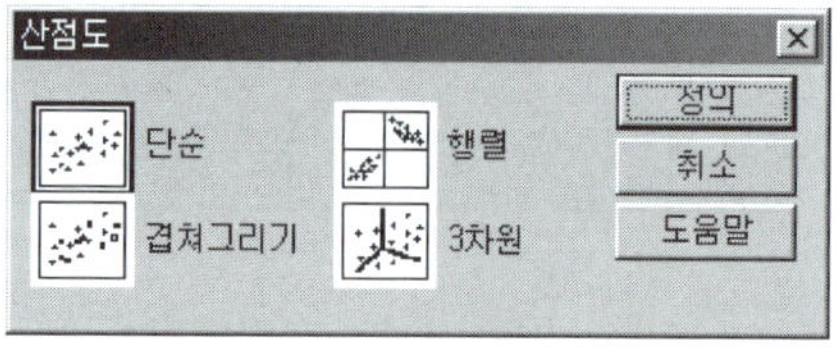

이 중에서 단순(Simple Scatter)으로 정의(Define)한다.

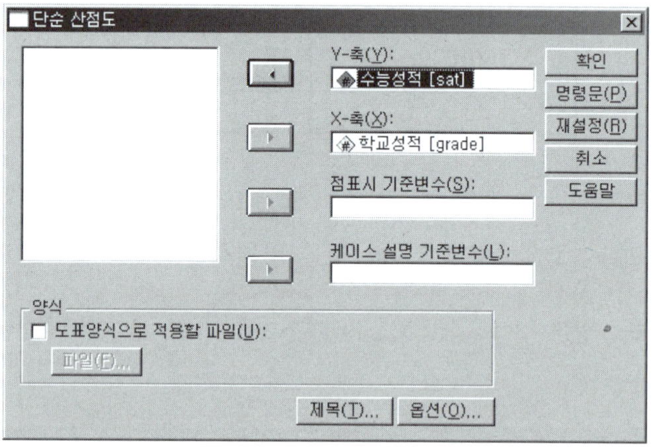

- X-축(X Axis)에 학교성적을 넣고 Y-축(Y Axis)에 수능성적을 넣는다. 그리고 확인(OK)을 누른다. 그 결과로 나온 것이 29쪽의 <그림 8>이다.

- 이어서, 두 변수 간 상관계수를 구해보자. SPSS 분석 메뉴에서

상관분석(Correlate) ▶ 이변량 상관계수(Bivariate...)

를 선택해 들어간다. 다음은 이변량 상관계수의 주 대화상자이다. '학교성적'과 '수능성적'을 변수(Variables)에 넣고 Pearson 상관계수, Kendall의 타우-b 상관계수, Spearman 상관계수를 지정한다.

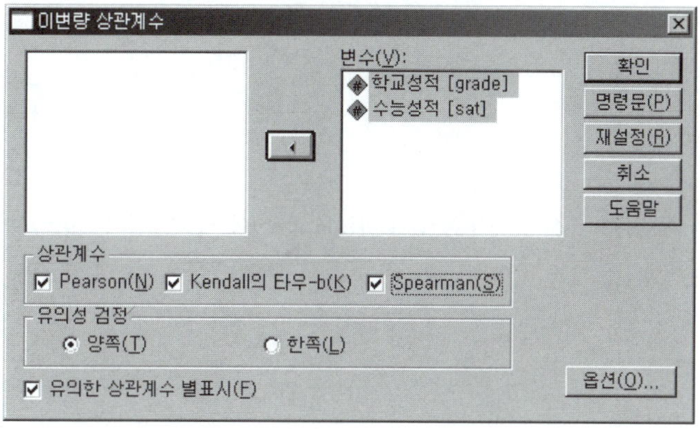

- 다음이 그 출력 결과이다 (29쪽의 <표 5> 참조).

상관계수

			학교성적	수능성적
Kendall의 tau_b	학교성적	상관계수	1.000	.355**
		유의확률(양측)	.	.000
		N	100	100
	수능성적	상관계수	.355**	1.000
		유의확률(양측)	.000	.
		N	100	100
Spearman의 rho	학교성적	상관계수	1.000	.497**
		유의확률(양측)	.	.000
		N	100	100
	수능성적	상관계수	.497**	1.000
		유의확률(양측)	.000	.
		N	100	100

**. 상관 유의수준이 0.01입니다(양측).

SPSS 연습문제

2004년 미국 프로야구선수 자료(base1994.sav)에서 연봉(Salary)에 대한 수치요약(평균, 표준편차 및 다섯수치요약)을 하고, 이 책 17쪽 <그림 2>와 같은 히스토그램을 만들어보라.

	Team	Player	Position	Salary	변수
1	Baltimore Orioles	Rafael Palmeiro	1b	5407	
2	Baltimore Orioles	Cal Ripken	ss	5400	
3	Baltimore Orioles	Mike Devereaux	of	3375	
4	Baltimore Orioles	Sid Fernandez p	(DL)	3333	
5	Baltimore Orioles	Brady Anderson	of	3083	
6	Baltimore Orioles	Ben McDonalo	p	2675	
7	Baltimore Orioles	Chris Sabo	3b	2000	
8	Baltimore Orioles	Chris Hoiles	c	2000	
9	Baltimore Orioles	Harold Baines	of	1800	
10	Baltimore Orioles	Lee Smith	p	1500	
11	Baltimore Orioles	Mark McLemore	2b	1000	
12	Baltimore Orioles	Mike Mussina	p	750	
13	Baltimore Orioles	Lonnie Smith	of	750	
14	Baltimore Orioles	Jamie Moyer	p	725	
15	Baltimore Orioles	Tim Hulett	if	550	
16	Baltimore Orioles	Mark Eichhorn	p	525	
17	Baltimore Orioles	Leo Gomez	if	500	
18	Baltimore Orioles	Alan Mills	p	500	

2장 | 통계적 추론

- 신뢰구간, 가설검증 등의 통계적 추론방식을 설명한다.
- 중심용어 : 임의표본, 신뢰구간, 가설검증

Statistical Methods

2.1 모평균 신뢰구간

우리가 획득할 수 있는 자료는 현실적으로 크기가 유한할 수밖에 없다. 예컨대 새로 개발한 어떤 약의 효능에 대하여 알아보고자 25명을 대상으로 임상실험을 하여 자료를 만들었다고 하자. 250,000명도 아니고, 2,500명도 아니고 왜 25명인가? 직관적으로 25명보다는 2,500명으로부터, 2,500명보다는 250,000명으로부터 얻은 결과가 더 신뢰성 있다는 것은 당연한데 말이다.

그것은 물론 경제적 이유에서이다. 1명의 실험에 10만원이 소요된다면 25명이면 250만원이고, 이것의 100배는 2억 5천만원이며, 또 그것의 100배는 250억원이다. 물론 그 약의 가치가 굉장한 것이라면, 예컨대 어떤 암이라도 완치해낼 수 있는 정도라면, 2억 5천만원이나 또는 250억원이라도 투입할 필요가 있겠지만 그것이 단순히 시험적인 다이어트 약이라면 250만원이 한계일 수 있기 때문이다.

우리는 유한한 크기의 자료를 표본(標本, sample)이라 하고, 그것이 추출된 모체를 모집단(母集團, population)이라고 한다. 이때 표본추출, 즉 표집(標集, sampling)의 방식이 임의적이었다면, 표본 특성치로부터 모집단 특성치에 대한 추론을 할 수 있다는 것이 통계적 추론(推論, inference)의 기본 아이디어이다.

분석 사례 - 다이어트 약 A의 효능

한 예로서 다이어트 약 A의 효능을 평가하고자 25명을 임의표집하여 7일간의 적용기간을 거쳐 <표 1>의 자료가 얻어졌다고 하자. 측정치는 체중감량인데 25명의 표본에서 평균이 0.57로 나타났다(단위 kg). 약간 효과가 있는 것으로 보인다.

〈표 1〉 다이어트 약 A의 효능(diet25.sav)

2.3	0.4	0.9	-0.6	2.7	
-0.1	1.0	0.4	-0.1	0.5	
-0.2	0.2	1.2	-0.3	-0.2	
-0.3	0.8	0.2	-0.8	0.9	
1.8	1.9	0.1	2.1	-0.6	평균 0.57, 표준편차 0.97

그러나 실험의 궁극적 목표는 어디까지나 모집단에 있으므로 모집단의 평균, 즉 모평균(母平均, poulation mean)에 대하여 어떤 수량적 기술을 할 수 있겠는가를 생각해보아야 한다. 이것이 구간추정(區間推定, interval estimation)이라는 추론방식이다.

<표 1>의 자료에서 음의 자료값은 오히려 체중이 증가된 사례인데 무려 9명이나 된다. 그러나 나머지 16명은 다소나마 체중이 감소하였으며 가장 크게는 2.7kg까지 체중이 감량된 사례도 있다. 이처럼 자료값의 다양한 변이 때문에 통계적 추론이 의미 있는 것이 아니겠는가?

25명으로 이루어진 표본으로부터 실제 모평균을 추정하도록 하자. 모수의 추정은 모수를 하나의 값으로 표현하는 점추정과 모수가 존재할 구간을 제시하는 구간추정으로 나눌 수 있다. 점추정인 경우에는 모평균을 표본평균으로 추정한다. 반면에 구간추정은 모평균을 포함하게 되는 구간을 제시하게 된다. 모평균에 대한 구간을 구할 때는 구간에 대한 확실성의 확률값을 두는데, 이를 신뢰수준이라고 하고 관례로 95%로 둔다. 이에 μ에 관한 신뢰수준 95%의 신뢰구간은

$$(\bar{x} - 1.96\sigma/\sqrt{n},\ \bar{x} + 1.96\sigma/\sqrt{n})$$

로 표현된다. 만약 σ를 알 수 없어 s로 대치하는 경우, t 분포를 이용한 μ에 대한 수준 95%의 신뢰구간은

$$(\bar{x} - t_{0.025,n-1}\, s/\sqrt{n},\ \bar{x} + t_{0.025,n-1}\, s/\sqrt{n})$$

로 표현된다. 이에 대한 통계이론은 이 책 47~49쪽의 설명을 참고하기 바란다.

예를 들어 <표 2>의 결과를 통해 다이어트 자료의 모평균을 추정해보자. 표본평균이 0.57인데, 이 자료의 모평균 점추정치는 표본평균과 같은 0.57이다. 반면에 모평균에 대한 수준 95%의 신뢰구간은

$$(0.57 - 2.064 \cdot 0.97/\sqrt{25},\ 0.57 + 2.064 \cdot 0.97/\sqrt{25}) = (0.57 - 0.40,\ 0.57 + 0.40)$$

즉 (0.17, 0.97)이 산출된다 (<표 1>의 자료에서 σ에 대하여는 알지 못하므로 표본

〈표 2〉 모평균에 대한 95% 신뢰구간(t 분포 이용)

	N	평균	표준편차	평균의 표준오차	차이의 95% 신뢰구간	
					하한	상한
체중감량	25	0.568	0.974	0.195	0.166	0.970

표준편차인 $s = 0.97$로 대치하고 t 분포를 사용하여 신뢰구간을 구하였다). 모평균에 대한 신뢰구간을 해석할 때 주의할 점은 구간(0.17, 0.97)에 대한 신뢰수준 95%가 '구간(0.17, 0.97)이 미지의 μ를 포함할 확률이 95%이다'가 아니라는 점이다. 이 책 47~49쪽의 통계이론에서 신뢰구간의 유도과정에 의하면, 신뢰수준 95%는 임의표본추출을 무한히 반복하고 매번 그런 방식으로 μ에 대한 구간을 산출했을 때 '그러한 구간들이 μ를 포함하게 될 상대적 빈도가 95%이다'로 해석해야 옳다.

이러한 신뢰구간의 구축에는 '모집단의 분포가 대칭적이고 특이값을 허용하지 않는다,[1]'는 가정이 전제되고 있으므로 이에 대한 검토가 수반되어야 한다. 이를 위해서 <표 1>의 표본자료에 대한 줄기그림을 그려보면 다음과 같다.

```
Frequency    Stem &  Leaf
  3.00        -0 .  668
  6.00        -0 .  112233
  5.00         0 .  12244
  4.00         0 .  5899
  2.00         1 .  02
  2.00         1 .  89
  2.00         2 .  13
  1.00         2 .  7
```

분포형태가 약간 비대칭적으로 보이기는 하지만 크게 그러하다고는 하기 어렵고 특이값은 없는 경우이다. 따라서 앞에서 산출된 신뢰구간이 타당하다는 결론을 내릴 수 있다.

앞에서의 μ에 대한 신뢰구간을 $\mu = \bar{x} \pm 1.96\,\sigma/\sqrt{n}$의 형식으로 표현할 수 있는데 여기서 $\pm$항인

$$E \equiv 1.96\,\sigma/\sqrt{n}$$

1) 엄밀한 기준은 정규분포이다(1.3절 참조).

을 오차한계(error limit)라고 한다 (신뢰수준 95%). 보다시피 오차한계는 $\sqrt{n}$ 에 반비례한다. 따라서 오차한계를 1/2로 하려면 표본크기를 4배로 해야 하고, 오차한계를 1/4로 줄이려면 표본크기를 16배로 늘려야 한다. 예컨대 앞의 수치 예에서 오차한계의 추정치가 0.38인데 (t 분포 수정 후, 0.40), 만약 이것을 0.10 이하로 제어하려면 대략 400명(= 25명×16)의 표본이 필요하다.

실제 표본크기를 400명으로 늘려 평균과 표준편차를 산출한 결과

$$\bar{x} = 0.55, \quad s = 1.02$$

를 얻었다고 하자. 그러면 신뢰수준 95%에서 오차한계는

$$\tilde{E} = 1.96\ s / \sqrt{n} = 1.96 \times 1.02 / \sqrt{400} = 0.09996 (= 0.10)$$

으로 추정되므로, 다이어트 약의 제조사는 다음과 같은 주장을 할 수 있을 것이다.

> "400명을 대상으로 우리 약의 효능에 대해 실험한 결과 처음 7일간 평균 0.55 ±0.10kg의 체중감량을 하는 것으로 밝혀졌습니다 (신뢰수준 95%)."

통계이론 표본평균으로부터 모평균의 구간추정을 구해보자. 개별 표본자료값을 $x_1, \cdots, x_n$ 으로 나타내자. 그리고 $\bar{x}$ 를 표본평균이라고 하자. 표본평균은 물론 추출된 표본에 따라 다른 값을 취할 수 있다. 그런데 표본추출이 일정한 임의방식에 따라 수행된다면, 그리고 그런 표본추출이 무한히 거듭된다면, $\bar{x}$ 는 어떤 확률분포를 따르게 될 것이다 (이런 '무한반복추출'은 순전히 통계적 상상일 뿐 실제로는 그런 일은 없다).

- 표본평균 $\bar{x}$의 분포 : 모집단이 평균 μ 이고 표준편차 σ 로 분포되어 있다면 임의표본의 평균 $\bar{x}$는 근사적으로 정규분포 $N(\mu, \sigma^2/n)$ 을 따른다. 즉 $\bar{x}$는 평균이 μ, 표준편차가 $\sigma/\sqrt{n}$ 인 정규분포를 근사적으로 따른다.[2)]

이 확률법칙은 중심극한정리(中心極限定理, central limit theorem)라고 하는 통계학에서 가장 중요한 이론적 기둥이지만 여기서는 그 증명을 생략한다. 또한

2) 일반적으로 통계량의 확률분포를 표집분포(sampling distribution)라고 하고, 표집분포의 표준편차에 대한 추정치(이 경우 $s/\sqrt{n}$)를 표준오차(standard error)라고 한다.

- 모집단의 분포가 대칭적이고 정규분포에 준거하여 특이값을 허용하지 않으면 근사의 정도가 좋다.

고 알려져 있다. 이에 따라

$$z = \frac{\bar{x} - \mu}{\sigma / \sqrt{n}}$$

은 표준정규분포 $N(0\ ,\ 1)$을 따르게 되므로

$$P\left\{ -c \le \frac{\bar{x} - \mu}{\sigma / \sqrt{n}} \le +c \right\}$$

에 대한 근사확률이 표준정규분포로부터 얻어질 수 있다. 예컨대 $c = 1$이면 그 확률이 68.3%, $c = 2$이면 그 확률이 95.4%, $c = 3$이면 그 확률이 99.7%가 된다. 그러나 c를 아무리 크게 해도 그 확률은 결코 100%가 되지 않는다. 그러므로 어느 정도 확실한 확률값으로 만족할 수밖에 없는데, 그 확률값을 신뢰수준(信賴水準, confidence level)이라고 하고 관례적으로 95%로 둔다 (이때 $c = 1.96$). 따라서

$$P\left\{ -1.96 \le \frac{\bar{x} - \mu}{\sigma / \sqrt{n}} \le +1.96 \right\} = 0.95$$

$$\Rightarrow P\{\, \bar{x} - 1.96\,\sigma / \sqrt{n} \le \mu \le \bar{x} + 1.96\sigma / \sqrt{n} \,\} = 0.95$$

가 되고 여기서 파생되는 μ에 관한 임의구간

$$(\, \bar{x} - 1.96\sigma / \sqrt{n}\ ,\ \bar{x} + 1.96\sigma / \sqrt{n} \,)$$

을 (신뢰)수준 95%의 신뢰구간이라고 한다.

예를 들어 <표 1>의 자료의 경우 $\bar{x} = 0.57$인데 σ에 대하여는 알지 못하나 표본표준편차인 $s = 0.97$로 대치하면 μ에 대한 수준 95%의 신뢰구간이

$$(0.57 - 1.96 \cdot 0.97 / \sqrt{25}\ ,\ 0.57 + 1.96 \cdot 0.97 / \sqrt{25}\,) = (0.57 - 0.38\ ,\ 0.57 + 0.38),$$

즉 (0.19, 0.95)가 산출된다. 또는 이것을 0.57 ± 0.38로 표현할 수도 있겠다.

앞에서 모집단의 표준편차 σ를 알지 못하므로 표본표준편차인 $s = 0.97$로 대치하였었다. 사실은 그로 인하여

$$t = \frac{\bar{x} - \mu}{s / \sqrt{n}}$$

은 표준정규분포보다 자유도(自由度, degrees of freedom) $n-1$의 t 분포를 더 잘

따르게 되고

$$P\left\{ -k \le \frac{\bar{x}-\mu}{s/\sqrt{n}} \le +k \right\} = 0.95$$

에 필요한 임계값 k의 근사값은 자유도 $n-1$의 t 분포로부터 나온다. 예컨대 자유도 24의 t 분포에서 상위 2.5% 분위수가 2.064이다 (부록 A.4절 참조).

따라서, σ가 s로 대치되는 경우, μ에 대한 수준 95%의 신뢰구간은

$$(\bar{x} - t_{0.025,n-1}\, s/\sqrt{n},\ \bar{x} + t_{0.025,n-1}\, s/\sqrt{n})$$

이고, 앞의 수치 예에서는

$$(0.57 - 2.064 \cdot 0.97/\sqrt{25},\ 0.57 + 2.064 \cdot 0.97/\sqrt{25}) = (0.57 - 0.40,\ 0.57 + 0.40),$$

즉 (0.17, 0.97)이다. 표본크기 n이 상당히 크면(예컨대 $n \ge 100$), t 분포는 표준정규분포와 아주 근사하기 때문에 t 분포에 의한 보정이 필요하지 않다.

2.2 모평균 가설검증

1) 가설검증(假說檢證/가설검정, hypothesis testing)

과학은 가설(假說, hypothesis)의 끊임없는 개선으로 구축된다. 그래서 사회과학 논문의 대다수에는 연구가설이 제시되고 나름대로 그 가설의 입증 과정이 서술되어 있다. 예컨대 연구자 H는 학교급식이 학습효과 증진에 기여한다는 가설을 제시하고 그것을 보이고자 다음과 같이 연구를 설계하였다고 하자.

- 학교급식이 없는 학교(학생수 1,000명)에서 학생 n(=100)명을 표집하였다.
- 급식전 성적을 측정하였다.
- 표집된 학생들에 일정기간 급식을 실시하였다.
- 급식후 성적을 측정하였다.

이 실험에서 연구자는 '만약 급식이 없었더라면 급식전 성적 A와 급식후 성적 B의 차이가 평균적으로는 0이다'는 가정을 해야 할 것이다. 그리고 그런 가정을 타당하게 하기 위해서는 급식전 시험과 급식후 시험의 난이도를 같게 조정하여야 할 것이다. 아니면 표준점수(전체평균 50, 표준편차 10)를 활용하는 것도 그 한 가지 방법

〈표 3〉 학교급식으로 향상된 학업성적 (gain100.sav)

-7.6	-11.9	3.9	-9.1	6.5	12.2	3.0	4.0	-1.6	0.6
-6.8	6.4	3.5	1.7	-3.2	-3.8	1.6	7.5	-1.2	11.9
-2.5	4.4	1.8	0.8	-1.0	3.1	1.1	3.7	0.5	9.8
3.0	-2.8	-1.5	0.8	-4.6	-6.6	-1.7	10.6	-2.3	8.0
-9.5	-4.0	-5.6	-1.4	0.2	6.8	7.5	1.7	1.1	-2.1
-8.9	-4.3	5.4	3.5	-1.0	-5.4	-1.8	4.2	3.3	-10.8
6.0	0.0	1.7	-2.7	5.3	2.4	4.3	3.3	-7.7	-3.6
7.9	1.5	-4.9	9.1	5.7	-2.1	3.5	0.5	-1.4	-0.7
1.6	5.0	7.4	3.6	-2.2	6.6	6.3	-2.4	5.1	-4.8
-0.0	6.2	-2.3	3.4	-2.9	-2.3	1.9	9.8	1.5	13.5

평균 1.04, 표준편차 5.24, 표본 수 100

이겠다. 그러므로 연구자는 급식 전후의 성적차이 $X(=B-A)$의 모평균 μ가 0보다 크다는 것을 보여야 한다. 이것이 연구가설

$$H_1: \mu > 0$$

이다. 그런데 이것을 위한 통계적 사고의 방식은 "그렇지 않음"의 가능성을 확률적으로 의미 있게 포기하여야 한다는 것이다. 다시 말하자면 이중부정(二重否定)을 통하여 긍정을 이끌어내야 한다는 논리이다. 그러기 위하여 그렇지 않음을 영가설

$$H_0: \mu = 0$$

으로 나타내고, 관측자료로부터 이것이 성립할 가능성이 실제로 희박하다는 증거를 제시하여야만 연구가설 H_1을 주장할 수 있다는 논리이다. 통계학에서는 영가설(零假說, null hypothesis)을 귀무가설(歸無假說)이라고도 하는데, '귀무'의 한자어 의미는 통계적 가설검증의 맥락에서 매우 적절하다(왜냐하면 실증적 증거가 부족한 경우 아무것이 없음(無)으로 돌아가야(歸) 하기 때문이다). 통계학에서는 연구가설(硏究假說, research hypothesis)이라는 용어 대신 대안가설(代案假說, alternative hypothesis), 또는 대립가설(對立假說)이라는 용어를 사용한다.

어떻게 영가설 $H_0: \mu = 0$을 실증적으로 평가할 것인가? 이와 같이 모수가 특정한 검증값인지 확인하기 위해서는 t 검증을 사용한다. <표 3>의 사례에서 모평균이 0인가를 검증하여 보자. 먼저 평균을 보면 1.04이고 표준편차는 5.24이다. 그러므로 관측된 평균 1.04는

$$t = \frac{\bar{x} - \mu_0}{s/\sqrt{n}} = \frac{1.04 - 0}{5.24/\sqrt{100}} = 1.99$$

만큼 영가설이 지정한 평균 $\mu_0(=0)$에서 떨어져 있다. 영가설 하에서 통계량 t는 자유도 $n-1(=99)$의 t 분포에서 나오므로, 영가설에 대한 반증적 증거는

$$P\{t \geq 1.99 \mid H_0\}$$

의 크기로 평가된다(자유도가 이처럼 크면 t 분포는 표준정규분포와 사실상 같다). 다시 말하자면 현재 관측된 결과와 또는 그것보다 더욱 영가설 H_0를 벗어나는 모든 사건들에 대한 확률이 얼마나 작은지를 보자는 것이 유의성검증(有意性檢證/유의성검정, significance testing)의 기본 아이디어이다. 유의확률의 정의는 다음과 같다.

- 유의확률(有意確率, p값, p-value , significance probability) :
  영가설 H_0 하에서 관측된 사건과 그것보다 더 H_0을 반(反)하는
  총 사건에 대한 확률.

그러므로 유의확률은 영가설에 대한 반증적 증거를 수량화한 일종의 확률이다. 만약 유의확률이 매우 작다면, 이러한 자료의 관측이 영가설 하에서도 가능하기는 하지만 실제적 개연성을 무시해야 하는 것이 현실적으로 옳은 판단이기 때문에 영가설이 반증(反證, disprove)된다.

2) 양측검정과 단측검정

대안가설을 설정하는 방법으로 양측검증과 단측검증 두 가지가 있다. 두 방법의 구분은 대안가설의 내용에 의해 결정된다. 양측검증은 영가설이 아니라는 것, 즉 '모수가 검증값과 같지 않다'는 것에 초점을 둔다. 반면에 단측검증은 보다 구체적으로 '모수가 검증값보다 크다' 혹은 '모수가 검증값보다 작다' 중 하나에 관심의 초점을 둔다.

양측검증은 '같다'를 부정하는 것이기 때문에 '모수가 검증값보다 크거나 작다'를 모두 포함한다. 따라서 유의확률도 '크다 and 작다' 각각의 경우에 대한 유의확률을 합하여 제시한다. 반면에 단측검증의 유의확률은 '크다 or 작다'의 한 가지 경우만 의미하므로 양측검증의 유의확률의 절반이 된다. 보통의 통계 패키지 프로그램에서는 t 검증에 대한 유의확률은 양측검증 시의 유의확률을 제시하므로 대안가설이 단

측인 경우는 패키지의 결과에 제시된 유의확률을 반으로 나누어야 한다.

3) 유의확률과 유의수준

통계적 가설 검증론에서는 유의확률의 크기를 가늠하는 일정한 임계기준을 두어 그것보다 유의확률이 큰 경우에는 대안가설이 지지된다는 말을 못하게 한다. 이때 유의확률에 대한 임계기준을 유의수준(有意水準, significance level)이라고 하는데 통상 5%로 둔다. 만약에 유의확률이 0.05 이하이면 유의수준 5%에서 영가설을 기각하며,[3] 그런 의미에서 대안가설이 지지된다고 말해도 된다. 반대로 유의확률이 유의수준보다 크다면 이는 관측된 표본이 영가설 하에서 드물지 않게 발생할 수 있음을 의미한다. 따라서 유의수준 5%에서 영가설을 기각할 수 없다.[4] 즉 대안가설이 지지되지 않는다.

여기서 '영가설을 기각할 수 없다'는 이야기가 곧바로 영가설을 보인 것은 아니다. '영가설을 기각할 수 없음'은 잠정적으로 그렇다는 의미로서, 현 표본이 영가설을 버릴 수 있을 만큼의 통계적 증거가 되지 못한다고 평가한 것일 뿐이다. 한마디로 증거 불충분이라고 말할 수 있다. 이것은 형사재판의 법리와 유사하다. 피의자에게 죄가 있다는 증거가 충분하지 못하면 무죄판결이 내려지는데, 이때의 무죄판결이 피의자의 결백성을 증명한 것은 아닌 것이다.

이제까지 유의수준을 5%로 하였는데, 이 기준이 흔히 적용되지만 원리적으로 그래야만 하는 것은 아니다. 실제 연구논문들에서는 유의확률이 1%보다도 작으면 유의수준 1%에서 영가설을 기각한다고 하고, 만약 유의확률이 1%와 5% 사이이면 유의수준 5%에서 영가설을 기각한다고 진술한다. 간혹 10%의 기준도 쓰인다.

분석 사례 – 학교급식으로 향상된 학업성적

<표 2>의 자료에서 학교급식이 학업성적을 향상시키는지 알아보기 위한 연구에서 가설을 다음과 같이 세울 수 있다.

---

3) We reject the null hypothesis (in support of the alternative hypothesis) at significance level 5%.

4) We cannot reject the null hypothesis at significance level 5%.

〈표 4〉 일표본 t 검증 결과

	검정값 = 0			
	t	자유도	유의확률 (양쪽)	평균차
성적차이	1.99	99	0.05	1.04

영가설 H_0 : 급식 전후의 성적차이는 없다 ($\mu = 0$).

대안가설(양측) $H_{1양측}$: 급식 전후의 성적차이가 있다 ($\mu \neq 0$).

대안가설(단측) $H_{1단측}$: 급식후 성적이 급식전 성적보다 높다 ($\mu > 0$).

<표 4>는 일표본 t 검증의 결과이며 양측 검증시의 유의확률이 제시되어 있다. 즉 대안가설이 '급식 전후에 성적차이가 있다'(H_1 : $\mu \neq 0$)인 경우의 유의확률 0.05가 나타나 있다(양측검증). 현재의 대안가설은 단측검증으로 '급식 후 성적이 급식 전 성적보다 높다'(H_1 : $\mu > 0$)이므로 이에 대한 유의확률은 양측검증 유의확률의 절반이다. 수치 예에서 단측검증의 유의확률은 0.025이다. 따라서 이 예에서는 유의수준 5%에서 영가설을 기각하며 그런 의미에서 대안가설이 지지된다고 말해도 된다.

앞의 예는 유의확률이 유의수준 5%보다 작은 경우였다. 만약 유의확률이 유의수준보다 큰 경우에는 어떻게 해야 하나? 예를 들어 <표 1>의 자료에서 50개씩 임의로 2개 자료군으로 나누어 각 자료군에 동일한 가설검증을 해본 결과

자료군 1 : $\bar{x} = 1.01$, $s = 5.40$, $t = 1.32$ (자유도 49), 유의확률 0.096

자료군 2 : $\bar{x} = 1.07$, $s = 5.14$, $t = 1.48$ (자유도 49), 유의확률 0.073

으로 나타났다. 유의확률이 이처럼 유의수준보다 크다는 것은 관측된 표본이 영가설 하에서 드물지 않게 발생할 수 있음을 의미하므로 유의수준 5%에서 영가설을 기각할 수 없다. 즉 대안가설이 지지되지 않는다.

2.3 SPSS 분석 절차

분석 사례 – 다이어트 약 A의 효능 자료분석

- 파일 열기로 자료 diet25.sav를 SPSS 데이터 편집기에 넣는다. 아래와 같이 되었으면 옳게 된 것이다.

- SPSS 분석(Analyze) 메뉴에서

  평균 비교(Compare Means) ▶ 일표본 T 검정(One-Sample T Test...)

  을 선택한다. 아래와 같이 일표본 T 검정의 주 대화상자가 나타나면 'weight'를 <u>검정변수</u>(Test Variables)에 넣고 <u>확인</u>(OK)을 누른다.

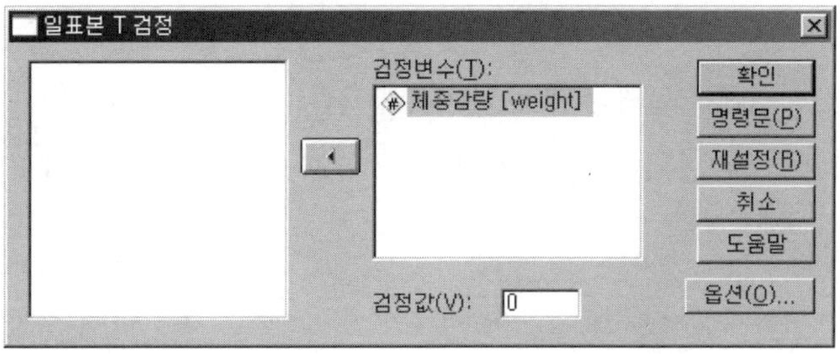

- 다음은 이에 따른 출력 결과이다.

일표본 통계량

	N	평균	표준편차	평균의 표준오차
체중감량	25	.568	.9741	.1948

일표본 검정

	검정값 = 0					
	t	자유도	유의확률 (양쪽)	평균차	차이의 95% 신뢰구간 하한	차이의 95% 신뢰구간 상한
체중감량	2.915	24	.008	.5680	.166	.970

□ 자료 수 N, 검정변수의 평균과 표준편차 등을 보여준다. 평균의 표준오차(standard error)란 표본평균이 보이는 통계적 변동을 표준편차로 나타낸 것으로 수식으로는 $s/\sqrt{n}$ 이다.

□ 단측검증 : H_0 : $\mu = 0$ 대 H_1 : $\mu > 0$

t = 2.915, 자유도 24의 t-분포에서 유의확률이 0.4%(출력값 0.8%의 반)이므로 유의수준 1%에서 영가설을 기각할 수 있다. 이에 따라 이 약이 체중감량에 효과적이라는 연구가설이 지지된다.

□ 체중감량 μ에 대한 신뢰구간 (95% 신뢰수준) : $0.17 \leq \mu \leq 0.97$

SPSS 연습문제

학교급식으로 향상된 학업성적 자료(gain100.sav)에 대하여 급식 전후의 성적차이의 모평균 μ가 0보다 크다는 연구가설($H_1: \mu > 0$)을 검증해보라(49~53쪽 참조).

자료 : gain100.sav

- 다음과 같은 출력이 나오면 옳게 된 것이다.

일표본 통계량

	N	평균	표준편차	평균의 표준오차
성적차이	100	1.042	5.2432	.5243

일표본 검정

	검정값 = 0					
					차이의 95% 신뢰구간	
	t	자유도	유의확률 (양쪽)	평균차	하한	상한
성적차이	1.987	99	.050	1.0420	.002	2.082

□ 양쪽 유의확률이 5.0%이므로 단측 유의확률은 2.5%가 된다. 따라서 5% 유의수준에서 영가설은 기각되고 대안가설이 지지된다.

3장 | 두 집단의 비교

◔ 독립 표본과 쌍 표본의 평균 비교에 관한 통계적 추론을 설명한다.
◔ 중심용어 : 독립표본, 가설검증, 신뢰구간, 쌍 관측(표본)

Statistical Methods

3.1 두 독립 평균의 비교

통계적 개선의 핵심은 끊임없는 비교에 있다. 예컨대 두 광고 A와 B가 어느 정도 기억되는지 비교하는 경우이다. 이런 경우 두 가지 설계방식이 있는데, 한 방식은 각 피험자에게 두 광고를 모두 보여주고 어느 쪽이 더 잘 기억되는지를 측정하는 것이다. 그러나 먼저 본 광고가 일종의 학습효과를 주어 두 번째 광고의 기억에 영향을 줄 수 있는 경우라면, 즉 잔류효과가 예상되는 경우, 이런 설계방식이 바람직하지 않다. 다른 한 방법은 각 피험자에게 A 또는 B 두 광고 중 하나만 보여주는 것이다. 이때 A에 배치된 피험자 그룹과 B에 배치된 피험자 그룹 간에 사전적 차이가 나지 않도록 하여야 A와 B의 비교가 의미가 있을 것이다. 이를 위한 통계적 방법이 처리 배치의 임의화(任意化, randomization)이다. 구체적 방법은 다음과 같다.

모두 N명의 피험자 후보들이 있다고 하자. 그 중에는 무엇이든지 기억을 잘하는 사람도 있을 것이고 전혀 그렇지 못한 사람도 있을 것이다. 그러나 그런 개인적 소질을 타당하고 신뢰롭게 측정할 수 없다면, 그것을 전혀 고려하지 않고 A 또는 B에 임의로 배치하는 것이 오히려 합리적이다. 따라서 N명의 피험자 후보들을 가급적 같은 크기의 두 그룹으로 임의로 나누는데 그 구체적 절차는 다음과 같다(A에 n_A명을 배당하기로 하고 B에 n_B명을 배당하기로 하자 : $N = n_A + n_B$).

1) 피험자 후보 명단을 작성하고 순서대로 고유번호 1부터 N을 부여한다.
2) n_A장의 카드에 A를 기입하고 n_B장의 카드에 B를 기입한다.
3) A 카드 위에 B 카드를 올려놓고 잘 섞는다(게임 카드를 섞는 요령으로).
4) 카드를 한 장씩 순서대로 펼쳐 피험자 명단에 적어 넣는다.

〈표 1〉 광고 A와 B의 기억효과(ad20.sav)

	A	B
	63	72
	64	48
	46	52
	66	57
	39	65
	41	67
	60	54
	54	57
	49	68
	62	48
	44	57
	44	73
	47	52
	49	45
	60	53
	38	48
	62	33
	47	50
	61	56
	49	71
평균	52.25	56.30
표준편차	9.18	10.36

물론 이상의 과정을 컴퓨터를 써서 할 수도 있다(예컨대 Excel로).

처리배치가 되면 그룹별로 해당하는 광고를 보이고 일정 시간 경과 후 광고와 관련하여 기억하는 정도를 측정하게 될 것이다.

분석 사례 – 광고 A와 B의 기억효과

앞의 설계로 기억력 테스트 실험을 하여 결과가 <표 1>로 정리되었다고 하자. 먼저 자료기술(data description)을 할 필요가 있다. 자료기술은 통계적 추론에 앞서 항상 필요하다.

〈그림 1〉 광고 A와 B의 효과 : 상자그림

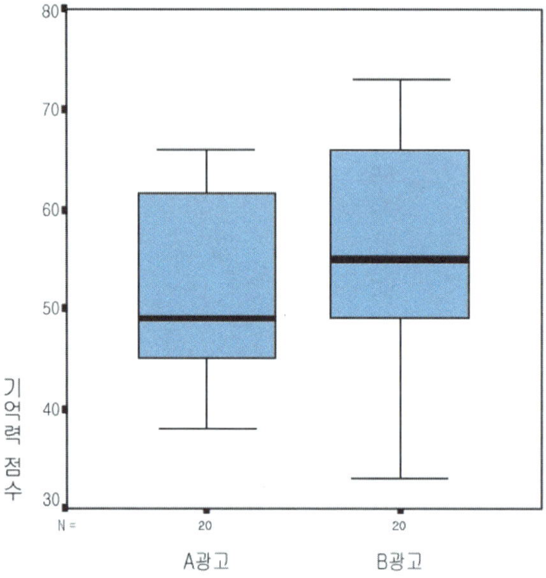

<그림 1>이 기억력 점수를 광고유형별로 본 상자그림인데, 어떤 특이값(outlier)도 없으며 대체적으로 A보다는 B로부터 더 좋은 기억효과가 유발되고 있음을 알 수 있다.

이 사례에서 연구가설이 "A보다 B가 더 좋다"라는 것이라고 하자.

영가설 H_0 : 광고 A와 B의 기억효과는 같다 ($\mu_A = \mu_B$).

대안가설 H_1 : 광고 A보다 광고 B의 기억효과가 더 좋다 ($\mu_A < \mu_B$).

그러면 이 경우에서는, 연구자의 기대에 어긋나지 않은 결과가 <그림 1>에 비친 것이다. 평균으로 보면 A가 52.25, B가 56.30으로 4.05라는 차이가 나타났지만, 정말 A와 B의 평균적 차이가 통계적으로 유의한가를 생각해볼 필요가 있다. 이와 같이 두 독립된 집단의 평균 비교는 독립표본 t 검증을 통해 검증할 수 있다.

<표 2>는 t 검증 결과이다. <표 2>에 제시된 유의확률 0.199는 양측검증 ($H_1 : \mu_A \neq \mu_B$)에 대한 결과이므로 단측검증($H_1 : \mu_A < \mu_B$)에 대한 유의확률은 이를 절반으로 나눈 0.099라는 것을 알 수 있다. 그러므로 통상적인 유의수준 5%에서는 영가설을 기각할 수 없다. 다시 말하면 이 실험자료는 A보다 B가 기억력 유발효과 측면에서 더 좋다는 유력한 증거가 되지 못한다. 4점 정도나 차이가 있을 가능성에

〈표 2〉 독립표본 t 검증 결과

		Levene의 등분산 검정		평균의 동일성에 대한 t-검정			차이의 95% 신뢰구간	
		F	유의확률	t	자유도	유의확률 (양쪽)	하한	상한
SCORE	등분산이 가정됨	0.008	0.930	1.309	38	0.199	-2.215	10.315
	등분산이 가정되지 않음			1.309	37.452	0.199	-2.218	10.318

도 불구하고 표본크기가 충분하지 못하여 통계적 유의성이 입증되지 못한 것은 안타까운 일이 아닐 수 없다.

<표 2>의 끝부분에는 평균차이의 95% 신뢰구간이 제시되어 있다. 앞의 자료에서 모평균의 차 $\mu_B - \mu_A$에 관한 95% 수준의 신뢰구간은 (-2.215, 10.315)이다.

참고로 <표 2>에는 등분산에 대한 검증 결과가 같이 제시되어 있다. 등분산에 대한 영가설과 대안가설은 아래와 같다.

영가설 H_0 : 두 집단의 분산이 같다 ($\sigma_A^2 = \sigma_B^2$).

대안가설 H_1 : 두 집단의 분산은 다르다 ($\sigma_A^2 \neq \sigma_B^2$).

일반적으로 t 검증은 두 집단의 분산이 동일하다는 것을 전제로 한다. <표 1>의 자료에 대한 Levene의 등분산 검증의 결과 F값이 0.008, 이에 대한 유의확률이 0.93으로 '분산이 동일하다'는 영가설을 기각할 수 없다. 두 집단의 분산이 다르다고 할 수 없으므로 t 검증의 결과는 '등분산이 가정됨'에 해당하는 출력 부분을 해석하면 된다. 만일 등분산의 가정이 기각된다면 <표 2>의 아랫부분인 '등분산이 가정되지 않음'에 따른 출력 결과를 해석해주면 된다.

지금까지 두 표본의 중심점(평균) 차이에 관한 검증방법과 신뢰구간을 설명하였다. 마지막으로 주의점을 하나 말하도록 하겠다. A보다 B가 더 크게 나왔고 그것이 통계적으로 유의하다는 것까지 확인되었다고 해도, 실험자료가 아닌 경우에는 "원인(cause) → 효과(effect)"로 직접 해석하는 것은 곤란하다.

예를 들어 광고 A와 B가 임의화 과정 없이 피험자 스스로의 선호에 의하여 선택되었을 경우 A보다 B가 큰 것으로 통계적 검증의 결과가 나왔다고 해서 B가 그런 효과를 갖고 있다고 성급히 결론지어서는 안된다. 왜냐하면 A 그룹과 B 그룹이 나이나 성과 같은 인구적 속성(성, 나이, 교육수준) 등에서 작지 않은 차이가 있을 가능성이 있고, 그러면 A와 B의 차이가 광고의 차이에 의한 것인지 아니면 인구적 속성의 차이 때문인지를 구별하기가 어렵기 때문이다.

통계이론 <표 1>의 사례에서 연구가설이 "A보다 B가 더 좋다"라는 것이라고 하면,

$$H_0 : \mu_A = \mu_B \quad \text{대} \quad H_1 : \mu_A < \mu_B$$

이다. 여기서 μ_A와 μ_B는 각각 A와 B의 모평균이다.

A 분포의 중심을 μ_A, B 분포의 중심을 μ_B라고 하고 각 분포가 대칭이면서 동형(同形)이라고 하자. 그러면 두 분포의 산포를 나타내는 표준편차인 σ_A와 σ_B가 같다(여기서 $\sigma_A^2 = \sigma_B^2 = \sigma^2$으로 표기).[5] 검증통계량으로

$$D = \bar{x}_B - \bar{x}_A$$

를 잡는다. 문제는 이것의 표집분포인데, 표본 A와 표본 B가 독립이라는 전제 하에

$$\text{Var } D \; = \text{Var } \bar{x}_A + \text{Var } \bar{x}_B = \sigma^2 / n_A + \sigma^2 / n_B$$

가 된다.[6] 여기서 공통분산 σ^2을

$$s^2 \equiv \frac{(n_A - 1)\ s_A^2 + (n_B - 1)\ s_B^2}{(n_A - 1) + (n_B - 1)}$$

로 추정하는 것이 합리적일 것이다. 왜냐하면 $n_A - 1$과 $n_B - 1$이 s_A^2과 s_B^2의 계산시 나눔수로 쓰였기 때문이다. 그러면

$$t = (\bar{x}_B - \bar{x}_A) - (\mu_B - \mu_A) \tag{1}$$

가 자유도 $n_A - 1 + n_B - 1$인 t 분포를 대략 따른다(엄밀한 증명은 수리통계학 서적을 참조할 것). 이 t 통계값은 영가설 하에서

$$t_0 = \frac{\bar{x}_B - \bar{x}_A}{\sqrt{s^2 / n_A + s^2 / n_B}}$$

5) 엄밀하게는 A의 모분포가 정규분포 $N(\mu_A, \sigma^2)$이고 B의 모분포가 $N(\mu_B, \sigma^2)$라는 가정이 필요하다.

6) 일반적으로 X와 Y가 독립이면 Var(X+Y) = Var(X−Y) = Var(X) + Var(Y) 이다.

이다. 이것을 앞의 수치 예에 적용해보면 $n_A = 20$, $n_B = 20$이고 공통분산이

$$s^2 \equiv \frac{19 \cdot 9.18^2 + 19 \cdot 10.36^2}{19+19} = 95.80 = 9.79^2$$

으로 추정된다. 따라서

$$t_0 = \frac{56.30 - 52.25}{\sqrt{9.79^2(1/20 + 1/20)}} = 1.31, \quad \text{자유도 } 38$$

이고, 이것에 대한 p값(유의확률)을 구해보면 10.0%라는 것을 알 수 있다.

이제 두 모평균의 차 $\mu_B - \mu_A$에 관한 신뢰구간을 구해보도록 하겠다. (1)로부터

$$\begin{aligned} 1-\alpha &\simeq P\{-k_{\alpha/2} \le t \le k_{\alpha/2}\} \\ &= P\left\{-k_{\alpha/2} \le \frac{(\bar{x}_B - \bar{x}_A) - (\mu_B - \mu_A)}{\sqrt{s^2/n_A + s^2/n_B}} \le k_{\alpha/2}\right\} \end{aligned}$$

이므로 ($k_{\alpha/2}$는 자유도 $n_A + n_B - 2$인 t 분포의 상위 $\alpha/2$ 분위수), $\mu_B - \mu_A$에 관한 수준 $1-\alpha$의 신뢰구간이 다음과 같이 주어진다.

$$\left(\bar{x}_B - \bar{x}_A - k_{\alpha/2}\sqrt{s^2/n_A + s^2/n_B}\ ,\ \bar{x}_B - \bar{x}_A + k_{\alpha/2}\sqrt{s^2/n_A + s^2/n_B}\right)$$

앞의 수치 예에 적용해보면 자유도 38에서 상위 2.5% 분위수가 2.02이므로

$$k_{\alpha/2}\sqrt{s^2/n_A + s^2/n_B} = 2.02 \cdot \sqrt{9.79^2(1/20 + 1/20)} = 6.25$$

이다. 따라서 $\mu_B - \mu_A$에 관한 95% 수준의 신뢰구간은

$$(4.05 - 6.25,\ 4.05 + 6.25) = (-2.20,\ 10.30)$$

이다. 이제까지는 두 집단의 분산이 같다고 전제했었다. 그러나 그렇지 않은 일반적인 경우는 어떻게 할 것인가? 이런 경우에는 "근사적인 t 방법"을 적용할 수 있겠는데, 검증통계량은

$$\tilde{t}_0 = \frac{\bar{x}_B - \bar{x}_A}{\sqrt{s_A^2/n_A + s_B^2/n_B}}$$

이며 이에 해당하는 근사적인 자유도는

$$\nu = \frac{\left(s_A^2/n_A + s_B^2/n_B\right)^2}{\dfrac{(s_A^2/n_A)^2}{n_A - 1} + \dfrac{(s_B^2/n_B)^2}{n_B - 1}}$$

의 정수 부분이다. 앞의 예에서는 $\tilde{t}_0$는 t_0와 거의 같고 자유도도 거의 같다 (ν = 37.5). 그러나 이와 같이 자유도를 보정하는 t 검증방법보다는, 현실적으로 로그변환이나 제곱근 변환 등 변수변환을 통하여 두 집단의 분산을 비슷하게 만드는 사전작업을 한 뒤 변환된 척도에서 두 집단의 평균차이를 t 검증하는 방법이 바람직하다.

3.2 쌍관측에 의한 두 평균의 비교

두 평균을 비교하는 또 하나의 방법을 설명하기로 한다. 예를 들어 두 교수방법(teaching method) A와 B를 비교하고자 한다. 물론 각 그룹에 n명씩을 임의로 배당하는 것도 좋은 방법이다. 만약 학생들의 일반학업능력 V를 사전 측정할 수 있다면, 즉 이런 류의 추가정보를 획득할 수 있다면, A와 B 두 그룹 간의 비교 가능도를 더 높일 수 있을 것이다. 예컨대 V 점수가 가장 좋은 2명 중 임의의 1명을 A에 배당하면서 나머지 1명을 B에 배당하고, V 점수가 3·4등인 2명 중 임의의 1명을 A에 배당하고 나머지 1명을 B에 배당하는 방식을 마지막 2명까지 반복하는 것이다. 그러면 A와 B 어느 한 그룹에 일반학업능력이 좋은 학생들이 쏠릴 가능성이 아주 작아질 것이다. 그러고 나서 A와 B를 분리 적용하고 최종적으로 동일한 방식으로 그 결과를 측정하여 비교하는 순서를 밟는다.

이렇게 생기는 A와 B 표본자료에는 서로 간에 짝이 생긴다. 그래서 그룹당 n명이 실험되었다면 총 n개의 쌍관측(paired observations)으로 자료가 구조화되는 것이다. 한 예로서 <표 3>의 자료를 보자. 각 쌍을 관측단위로 보고 단위별로 반복측정(repeated measurement)이 된 것으로 생각해도 될 것이다.

이런 쌍관측에서 두 측정치는 서로 간에 상관이 생기게 되는데, 그 이유는 쌍내의 두 관측값이 공통적 원인으로부터 영향을 받기 때문이다. 이 경우에서는 일반학업능력이 그 원인이 될 것이다. 실제로 <표 3>에서 A 관측값을 변수 X로, B 관측값을 변수 Y로 나타내고 X와 Y 사이의 상관을 구하면 $\text{corr}\,(X, Y) = 0.38$이 나온다. 따라서 A와 B가 얼마나 다른 효과를 유발하는가는 각 쌍 내에서 두 관측값의 차이에

달려 있다고 할 수 있다. 그러므로

$$D = Y - X$$

를 각 쌍 내에서 계산함으로써 공통원인으로부터의 효과를 상쇄시킬 필요가 있다. 구체적으로 분석자료를 다음과 같이 표기하기로 하자.

$$d_i = y_i - x_i \quad (i = 1, \cdots, n)$$

여기서 i는 관측쌍을 나타내는 고유번호이고 n은 관측쌍의 수이다. 그리고 x_i는 쌍 i에서 A로 처리된 관측값이고 y_i는 쌍 i에서 B로 처리된 관측값이다.

SPSS 분석 사례 – 교수방법 A와 B의 비교

앞의 실험 방법을 통해 <표 3>에서와 같은 자료를 얻었다고 하자. 이 자료는 쌍관측을 구성하여 교수방법 A와 B에 각각 할당하고 교수방법에 대한 평가를 측정하였다. 이 실험의 목적은 쌍관측에 대한 교수방법 A와 B의 효과 차이를 보고자 하는 것이다. 관측쌍의 효과의 차이는 D(=B-A)이며 <그림 2>는 변수 D의 상자그림이다. 이 사례에서 영가설은 '교수방법 A와 B에 따른 평가의 차이는 없다', 대안가설은 '교수 방법 A에 비해 교수방법 B의 평가가 더 높다'이다. 이 가설은 쌍관측 간 차이 D를 이용함으로써 다음과 같이 표현이 가능하다.

영가설 H_0 : 교수방법의 차이(D)는 0이다 ($\mu_D = 0$).

대안가설 H_1 : 교수방법의 차이(D)는 0보다 크다 ($\mu_D > 0$).

다음은 쌍관측 간 차이 D에 대한 일표본 t 검증 결과이다. D의 평균은 5.4로 나타났는데 이 값이 0인지를 알아보는 검증 결과, t가 2.472, 유의확률이 0.0125(단측검증)로 유의수준 5%에서 통계적으로 유의하다. 즉 교수방법 A보다 B가 더 낫다는 주장이 통계적으로 지지되었다고 말할 수 있다.

	검정값 = 0					
	t	자유도	유의확률 (양쪽)	평균차	차이의 95% 신뢰구간	
					하한	상한
D	2.472	19	0.023	5.40	0.829	9.971

〈표 3〉 교수방법 A와 B의 비교(edu20.sav)

관측쌍	A	B	D=B-A
1	48	47	-1
2	47	54	7
3	54	58	4
4	58	61	3
5	52	51	-1
6	45	32	-13
7	57	74	17
8	33	52	19
9	48	54	6
10	53	68	15
11	59	54	-5
12	47	56	9
13	51	68	17
14	68	63	-5
15	63	60	-3
16	32	59	27
17	49	48	-1
18	54	55	1
19	50	58	8
20	47	51	4

〈그림 2〉 관측값의 차이 D에 대한 상자그림

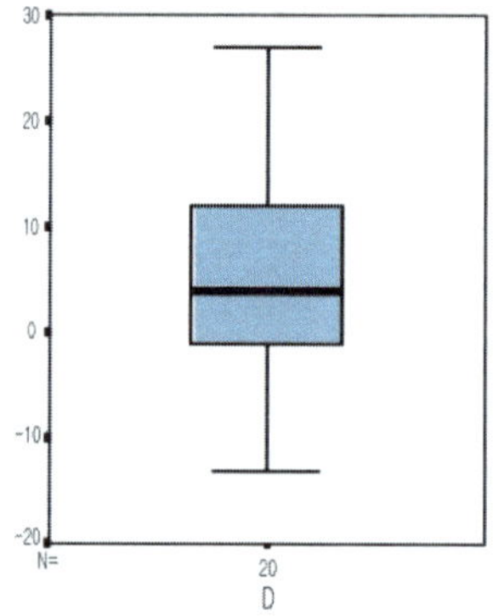

따라서 μ_D에 대한 신뢰수준 95%의 신뢰구간은 (0.829, 9.971)이다.

통계이론 $\mu_D = \mu_B - \mu_A$로 놓음으로써 영가설 $H_0 : \mu_A = \mu_B$, 대안가설 $H_1 : \mu_A < \mu_B$을 각각

$$H_0 : \mu_D = 0, \quad H_1 : \mu_D > 0$$

으로 표현할 수 있다. 따라서 2.2절에서 설명한 바 있는 단일표본 $\{d_1, \cdots, d_n\}$에서의 가설검증으로 귀착된다. 다시 정리하면 p값(유의확률)은

$$\text{p값} = P\{t \geq \sqrt{n}\ \bar{d} / s_D\}$$

이다. 단 t는 자유도 $n-1$의 t 분포이다. 여기서

$$\bar{d} = \sum_{i=1}^{n} d_i / n, \quad s_D = \sqrt{\sum_{i=1}^{n} (d_i - \bar{d})^2 / (n-1)}$$

이다. <표 3>에 적용하여 p값(유의확률)을 구해보면

$$\text{p값} = P\{t \geq \sqrt{20}\ 5.4 / 9.8\} = P\{t \geq 2.47\} = 0.012(\text{자유도 } 19)$$

이다. 따라서 통계적으로도 5% 수준에서 유의하다. 그러므로 A보다 B가 더 낫다는 주장이 통계적으로 지지된다.

신뢰구간을 구하는 방법도 단일표본에서와 마찬가지이다. μ_D에 대한 신뢰수준 95%의 신뢰구간(신뢰한계)은

$$\bar{d} \pm t_{0.025, n-1}\, s_D / \sqrt{n}$$

이다 (2.1절 참조). 앞의 수치 예에서는 $\mu_D \in (0.83, 9.97)$이다.

3.3 SPSS 분석 절차

분석 사례 – 다이어트 약 A의 효능 자료분석

- 파일 열기로 자료 ad20.sav를 SPSS 데이터 편집기에 넣는다. 아래와 같이 되었으면 옳게 된 것이다.

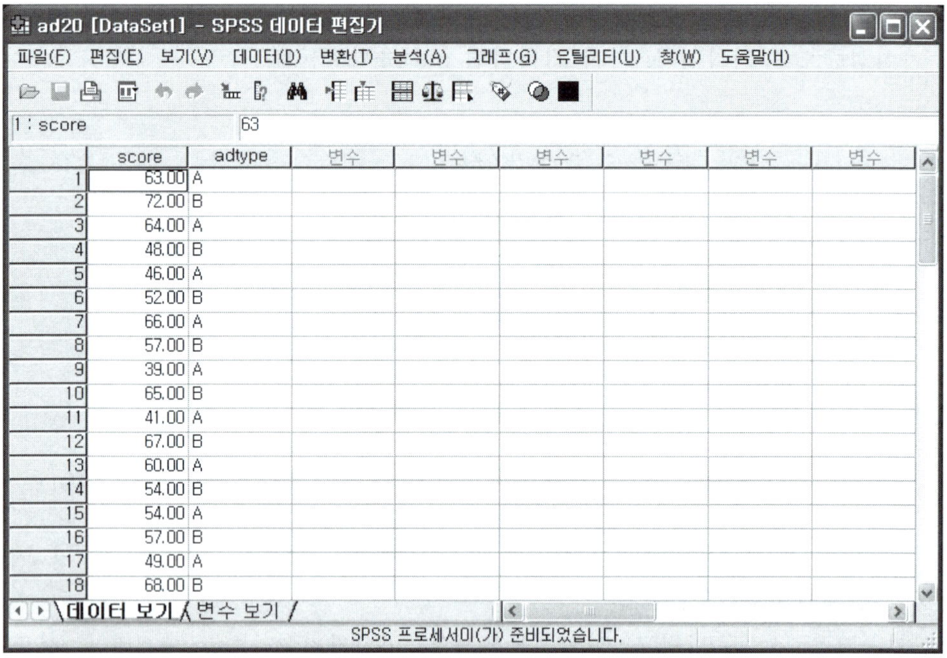

- SPSS 분석(Analyze) 메뉴에서

  평균 비교(Compare Means)

  ▶ 독립표본 T 검정(Independent Samples T Test...)

을 선택한다. 아래와 같이 독립표본 T 검정의 주 대화상자가 나타나면 'score(기억력 점수)'를 검정변수(Test Variables)에 넣는다. 그리고 'adtype(광고구분)'을 집단변수(Grouping Variable)로 지정한다.

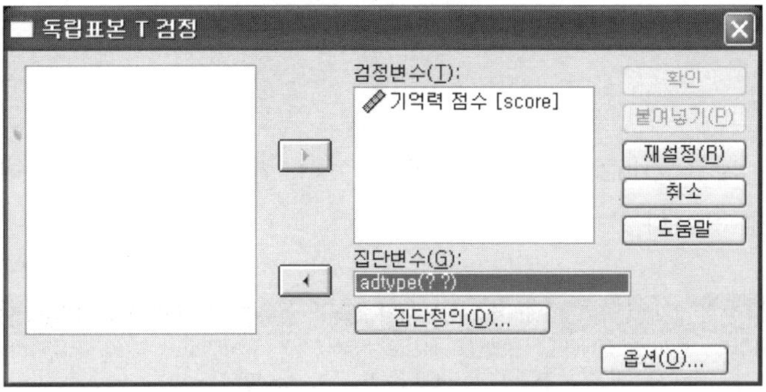

- 이어서 집단정의(Define Groups)의 대화상자로 들어가 집단 1과 집단 2를 정의한다. 마지막으로 독립표본 T 검정의 주 대화상자로 돌아가 확인(OK)을 누른다.

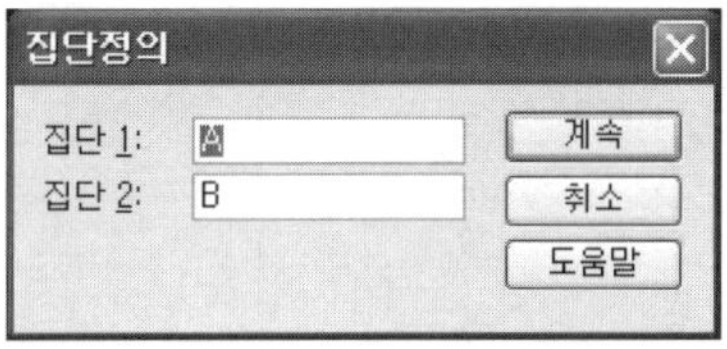

- 다음은 이에 따른 출력 결과이다.

집단통계량

	광고구분	N	평균	표준편차	평균의 표준오차
기억력 점수	A광고	20	52,2500	9,17591	2,05180
	B광고	20	56,3000	10,36238	2,31710

□ 각 집단의 크기, 평균과 표준편차 등을 보여준다.

독립표본 검정

		Levene의 등분산 검정		평균의 동일성에 대한 t-검정						
									차이의 95% 신뢰구간	
		F	유의확률	t	자유도	유의확률 (양쪽)	평균차	차이의 표준오차	하한	상한
기억력 점수	등분산이 가정됨	,008	,930	-1,31	38,00	,20	-4,05	3,09	-10,32	2,22
	등분산이 가정되지 않음			-1,31	37,45	,20	-4,05	3,09	-10,32	2,22

□ 독립표본 t 검증 결과를 보여준다. 유의확률은 양측가설에 대한 것이므로 단측검증인 경우 2로 나누어줘야 한다(60~61쪽 참조).

분석 사례 - 교수방법 A와 B의 비교 자료분석

- 파일 열기로 자료 edu20.sav를 SPSS 데이터 편집기에 넣는다. 아래와 같이 되었으면 옳게 된 것이다.

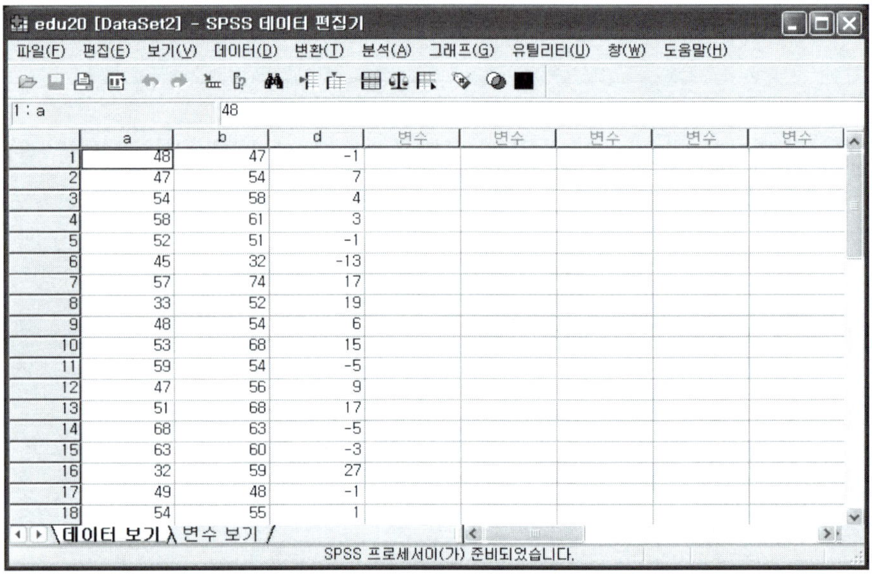

	a	b	d
1	48	47	-1
2	47	54	7
3	54	58	4
4	58	61	3
5	52	51	-1
6	45	32	-13
7	57	74	17
8	33	52	19
9	48	54	6
10	53	68	15
11	59	54	-5
12	47	56	9
13	51	68	17
14	68	63	-5
15	63	60	-3
16	32	59	27
17	49	48	-1
18	54	55	1

- SPSS 분석(Analyze) 메뉴에서

평균 비교(Compare Means) ▶ 일표본 T 검정(One-Sample T Test...)

을 선택한다. 일표본 T 검정의 주 대화상자가 나타나면 변수 'd'를 검정변수(Test Variables)에 넣고 확인(OK)을 누른다.

- 다음은 이에 따른 출력 결과이다.

일표본 통계량

	N	평균	표준편차	평균의 표준오차
B-A	20	5.40	9.768	2.184

□ 자료 크기, 차이의 평균과 표준편차 등을 보여준다.

일표본 검정

	검정값 = 0					
	t	자유도	유의확률 (양쪽)	평균차	차이의 95% 신뢰구간	
					하한	상한
B-A	2.472	19	.023	5.400	.83	9.97

□ 독립표본 t 검증 결과를 보여준다. 유의확률은 양측가설에 대한 것이므로 단측검증인 경우 2로 나누어줘야 한다(60~61쪽 참조).

◪ SPSS 연습문제

앞의 교수방법 A와 B의 비교에서 각 교수방법이 적용된 그룹을 독립으로 간주하여 그 차이를 검증해 보라.

자료 : edu20_two group.sav

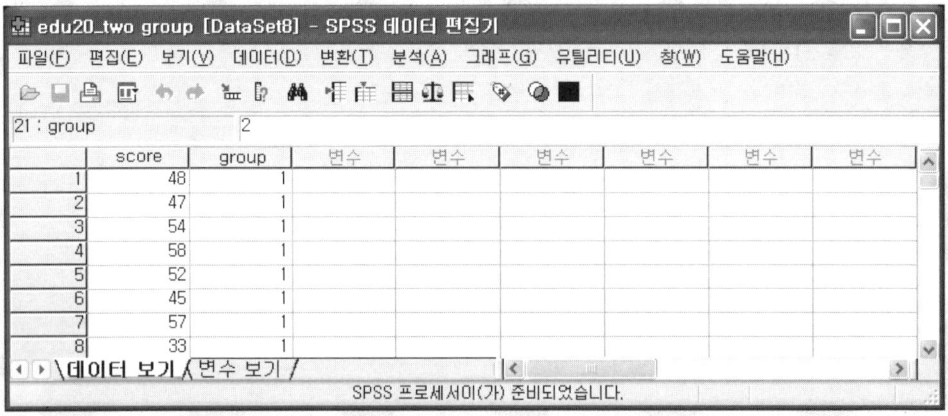

- 다음과 같은 출력이 나오면 옳게 된 것이다.

집단통계량

	집단	N	평균	표준편차	평균의 표준오차
점수	1	20	50.75	8.571	1.917
	2	20	56.15	8.940	1.999

독립표본 검정

		Levene의 등분산 검정		평균의 동일성에 대한 t-검정						
									차이의 95% 신뢰구간	
		F	유의확률	t	자유도	유의확률 (양쪽)	평균차	차이의 표준오차	하한	상한
점수	등분산이 가정됨	.013	.910	-1.950	38	.059	-5.400	2.769	-11.006	.206
	등분산이 가정되지 않음			-1.950	37.933	.059	-5.400	2.769	-11.007	.207

□ 등분산이 가정된 t 검증에서 양쪽 유의확률이 5.9%이므로 단측 유의확률은 3.0%가 된다. 따라서 5% 유의수준에서 영가설은 기각되고 대안가설이 지지된다.

4장 | 비교실험 I

1원 설계와 2원 설계

- 1원 설계 및 2원 설계에 의한 비교 실험의 분석방법을 설명한다. 주안점은 $k \geq 3$개의 처리간 평균 비교에 있다.
- 중심용어 : 임의화, 블록화, 반복, 분산분석, 다중비교, 선형대비

4.1 1원 설계와 분산분석

근대적 비교실험의 역사는 18세기말 영국의 농업실험에서 유래한다. 산업혁명으로 인하여 많은 농촌인구가 도시로 이주하였고, 시장이 발달하게 되어 농산물 가격이 좋아졌던 시기였다. 그래서 대지주들은 농업의 생산성을 올리는 데 큰 관심을 가지게 되었는데, 특히 영(Arthur Young)은 비교실험의 과학성 기준 설정에 크게 이바지하였다. 예컨대 기존의 농법과 새 농법을 비교하는 데 있어 새 농법의 결과를 기존 농법의 과거 자료에 비교해서는 안 된다는 것을 명백히 하였다. 한 필지의 농지를 둘로 나누어 한쪽에 기존 농법을, 다른 한쪽에 새 농법을 적용하여 동시에 비교해보아야 한다는 것이다. 그 이유는 농업이 워낙 기후, 지력(地力), 배수 등에 의해 매년 작지 않은 영향을 받기 때문이라는 것이었다. 또 그는 실험이 여러 장소에서 다년간 반복될 필요가 있음을 강조하였고, 연구자가 스스로 실험을 편향시킬 위험성을 경계하였다. 실증적 자료에 대한 이러한 분석적 깊이와 엄격성은 베이컨(Francis Bacon) 이후 영국의 과학적 전통에서 나왔다고 하겠다.

최근에 와서는 통계적 비교실험이 의학·약학 분야와 공업 분야에 새로 적용되고 있다. 의약학 분야에서는 새로운 치료법과 신약의 개발과 평가, 공업 분야에서는 제품의 성능과 신뢰도를 높이기 위한 품질공학 등에 매우 활발히 적용되고 있다. 비교실험은 일부 사회과학에서도 교육방법·사회정책 및 광고의 효과 측정 등에 응용되는 등 제반 실증적 과학의 방법론적 토대가 되었다.

비교실험 중에서 가장 기본적인 것이 t개의 처리를 서로 비교하는 것이다(경우에 따라서 처리(treatment)보다는 자극(e.g. 심리적 자극) 또는 프로그램(e.g. 교육 프로그램)이라고 하는 것이 더 맞는 용어일 수 있다). 예컨대 4가지의 학습방법을 고등학교 학생들을 대상으로 비교하는 것이 관심이라고 하자. 이때 필요한 최소 개체 수는 4명(프로그램 당 1명씩)이지만 "처리 내 반복"이 필수적이라는 것이 현대적 실험설계의 큰 원칙 중 하나이다. 왜 그런가?

동일한 자극에 대하여 매번 같은 반응을 보이는 정밀과학에서는 반복이 필요 없다. 그러나 비정밀 과학 분야에서는 결과가 연구자의 제어를 벗어나는 여러 환경적·생물적 요인들에 의하여 영향을 받는다. 예컨대 농업실험에서 날씨나 지력의 변이 등이 그런 요인의 예이다. 의학·약학의 임상실험에서, 심리학·교육학 등의 사회과학에서 피실험개체(인간)들이 갖는 제반 생리적·심리적 변이 같은 것도 그런 예이다. 따라서 같은 처리(자극)를 받더라도 개체들이 꼭 같은 반응을 보이는 것은 아니다. 그러므로 평균을 낼 수 있게끔 반복하여 자료값을 얻을 필요가 있다. 처리별 평균에서 여러 잡음요인(심리적·생물적·환경적 요인)의 상쇄효과가 기대되기 때문이다.

그래서 학습방법당 6명씩 반복하기로 하였다고 하자. 학습방법 수가 4이니 총 24명의 실험개체(학생)가 필요하다. 문제는 어느 처리에 누구를 배당할 것인가이다. 만약 24명의 피실험 학생들 각자에게 원하는 대로 6명씩 그룹을 짓도록 한다면, 어느 그룹엔 우수한 학생들이 몰리고 어느 그룹에는 열등한 학생들이 몰리는 등의 불균형이 발생할 수 있을 것이다. 반대로 연구자가 자기 생각대로 학생들을 처리에 배당하는 경우에는 연구자 스스로의 의식적·무의식적 의도에 의하여 영향받을 수 있을 것이다. 비교실험의 원칙은 임의화에 의하여 실험순서, 또는 처리배치를 정하는 것이다. 예컨대 다음과 같은 절차를 따른다.

단계 1 : 학습방법 1, 2, 3, 4가 임의순서로 6회씩 나오도록, 1번 카드 6장, 2번 카드 6장, 3번 카드 6장, 4번 카드 6장을 잘 섞어 주머니에 넣고 한 장씩 뽑아서 순서대로 늘어놓는다(또는 난수표를 이용할 수 있을 것이다). 그 결과로

4 1 2 1 1 4 3 1 4 2 4 4 3 1 3 2 3 3 2 2 1 2 3 4

가 나왔다고 하자.

단계 2 : 첫 번째 학생을 학습방법 4에, 두 번째 학생을 학습방법 1에, 세 번째 학생을 학습방법 2, …에 배당한다. 따라서 학습방법 1에는 학생 2, 4, 5, 8, 14, 21이, 학습방법 2에는 학생 3, 10, 16, 19, 20, 22가, 학습방법 3에는 학생 7, 13, 15, 17, 18 23이, 학습방법 4에는 1, 6, 9, 11, 12, 24가 배당된다.

〈표 1〉 학습방법에 따른 성적차이(exp4x6.sav)

		반복						평균
학습방법 1	:	64	72	68	77	56	95	72.
학습방법 2	:	78	91	97	82	85	77	85.
학습방법 3	:	75	93	78	71	63	76	76.
학습방법 4	:	55	66	49	64	70	68	62.

이와 같은 설계법을 1원 설계(one-way design) 또는 완전임의화설계(completely randomized design, CRD)라고 한다.

분석 사례 – 학습방법에 따른 성적차이

<표 1>이 이제까지 설명한 1원 설계 방법에 따른 실험의 결과라 하자. 실험에서 학습방법은 총 4가지이며, 각 학습방법에 따른 6명의 학생들 성적과 평균이 제시되어 있다. 이 자료를 이용해 학습방법에 따라 학생들 성적의 평균이 차이가 있는지를 분산분석으로 알아보고자 한다.

이 실험의 가설은 다음과 같다.

영가설 H_0 : 학습방법에 따른 성적의 차이가 없다.
($\mu_1 = \mu_2 = \mu_3 = \mu_4$)

대안가설 H_1 : 적어도 두 학습방법 간에 성적의 차이가 있다.
($\mu_i \neq \mu_j$ 적어도 한 쌍의 i와 j에 대하여, $i \neq j$)

다음의 <표 2>는 분산분석에 대한 결과이다. 분산분석 결과 F는 5.406이며 유의확률이 0.007로 유의수준 5%에서 통계적으로 유의하다. 이에 따라 '학습방법에 따른 성적의 차이가 없다'라는 영가설을 기각하고 대안가설을 지지하게 된다. 즉 적어도 두 가지 학습방법 간에 학생들의 성적이 차이가 있음을 인정할 수 있다.

학습방법의 효과 차이에 대한 해석은 각 방법 평균의 높낮이를 비교해보는 탐색적 해석, 두 처리 간의 차이를 비교하는 다중비교, 선행대비를 통한 처리 묶음들 간의 비교 등의 방법을 통해 가능하다.

〈표 2〉 1원 설계에 의한 실험자료의 분산분석

요인	제곱합	자유도	평균제곱	F	유의확률
집단-간	1636.50	3	545.50	5.406	0.007
집단-내	2018.00	20	100.90		
합계	3654.50	23			

먼저, 학습방법 간의 차이는 <그림 1>을 통해 처리 간 차이의 탐색적인 해석이 가능하다. 그림을 보면, 학습방법 2 집단의 학생들의 성적이 가장 우수한 것으로 나타났다. 다음으로 학습방법 3, 학습 방법 1집단의 학생들이 비슷한 수준의 성적을 보이고 있으며 학습방법 2에 비해 낮은 양상을 보인다. 특히 학습방법 4에서는 가장 낮은 평균을 갖고 있으며 이는 학습방법 2와는 매우 큰 차이를 보이고 있다. 이와 같이, 학습방법에 따른 성적의 차이가 있음을 탐색적으로 알 수 있다.

실험자료분석에서의 또 하나의 관심은 처리를 2개씩 짝 지어 비교해보는 것이다. 처리가 넷인 경우에는 처리 1과 2, 처리 1과 3, 처리 1과 4, 처리 2와 3, 처리 2와 4, 처리 3과 4를 비교하게 된다(모두 6번). 처리 수가 t 이면 $t \times (t-1)/2$ 번의 비교를 생각할 수 있는데, 이와 같은 모든 쌍의 처리 비교를 다중비교(多重比較, multiple comparison)라고 한다.

〈그림 1〉 학습방법의 평균 프로파일

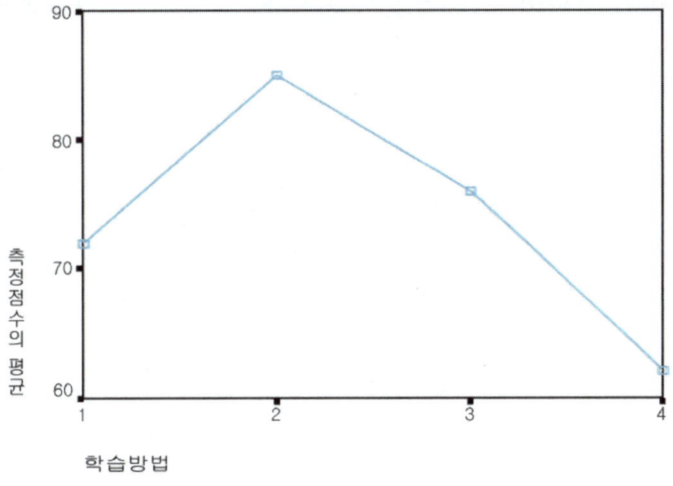

다중비교의 한 방법은 3장에서 배운 바 있는 2 표본 t 검증을 거듭하는 것이다. 처리 i 와 i' 의 평균을 비교하는 데 있어

$$|\,\bar{y}_{i.} - \bar{y}_{i'.}\,| \geq t_{\alpha/2;N-t}\sqrt{2s^2/r} \tag{1}$$

이면 유의수준 α 에서 처리 i 와 i' 의 평균차이 $\mu_i - \mu_{i'}$ 가 0이 아니라고 선언할 수 있다(여기서 $t_{\alpha/2;N-t}$ 는 자유도 $N-t$ 의 t 분포에서 상위 $\alpha/2$ 분위수). 식 (1)에 대한 설명은 82~86쪽의 통계이론에서 자세히 하기로 한다.

식 (1)의 우변을 최소유의차(LSD, least significant difference)라고 하여, 이것 이상의 차이가 나는 모든 처리 짝을 유의한 것으로 선언하는 다중비교법이 LSD 방법이다. <표 1>의 자료에서는 LSD가 12.10으로 계산되므로 두 처리의 평균차이가 12.10 이상 나게 되면 두 집단의 차이를 인정하게 된다.

<표 3>에는 LSD 방법에 의한 다중비교의 결과가 나타나 있다. 평균차 (I-J)는 학습방법 I와 J의 평균차이를 나타내며, 끝에 '*'가 있는 칸은 평균차이의 절대값이 LSD인 12.10보다 커서 두 처리 간의 차이가 있음을 의미한다. 따라서 학습방법 1과 2, 학습방법 2와 4, 학습방법 3과 4 사이에 평균의 차이가 있음을 알 수 있다.

〈표 3〉 다중비교법 : LSD 방법

	(I) 학습방법	(J) 학습방법	평균차 (I-J)	표준오차	유의확률	95% 신뢰구간	
						하한값	상한값
LSD	1	2	-13.00*	5.80	0.04	-25.10	-0.90
		3	-4.00	5.80	0.50	-16.10	8.10
		4	10.00	5.80	0.10	-2.10	22.10
	2	1	13.00*	5.80	0.04	0.90	25.10
		3	9.00	5.80	0.14	-3.10	21.10
		4	23.00*	5.80	0.00	10.90	35.10
	3	1	4.00	5.80	0.50	-8.10	16.10
		2	-9.00	5.80	0.14	-21.10	3.10
		4	14.00*	5.80	0.03	1.90	26.10
	4	1	-10.00	5.80	0.10	-22.10	2.10
		2	-23.00*	5.80	0.00	-35.10	-10.90
		3	-14.00*	5.80	0.03	-26.10	-1.90

그런데 이 방법은 처리의 매 짝 비교에서 오류율(= 개별 오류율, individual error rate)을 α로 제어하고 있을 뿐이어서, 실험 내 모든 처리 짝의 비교에서 범하는 오류율(= 모임 오류율, family error rate)은 α보다 커지게 된다.

학생들의 이해를 위하여 '개별 오류'와 '모임 오류'의 개념을 비유적으로 설명하기로 하겠다: "다음 사건들을 시간 순서대로 늘어놓으시오"

① 5.17 ② 5.18 ③ 10.26 ④ 12.12

라는 역사 문제에서 정답은 ③ ④ ① ②이다. 그런데 만약 어떤 학생이 ① ② ③ ④ 라고 답한 경우, 이것이 총 6개의 순서쌍 중에서 두 순서쌍인 ①과 ②, ③과 ④의 순서를 맞추었으므로 4/6개의 오류를 범한 것으로 생각할 수 있다. 이것이 '개별 오류'의 개념이고, 정답 ③ ④ ① ② 이외의 답은 어느 경우라도 1개의 오류로 처리하는 것이 '모임 오류'의 개념이다.

모임 오류율(family error rate)을 제어하는 다중비교법 중에서 대표적인 것이 튜키(John W. Tukey)의 방법이다. 그의 방법은 표준화 범위(studentized range)라고 불리는 Q를 이용하는 것이다. Q의 정의는 다음과 같다.

$$Q = (\bar{y}_{\max} - \bar{y}_{\min}) / s_{\bar{y}}$$

따라서 처리평균 간 차이가

$$D \equiv Q_{\alpha}\sqrt{s^2/r}$$

이상일 때 유의함을 선언하게 된다. 식에 대한 자세한 내용은 82~86쪽의 통계이론을 참조하길 바란다. <표 1> 자료의 경우 $D = 3.96\sqrt{101/6} = 16.25$이므로 이보다 평균값 차이가 작은 처리 간에는 유의한 차이가 없다.

앞서 살펴본 LSD는 12.10 이상이면 두 집단의 평균차이가 있는 것으로 인정하였다. 그러나 튜키(Tukey)의 방법을 사용하면 두 집단의 차이가 16.25 이상인 경우만 집단 간의 평균차이를 인정한다. 즉 모임 오류율을 제어하는 방법을 사용하는 경우에는 두 집단의 차이를 인정하는 값이 LSD보다 더 커서 차이를 인정하는 기준이 보다 엄격한 것을 알 수 있다. 보다 엄격한 기준을 적용하게 되면 자료에 따라서는 차이가 나는 집단의 수가 더 적어질 수 있다.

〈표 4〉 다중비교법 : Tukey 방법

	(I) 학습방법	(J) 학습방법	평균차 (I-J)	표준오차	유의확률	95% 신뢰구간	
						하한값	상한값
Tukey HSD	1	2	-13.00	5.80	0.15	-29.23	3.23
		3	-4.00	5.80	0.90	-20.23	12.23
		4	10.00	5.80	0.34	-6.23	26.23
	2	1	13.00	5.80	0.15	-3.23	29.23
		3	9.00	5.80	0.43	-7.23	25.23
		4	23.00*	5.80	0.00	6.77	39.23
	3	1	4.00	5.80	0.90	-12.23	20.23
		2	-9.00	5.80	0.43	-25.23	7.23
		4	14.00	5.80	0.11	-2.23	30.23
	4	1	-10.00	5.80	0.34	-26.23	6.23
		2	-23.00*	5.80	0.00	-39.23	-6.77
		3	-14.00	5.80	0.11	-30.23	2.23

<표 4>에는 Tukey 방법에 의한 다중비교의 결과가 나타나 있다. 유의한 차이를 보이는 집단은 학습방법 2와 4만임을 알 수 있다. 즉 처리 1과 2, 처리 1과 3, 처리 1과 4, 처리 2와 3, 처리 3과 4 사이에는 두 집단의 유의한 차이가 없다. 이를 토대로 <표 5>와 같은 부집단을 작성할 수 있다.

<표 5>를 보면 부집단 1에는 처리 4, 1, 3이 속해 있으며 이 처리들 간의 차이는 없다. 부집단 2에는 처리 1, 3, 2가 속해 있으며 이 처리들 간의 차이는 없다. 그러나 처리 2와 4의 경우 어느 부집단에서도 같이 속하지 않는다. 결과적으로 같은 부집단에 속하지 않은 처리 2와 4만이 차이에서 유의성이 인정된다.

〈표 5〉 Tukey 방법에 따른 다중비교의 부집단

학습방법		N	유의수준 = .05에 대한 부집단	
			1	2
Tukey HSD	4	6	62.00	
	1	6	72.00	72.00
	3	6	76.00	76.00
	2	6		85.00
	유의확률		0.107	0.146

〈표 6〉 선형대비 결과

대비값	표준오차	t	자유도	유의확률(양쪽)
47	14.21	3.31	20	0.004

또 하나의 평균비교법은 선형대비(線形對比, linear contrast)를 이용하는 것이다. 예컨대 학습방법 1, 2, 3과 학습방법 4 사이에 차이가 있는지를 보기 위하여

영가설 H_0 : 학습방법 1, 2, 3과 학습방법 4에 따른 성적의 차이가 없다.

$$(\mu_1 + \mu_2 + \mu_3)/3 = \mu_4$$

대안가설 H_1 : 학습방법 1, 2, 3이 학습방법 4보다 성적이 더 높다.

$$(\mu_1 + \mu_2 + \mu_3)/3 > \mu_4$$

라는 영가설과 대안가설을 둘 수 있다. 이와 같이 여러 처리의 묶음과 다른 처리의 묶음 간의 차이는 선형대비를 이용하여 알 수 있다. 자세한 내용은 82~86쪽의 통계이론을 참고하기 바란다.

<표 6>에는 선형대비에 대한 검증 결과로 대비값(L)이 47일 때 t가 3.31, 유의확률이 0.002(단측)이며, 이는 유의수준 5%에서 통계적으로 유의하다. 즉 '학습방법 1, 2, 3과 학습방법 4에 따른 성적의 차이가 없다'라는 영가설을 기각하며, 학습방법 1, 2, 3이 학습방법 4보다 더 좋은 학습효과를 유발한다는 결론을 지을 수 있다.

한편 지금까지 설명한 1원 분산분석(one-way ANOVA) 기법이 실험자료가 아닌 관측자료에 쓰이는 경우가 있다. 예컨대 30세 이상 성인의 문화비 지출액을 조사한 자료에서 그들의 학력수준(국졸, 중졸, 고졸, 대졸)에 따라 어떤 차이가 있는지를 보는 경우이다. 이때 각 학력수준 그룹별로 자료 수가 다를 것은 자명하다. 그런데 이런 자료는 실험자료가 아니므로, 그룹별로 학력에서만 차이가 나는 것이 아니라 다른 중요한 인구·사회적 특성(예컨대 성별, 나이, 월소득, 직업 등)에서 차이가 날 수 있다. 그러므로 관측자료를 분산분석할 경우 섣부른 인과추론(cause-and-effect inference)은 금물이다. 이후 9장을 참조하라.

통계이론 <표 1>의 실험 결과를 정리한 자료라고 하자. 그리고 처리 i의 반복 j 자료값을 y_{ij}로 표기하기로 하자($i=1, \cdots, t$; $j=1, \cdots, r$). 이때, y_{ij}를 다음과 같이 모형화할 수 있겠다.

$$y_{ij} = \mu_i + \epsilon_{ij}, \quad \epsilon_{ij} \sim N(0, \sigma^2)$$

여기서 μ_i는 처리 i의 평균반응을 나타내는 파라미터(모수)이고, ϵ_{ij}는 처리 내 개체 변이를 나타내는 확률변량이다(평균 0, 분산 σ^2). 특별히 정규분포를 가정하는 이유는 ϵ_{ij}가 처리 외 여러 변동원인들의 합으로 형성된다고 보기 때문이다.

그러므로 μ_i는 처리 i 자료값의 평균

$$\bar{y}_{i\cdot} = \sum_{j=1}^{r} y_{ij} / r, \quad i = 1, \cdots, t$$

에 의하여 추정된다. 1원 설계 실험의 목적이 처리들에 평균적 차이가 있는지를 비교해보는 것이므로, 즉

$$H_0: \ \mu_1 = \cdots = \mu_i = \cdots = \mu_t$$

를 검증해보는 것이므로, t개의 처리평균들인

$$\bar{y}_{1\cdot}, \cdots, \bar{y}_{i\cdot}, \cdots, \bar{y}_{t\cdot}$$

이 서로 얼마나 다른가를 봐야 한다. 전체평균을

$$\bar{y} = \sum_{i=1}^{t} \bar{y}_{i\cdot} / t = \sum_{i=1}^{t} \sum_{j=1}^{r} y_{ij} / N \quad (N = t \cdot r)$$

으로 나타내자.

처리평균 간 차이의 유의성을 평가하는 방법으로 피셔(R.A. Fisher)가 생각해낸 방법은 분산분석법(ANOVA, analysis of variance)이라는 것으로, 전체 제곱합을 분해하는 것에서 시작한다. 즉

$$y_{ij} - \bar{y} = (\bar{y}_{i\cdot} - \bar{y}) + (y_{ij} - \bar{y}_{i\cdot})$$

이므로

$$\sum_{i=1}^{t}\sum_{j=1}^{r} (y_{ij} - \bar{y})^2 = \sum_{i=1}^{t}\sum_{j=1}^{r} (\bar{y}_{i\cdot} - \bar{y})^2 + \sum_{i=1}^{t}\sum_{j=1}^{r} (y_{ij} - \bar{y}_{i\cdot})^2$$

전체 제곱합 SS_{total} = 처리 제곱합 $SS_{treatment}$ + 오차 제곱합 SS_{error}

가 된다. 이 중 처리 제곱합이

$$SS_{treatment} = r\sum_{i=1}^{t}(\bar{y}_{i}. - \bar{y})^2$$

으로 다시 쓰여지는데, 자료를 어떻게 재배열하더라도 전체 제곱합은 불변이므로 검증통계량으로 $SS_{treatment}$ 대신

$$SS_{treatment}/SS_{error} = r\sum_{i=1}^{t}(\bar{y}_{i}. - \bar{y})^2 \Big/ \sum_{i=1}^{t}\sum_{j=1}^{r}(y_{ij} - \bar{y}_{i}.)^2$$

을 검증통계량으로 쓸 수 있겠다. 이것이 바로

$$F = \frac{SS_{treatment}/(t-1)}{SS_{error}/(N-t)}$$

통계량과 연결되는데, 영가설 하에서 이에 대한 표집분포가 수리적으로 유도되어 있다. F 분포라고 불리우는 이 분포는 두 파라미터인 분자 자유도 t-1과 분모 자유도 N-t 에 의해 결정된다. F 분포표에 대하여는 부록 A.5절을 참조하라.

<표 1>의 자료에 대하여 F는 5.41로 계산되고 분자 자유도 3과 분모 자유도 20인 F 분포에서의 p값은 0.7%로 나온다.

처리 내 분산 $\sigma^2(=\mathrm{Var}(\epsilon))$은 처리 i내 분산인

$$s_i^2 = \sum_{j=1}^{r}(y_{ij} - \bar{y}_{i}.)^2/(r-1), \quad i = 1, \cdots, t$$

를 결합시켜 얻을 수 있다. 즉

$$\hat{\sigma}^2 \equiv s^2 = \sum_{i=1}^{t} s_i^2/t = \sum_{i=1}^{t}\sum_{j=1}^{r}(y_{ij} - \bar{y}_{i}.)^2/(N-t)$$

이것은 F 통계량의 분모항이기도 하다. <표 7>는 분산분석표라고 하는 것으로 이제까지의 계산을 일목요연하게 보여준다. 이중 평균제곱(mean squares, MS)은 제곱합(sum of squares, SS)을 해당하는 자유도로 나눈 것인데(즉 MS = SS/df), 바로 오차평균제곱이 처리 내 분산(오차분산)의 추정치이다.

〈표 7〉 1원 설계에 대한 분산분석표

요인	자유도(df)	제곱합(SS)	평균제곱(MS)	분산비(F)
처리	t-1	$SS_{treatment}$	$MS_{treatment}$	$F=MS_{treatment}/MS_{error}$
오차	N-t	SS_{error}	MS_{error}	
전체	N-1	SS_{total}		

앞서 살펴본 다중비교에서, LSD 방법은 다음과 같다. 처리 i와 i'의 평균을 비교하는 데 있어 $\mu_i - \mu_{i'} = 0$ 이면

$$t = \frac{\bar{y}_{i\cdot} - \bar{y}_{i'\cdot}}{\sqrt{s^2(1/r + 1/r)}}$$

이 t 분포(자유도 $N-t$)를 따르므로

$$|\ \bar{y}_{i\cdot} - \bar{y}_{i'\cdot}\ | \ \geq \ t_{\alpha/2;N-t}\sqrt{2\,s^2/r} \tag{1}$$

이면 유의수준 α에서 처리 i와 i'의 평균차이가 유의한 것으로 선언될 수 있다(여기서 $t_{\alpha/2\,;\,N-t}$는 자유도 $N-t$의 t 분포에서 상위 $\alpha/2$ 분위수).

식 (1)의 우변을 최소유의차(LSD, least significant difference)라고 하여 이것 이상의 차이가 나는 모든 처리 짝을 유의한 것으로 선언하는 다중비교법이 LSD 방법이다.

예컨대 <표 1>의 자료에서는 $t_{0.025\,;\,20} = 2.086$이므로

$$\text{LSD} = t_{\alpha/2;N-t}\sqrt{2\,s^2/r} = 2.086\sqrt{2\cdot 101/6} = 12.10$$

이 된다. 그러므로 다음과 같이 크기순으로 처리평균을 늘어놓았을 때,

처리	4	1	3	2
평균	62	72	76	85

에서 처리 4와 1의 차이(=10)는 유의하지 않지만, 처리 4와 3의 차이(=14)와 처리 4와 2의 차이(=23)는 LSD 보다 크므로 유의하다. 짝 비교를 계속해보면 처리 1과 3의 차이, 처리 3과 2의 차이가 유의하지 않음을 알게 된다. 유의하지 않은 차이에는 다음과 같이 밑줄을 그어두면 보기에 편하다.

처리 4 1 3 2
(밑줄: 4–1, 1–3, 3–2)

다중비교의 다른 방법인 Tukey 방법은 표준화 범위(studentized range)라고 불리는 Q를 이용하는 것이다. Q의 정의는 다음과 같다.

$$Q = (\bar{y}_{\max} - \bar{y}_{\min})/s_{\bar{y}}$$

여기서

$$\bar{y}_{\max} = \max\{\bar{y}_{i\cdot}\,;i=1,\cdots,t\},\ \ \bar{y}_{\min} = \min\{\bar{y}_{i\cdot}\,;i=1,\cdots,t\},\ \ s_{\bar{y}} = \sqrt{s^2/r}$$

이다. $H_0 : \mu_1 = \cdots = \mu_t$ 하에서, Q의 분포는 처리의 수 t와 s^2의 자유도 df (=$N-t$)에 의존한다. 예컨대 t = 4, df = 20인 경우에 Q의 상위 5% 분위수는 3.96이다. Q의 확률분포표에 관하여는 부록 A.7절을 참조하라. 따라서 처리평균 간 차이가

$$D \equiv Q_\alpha \sqrt{s^2/r}$$

이상일 때 유의함을 선언하게 된다. <표 1> 자료의 경우 $D = 3.96\sqrt{101/6} = 16.25$이므로 이보다 평균값 차이가 작은 처리 4와 1, 처리 4와 3, 처리 1과 3, 처리 1과 2, 처리 3과 2 사이에는 유의한 차이가 없다.

```
처리        4    1    3    2
            --------------
                 --------------
```

처리 4와 2 사이의 차이에만 유의성이 인정된다.

마지막으로 선형대비(線形對比, linear contrast)를 이용한 평균비교법에 대해 알아보자. 예컨대 학습방법 1, 2, 3과 학습방법 4 사이에 차이가 있는지를 보기 위하여

$$H_0 : \mu_1 + \mu_2 + \mu_3 - 3\mu_4 = 0 \quad 즉 \quad H_0 : (\mu_1 + \mu_2 + \mu_3)/3 = \mu_4$$

를 영가설로 둘 수 있을 것이다. 이와 같이 계수합이 0인 $\mu_1, \cdots, \mu_t$의 선형결합

$$\ell = c_1\mu_1 + \cdots + c_t\mu_t \quad (단, c_1 + \cdots + c_t = 0)$$

를 선형대비라고 하는데, 이것은

$$L = c_1\bar{y}_{1\cdot} + \cdots + c_t\bar{y}_{t\cdot}$$

로 추정된다. 그런데

$$\begin{aligned} \mathrm{Var}(L) &= c_1^2\,\mathrm{Var}(\bar{y}_{1\cdot}) + \cdots + c_t^2\,\mathrm{Var}(\bar{y}_{t\cdot}) \\ &= \sigma^2/r \cdot \{c_1^2 + \cdots + c_t^2\} \end{aligned}$$

이므로 선형대비 ℓ을 0으로 둔 앞의 영가설을

$$t_0 = L / \sqrt{s^2/r \cdot \{c_1^2 + \cdots + c_t^2\}}, \quad 자유도 = N - t$$

로 검증할 수 있다. 예로서 대안가설을

$$H_1 : \mu_1 + \mu_2 + \mu_3 - 3\mu_4 > 0$$

으로 놓고 앞의 영가설을 검증하여 보자.

$$L = 72 + 85 + 76 - 3 \cdot 62 = 47$$

$$\widehat{\text{Var}}(L) = s^2/r \cdot \{c_1^2 + \cdots + c_t^2\}$$

$$= 101/6 \cdot \{1^2 + 1^2 + 1^2 + (-3)^2\} = 14.21^2$$

이므로

$$t_0 = 47 / 14.21 = 3.31, \ \text{자유도} = 20, \ \text{단측 p값} = 0.2\%$$

로 계산된다. 따라서 학습방법 1, 2, 3이 학습방법 4보다 더 좋은 학습효과를 유발한다고 결론지을 수 있다 (유의수준 = 5%).

이제까지는 처리별 반복 수가 모두 같은 경우만을 다루었다. 그러나 어떤 실험에서는 의도적으로, 또 어떤 실험에서는 불가피하게 처리별 반복 수를 달리하는 경우가 있다. 이런 경우에는 처리 제곱합의 식이

$$\text{SS}_{\text{treatment}} = \sum_{i=1}^{t} r_i (\bar{y}_{i\cdot} - \bar{y})^2, \ \text{여기서 } r_i \text{는 처리 i의 반복 수}$$

로 바뀌지만, 분산비

$$F = \frac{\text{SS}_{\text{treatment}}/(t-1)}{\text{SS}_{\text{error}}/(N-t)}, \ \text{자유도} = (t-1, N-t)$$

는 앞과 동일하다. 그러므로 분산분석표의 활용에는 별 문제가 없다. 또한 약간의 보정으로 다중비교 및 선형대비를 활용할 수 있기도 하다.

4.2 2원 설계와 분산분석

초기의 농업실험에서 연구자들은 1에이커(약 1200평) 정도의 실험지(實驗地)라도 그 안에 지력(地力)의 차이가 있다는 사실을 알고 있었다. 따라서 2개의 처리 C와 T를 비교하는 경우에 있어서도 실험지를 뚝 절반으로 잘라서 한쪽에 한 처리씩 배당하는 것보다 좀 더 현명한 처리 배치법이 필요하게 되었다. 그런 방편으로 생각된 것이 소위 샌드위치 설계라고 하는 것으로 배치도의 한 예는 다음과 같다.

C	T	T	C	C	T	T	C	C	T	T	C	C	T	T	C

이 방법의 장점 중 하나는 지력의 변화가 선형적인 경우, 처리 C와 T의 비교에서 지력차로 인한 불균형이 서로 상쇄된다는 점이다(예컨대 첫 네 칸에서의 처리전 지력이 101, 102, 103, 104인 경우 처리 C가 배당되는 두 칸의 평균지력은 (101+104)/2 = 102.5이고 처리 T가 배당되는 칸의 평균지력도 (102+103)/2 = 102.5로 같다. 이런 이점(利點)이 있었지만, 샌드위치 설계는 1930년대 피셔(R.A. Fisher)에 의해 체계화된 과학적 실험설계법으로 평가받지 못함으로써 소멸하게 되었다[그 주된 이유는 샌드위치 설계에서의 처리배치가 "너무" 규칙적이라는 것이었다]).

피셔가 옹호한 대안적 설계는 주어진 실험지를 일정 크기의 블록(block, 구획)들로 나누고 그 안에서는 처리배치를 임의화하는 것이다. 예컨대 앞과 같이 실험지를 4개의 블록으로 나누되, 각 블록에서 C와 T를 두 번씩 임의순서로 나타나게 한다는 것이다. 즉 처리배치가 <그림 2>의 ①과 같은 형태로 되고, 처리가 T1, T2, T3, T4와 같이 넷인 경우 더 안성맞춤으로 배치도가 <그림 2>의 ②와 같은 형태로 될 수 있다.

이와 같이 처리 이전(以前) 실험개체 또는 실험단위들을 서로 유사한 것들끼리 그룹화하고 그 안에서 처리배치를 임의화함으로써 실험에서 처리들의 비교 가능성을 높일 수 있다. 이런 실험 설계를 2원 설계(two-way design) 또는 임의화 블록 설계(亂塊法, randomized block design, RBD, 난괴법)라고 한다.

〈그림 2〉 2원 설계에 의한 처리 배치

① 처리가 C와 T인 경우 :

C	C	T	T	T	C	T	C	C	T	T	C	C	C	T	T

② 처리가 T1, T2, T3, T4인 경우 :

T1	T3	T2	T4	T3	T4	T2	T1	T2	T4	T3	T1	T4	T1	T3	T2

2원 설계는 농업실험에만 적용되는 것이 아니다. 의약품의 비교를 위한 동물실험에서는 한 배(胚)에서 나온 쌍둥이 쥐나 토끼들을 한 블록으로 잡는다. 교육학 실험에서는 사전적인 학업능력이 비슷한 학생들을 한 블록으로 잡는다.

이 장에서는 5개 학습방법을 여러 집단을 대상으로 비교하는 실험을 생각하기로 하자. 실험대상으로 초등학교 저학년생, 초등학교 고학년생, 중학생, 고등학생, 대학생 등을 고려하자. 이런 경우 초등학교 저학년생 5명은 학습방법당 1명씩이 배당되지만 상호 유사하므로 한 블록을 이룬다. 이런 식으로 모두 다섯 개의 블록이 형성된다.

처리배치는 블록 내에서 임의화(randomization)에 의하여 이루어진다. 다섯 종의 학습방법 1, 2, 3, 4, 5(A, B, C, D, E)를 각 블록에서 어느 실험개체(학생)에 배치하는가 하는 문제는 앞 절에서와 같은 방법으로 하면 된다. 즉 1부터 5까지의 숫자(A부터 E까지의 문자)가 쓰인 쪽지를 봉지에 넣고 하나씩 꺼내서 1, 4, 5, 3, 2(A, D, E, C, B)를 얻게 되었다면 블록 1에서는 학생 1에 학습방법 A를, 학생 2에 학습방법 D를, 학생 3에 학습방법 E를, 학생 4에 학습방법 C를, 학생 5에 학습방법 E를 배당한다. 그리고 나머지 블록들에서도 독립적으로 임의화를 수행한다.

〈표 8〉 학습방법의 비교(exp5x5.sav)

		대상집단					평균
		블록 1	블록 2	블록 3	블록 4	블록 5	
학습방법	처리 1 : A	8	10	12	13	11	10.8
	처리 2 : B	2	6	7	11	5	6.2
	처리 3 : C	4	10	9	8	10	8.2
	처리 4 : D	3	5	9	10	6	6.6
	처리 5 : E	9	7	5	5	3	5.8

분석 사례 – 5 가지 학습방법의 비교

앞선 실험의 결과 5가지의 학습방법에 대한 평가 점수가 <표 8>로 얻어졌다고 하자. 이 실험에서는 학습방법의 5가지 처리에 따른 학생들의 평가점수의 차이 유무를 밝히고자 한다. 앞서 살펴본 바와 같이, 이 자료는 학생의 학교 수준에 따라서 블록이 형성되어 있다는 점이 특징이다. 즉 초등학교 저학년생, 초등학교 고학년생, 중학생, 고등학생, 대학생 5명씩 학교 수준별로 블록을 형성하고 있으며, 각 블록 내 학생들은 5개의 처리에 임의화의 방법으로 배치되었다. 다시 말해 중학생 5명은 5가지 처리 중에서 한 가지를 반드시 받게 되며, 이는 초등학생, 고등학생, 대학생 블록에서도 마찬가지이다.

이 실험의 가설은 다음과 같이 정리될 수 있다.

H_0 : 학습방법에 따른 학생들의 평가 점수는 차이가 없다.

($\mu_1 = \mu_2 = \mu_3 = \mu_4 = \mu_5$)

H_1 : 적어도 두 학습방법 간에 학생들의 평가 점수는 차이가 있다.

($\mu_i \neq \mu_j$ 적어도 한 쌍의 i와 j에 대하여, $i \neq j$)

블록은 실험의 효율성을 높이고자 도입하였으므로 블록 효과의 차이에 대하여는 가설검증을 하지 않을 수 있다.

학습방법에 따른 평가점수의 차이에 대한 통계적 검증은 <표 9>의 분산분석 결과를 통해 알 수 있다. TRT(학습방법)에 대한 F는 3.874, 유의확률은 0.022로 유의수준 5%에서 통계적으로 차이가 유의하다. 즉 학습방법에 따라 평가의 평균이 다름

〈표 9〉 2원 설계에 의한 실험자료의 분산분석

요인	제곱합	자유도	평균제곱	F	유의확률
TRT(학습방법)	83.840	4	20.960	3.874	0.022
BLK(대상집단)	49.840	4	12.460	2.303	0.103
오차	86.560	16	5.410		

을 알 수 있다. 학습방법에 따른 평가의 평균차이는 <그림 3>에서 보듯이 처리 1이 10.8로 가장 높고 처리 3이 8.2로 그 다음으로 높다. 나머지 처리 2, 4, 5의 평균은 각각 6.2, 6.6, 5.8로 처리 간에 평균차이를 보이고 있다.

BLK(대상집단)의 F는 유의성 검증을 위한 것이라기보다는 2원 설계의 상대적 효율성을 평가하는 데 쓰인다. 이것이 1에 비해 크면 클수록 블록화의 효과가 좋다는 것이므로 결과적으로 2원 설계가 1원 설계에 비하여 효율적이었음을 알 수 있다. 참고로, 블록에 대한 분산비 F가 1보다 작으면 2원 설계가 1원 설계보다 오히려 덜 효율적이었음을 뜻한다. 이 자료에서의 F는 2.303으로 2원 설계가 1원 설계보다 더 효율적임을 알 수 있다.

〈그림 3〉 학습방법에 따른 평가점수의 평균 프로파일

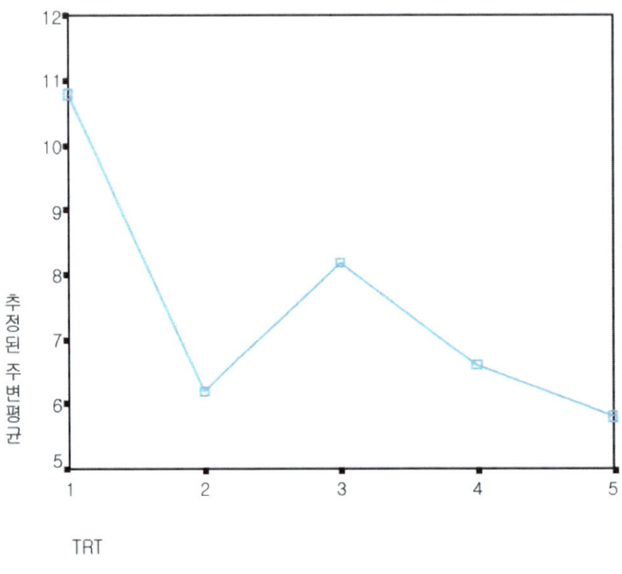

2원 설계 자료에서의 다중비교는 1원 설계에서의 다중비교와 같은 요령으로 한다. 단지 오차분산 s^2의 자유도가 약간 다를 뿐인데, 자세한 수식은 93~96쪽의 통계이론을 참조하기 바란다. 최소유의차는

$$\text{LSD} = t_{\alpha/2;N-t-r+1}\sqrt{2\,s^2/r} = 2.120\ \sqrt{2 \cdot 5.41/5} = 3.12$$

이며 Tukey 방법에서의 임계차이는

$$D \equiv Q_\alpha \sqrt{s^2/r} = 4.333 \cdot \sqrt{5.41/5} = 4.51$$

이다. <표 10>은 Tukey 방법에 의한 다중비교이며 이 방법에 의하면 학습방법 1과 2, 학습방법 1과 5의 차이만 유의할 뿐이다.

〈표 10〉 다중비교 : Tukey 방법

	(I) 학습방법	(J) 학습방법	평균차 (I-J)	표준오차	유의확률	95% 신뢰구간	
						하한값	상한값
Tukey HSD	1	2	4.60*	1.47	0.04	0.09	9.11
		3	2.60	1.47	0.42	-1.91	7.11
		4	4.20	1.47	0.07	-0.31	8.71
		5	5.00*	1.47	0.03	0.49	9.51
	2	1	-4.60*	1.47	0.04	-9.11	-0.09
		3	-2.00	1.47	0.66	-6.51	2.51
		4	-0.40	1.47	1.00	-4.91	4.11
		5	0.40	1.47	1.00	-4.11	4.91
	3	1	-2.60	1.47	0.42	-7.11	1.91
		2	2.00	1.47	0.66	-2.51	6.51
		4	1.60	1.47	0.81	-2.91	6.11
		5	2.40	1.47	0.50	-2.11	6.91
	4	1	-4.20	1.47	0.07	-8.71	0.31
		2	0.40	1.47	1.00	-4.11	4.91
		3	-1.60	1.47	0.81	-6.11	2.91
		5	0.80	1.47	0.98	-3.71	5.31
	5	1	-5.00*	1.47	0.03	-9.51	-0.49
		2	-0.40	1.47	1.00	-4.91	4.11
		3	-2.40	1.47	0.50	-6.91	2.11
		4	-0.80	1.47	0.98	-5.31	3.71

〈표 11〉 Tukey 방법에 따른 다중비교의 집단군

학습방법		N	집단군	
			1	2
Tukey HSD	5	5	5.80	
	2	5	6.20	
	4	5	6.60	6.60
	3	5	8.20	8.20
	1	5		10.80
	유의확률		0.500	0.074

<표 11>의 Tukey 방법에 따른 다중비교 집단군을 보면 집단군 1에는 처리 5, 2, 4, 3이 속해 있으며, 이 처리들 간에 차이는 없다. 집단군 2에는 처리 4, 3, 1이 속해 있으며, 이들 간에도 차이는 없다. 그러나 처리 5와 1, 처리 2와 1은 어떤 집단군에도 같이 속해 있지 않아 차이의 유의성이 인정된다.

다음으로 선형대비를 통한 평균비교를 보도록 하자. 가령 학습방법 1과 나머지 학습방법 2, 3, 4, 5 사이에 차이가 있는지 알아보기 위해 다음과 같은 가설을 세울 수 있다.

영가설 H_0 : 학습방법 1과 학습방법 2, 3, 4, 5에 따른 성적의 차이가 없다.

$$\mu_1 = (\mu_2 + \mu_3 + \mu_4 + \mu_5)/4$$

대안가설 H_1 : 학습방법 1이 학습방법 2, 3, 4, 5보다 성적이 더 높다.

$$\mu_1 > (\mu_2 + \mu_3 + \mu_4 + \mu_5)/4$$

〈표 12〉 학습방법에 따른 Helmert 선형대비(결과 일부)

학습방법 Helmert 대비			종속변수
			측정점수
수준 1 대 이후값	대비추정값		4.100
	가설값		0
	차이 (추정값 - 가설값)		4.100
	표준오차		1.163
	유의확률		0.003
	차이에 대한 95% 신뢰구간	하한값	1.635
		상한값	6.565

<표 12>에는 학습방법 1과 다른 학습방법들 간의 평균차이를 알아보는 선형대비의 결과가 나타나 있다. 학습방법 1(수준 1)과 다른 학습방법들 간의 평균차이가 4.1이다. 영가설에 대한 유의확률이 0.003으로 유의수준 5%에서 영가설을 기각할 수 있다. 즉 학습방법 1이 다른 학습방법들에 비해 학습효과가 더 높음을 알 수 있다.

2원 분산분석(two-way ANOVA)도 실험자료가 아닌 관측자료에 쓰이는 경우가 있다. 예컨대 30세 이상의 기혼 남성의 한 달 용돈액수를 조사한 자료에서 그들의 나이대와 생활유형(라이프스타일)에 따라 어떤 차이가 있는지를 보는 경우이다. 이때 각 연령대와 생활유형의 결합 범주에서 관측자료 수가 다를 수 있다. 이런 경우에는 특별한 형태의 자료분석이 필요하다. 이런 경우를 불균형 자료(unbalanced data)의 분산분석이라고 하는데, 이에 대한 자세한 설명은 참고서적으로 넘기기로 한다 (예컨대 허명회(1999)의 『사회과학을 위한 통계적 방법』의 9장).

통계이론 <표 8>의 자료를 1원 설계에서와 마찬가지로 처리 i의 반복 j 자료값을 y_{ij}로 표기하기로 하자($i = 1, \cdots, t$; $j = 1, \cdots, r$). 단, 차이점은 여기에서의 반복은 블록을 의미한다는 것이다. 이때 y_{ij}를 다음과 같이 모형화할 수 있겠다.

$$y_{ij} = \mu + \alpha_i + \beta_j + \epsilon_{ij}, \quad \epsilon_{ij} \sim N(0, \sigma^2)$$

여기서 μ는 전체평균, α_i는 처리 i의 효과, β_j는 블록 j의 효과를 나타내는 파라미터(모수)이고, ϵ_{ij}는 개체 변이를 나타내는 확률변수이다. 그런데 처리 i의 평균반응 μ_i가 $\mu_i = \mu + \alpha_i$로 표현되므로 α_i의 합이 0이라는 제약이 있게 된다. 마찬가지로 블록 j의 효과 β_j에도 합이 0이라는 제약이 따른다. 즉

$$\sum_{i=1}^{t} \alpha_i = 0, \quad \sum_{j=1}^{r} \beta_j = 0$$

그러므로 이들 모수들은

$$\hat{\mu} = \bar{y}, \quad \hat{\alpha}_i = \bar{y}_{i\cdot} - \bar{y}, \quad \hat{\beta}_j = \bar{y}_{\cdot j} - \bar{y}$$

로 추정된다. 여기서

$$\bar{y} = \sum_{i=1}^{t}\sum_{j=1}^{r} y_{ij} / N \quad (N = t \cdot r), \quad \bar{y}_{i\cdot} = \sum_{j=1}^{r} y_{ij} / r, \quad \bar{y}_{\cdot j} = \sum_{i=1}^{t} y_{ij} / t$$

이다. 2원 설계 실험의 목적도 처리들에 평균차이가 있는지를 알아보는 것이다. 즉

$$H_0: \ \mu_1 = \cdots = \mu_i = \cdots = \mu_t$$

또는

$$H_0: \ \alpha_1 = \cdots = \alpha_i = \cdots = \alpha_t = 0$$

을 검증해보자는 것이다.

2원 설계 자료에서도 전체 제곱합을 분할할 수 있으므로, 이를 이용하기로 한다.

$$y_{ij} - \bar{y} = (\bar{y}_{i\cdot} - \bar{y}) + (\bar{y}_{\cdot j} - \bar{y}) + (y_{ij} - \bar{y}_{i\cdot} - \bar{y}_{\cdot j} + \bar{y})$$

이므로

$$\begin{aligned} & \sum_{i=1}^{t}\sum_{j=1}^{r}(y_{ij} - \bar{y})^2 && : \text{전체제곱합 } SS_{total} \\ = & \sum_{i=1}^{t}\sum_{j=1}^{r}(\overline{y_{i\cdot}} - \bar{y})^2 && : \text{처리제곱합 } SS_{treatment} \\ + & \sum_{i=1}^{t}\sum_{j=1}^{r}(\overline{y_{\cdot j}} - \bar{y})^2 && : \text{블록제곱합 } SS_{block} \\ + & \sum_{i=1}^{t}\sum_{j=1}^{r}(y_{ij} - \overline{y_{i\cdot}} - \overline{y_{\cdot j}} + \bar{y})^2 && : \text{오차제곱합 } SS_{error} \end{aligned}$$

로 표현된다. 검증통계량으로

$$SS_{treatment}/SS_{error} = r\sum_{i=1}^{t}(\overline{y_{i\cdot}} - \bar{y})^2 \Big/ \sum_{i=1}^{t}\sum_{j=1}^{r}(y_{ij} - \overline{y_{i\cdot}} - \overline{y_{\cdot j}} + \bar{y})^2$$

을 쓸 수 있겠다. 그 이유는 자료값들의 블록 내 재배열에 의하여 전체 제곱합 SS_{total}과 블록제곱합 SS_{block}은 영향 받지 않기 때문이다. 따라서

$$F = \frac{SS_{treatment}/(t-1)}{SS_{error}/(N-t-r+1)}$$

의 분포를 보는데, 이것은 F 분포이고 두 파라미터인 분자 자유도 t-1과 분모 자유도 N-t-r+1 (= $t \cdot r - t - r + 1 = (t-1)(r-1)$)에 의해 결정된다. <표 8>의 자료에 대하여 F는 3.87로 계산되고 분자 자유도 4와 분모 자유도 16인 F 분포에서 p값은 2.2%로 유의하게 나온다.

오차분산 σ^2 (= Var(ϵ))은 오차 제곱합을 해당하는 자유도 N-t-r+1로 나누어 얻어진다. 즉

$$s^2 = \sum_{i=1}^{t}\sum_{j=1}^{r}(y_{ij} - \bar{y}_{i\cdot} - \bar{y}_{\cdot j} + \bar{y})^2 / (N-t-r+1)$$

이다. 이것은 F 통계량의 분모항이기도 하다.

〈표 13〉 2원 설계에 대한 분산분석표

요인	자유도(df)	제곱합(SS)	평균제곱(MS)	분산비(F)
처리	t-1	$SS_{treatment}$	$MS_{treatment}$	$F= MS_{treatment}/MS_{error}$
블록	r-1	SS_{block}	MS_{block}	
오차	N-t-r+1	SS_{error}	MS_{error}	
전체	N-1	SS_{total}		

<표 13>은 분산분석표라고 하는 것으로 이제까지의 계산을 일목요연하게 보여준다. 이 중 평균제곱(mean squares, MS)은 제곱합(sum of squares, SS)을 해당하는 자유도로 나눈 것인데 (즉 MS = SS/df), 오차평균제곱 MSerror가 바로 오차분산의 추정치이다. 그리고 블록에 대한 분산비

$$F = MS_{block}/MS_{error}$$

는 유의성 검증을 위한 것이라기보다는 2원 설계의 상대적 효율성을 평가하는 데 쓰인다. 이것이 1에 비해 크면 클수록 블록화의 효과가 좋다는 것이므로 결과적으로 2원 설계가 1원 설계에 비하여 효율적이었음을 뜻하고, 블록에 대한 분산비 F가 1보다 작으면 2원 설계가 1원 설계보다 오히려 덜 효율적이었음을 뜻한다.

2원 설계 자료에서의 다중비교는 1원 설계에서의 다중비교와 같은 요령으로 한다. 단지 오차분산 s^2의 자유도가 약간 다를 뿐이다. 예컨대 최소유의차는

$$\text{LSD} = t_{\alpha/2;N-t-r+1}\sqrt{2s^2/r} = 2.120\sqrt{2 \cdot 5.41/5} = 3.12$$

가 된다 ($\because$ $t_{0.025;16} = 2.120$). 그리고 Tukey 방법에서의 임계차이는

$$D \equiv Q_\alpha \sqrt{s^2/r} = 4.333 \cdot \sqrt{5.41/5} = 4.51$$

이다. 다음과 같이 크기순으로 처리평균들을 늘어놓았을 때

처리	5	2	4	3	1
평균	5.8	6.2	6.6	8.2	10.8

이므로, LSD 방법에 의하면 처리 5와 1, 처리 2와 1, 처리 4와 1의 차이가 유의한 것으로 판정된다. 그러나 Tukey 방법에 의하면 처리 5와 1, 처리 2와 1의 차이만 유의할 뿐이다. 즉

```
LSD 방법 :    처리    5    2    4    3    1
                      -----------------
                                   -------

Tukey 방법 : 처리     5    2    4    3    1
                      -----------------
                              ------------
```

2원 설계 자료분석에서도 선형대비를 이용하는 평균비교법도 가능하다. 예컨대 학습방법 1과 학습방법 2, 3, 4, 5 사이에 차이가 있는지를 보기 위하여

$$H_0: \ \mu_1 = (\mu_2 + \mu_3 + \mu_4 + \mu_5)/4$$

즉

$$H_0: \ 4\mu_1 - \mu_2 - \mu_3 - \mu_4 - \mu_5 = 0$$

을 영가설로 둘 수 있을 것이다. 처리평균의 선형결합에서 계수합이 0이므로 이것이 선형대비가 된다. 그런데

$$L = 4\bar{y}_{1.} - \bar{y}_{2.} - \bar{y}_{3.} - \bar{y}_{4.} - \bar{y}_{5.} = 16.4$$

$$\widehat{\mathrm{Var}}(L) = s^2/r \cdot \{c_1^2 + \cdots + c_t^2\}$$

$$= 5.41/5 \cdot \{4^2 + (-1)^2 + (-1)^2 + (-1)^2 + (-1)^2\} = 21.64$$

이므로

$$t_0 = 16.4/\sqrt{21.64} = 3.53, \quad \text{자유도} = 16, \quad \text{단측 p값} = 0.14\%$$

로 계산된다. 따라서 학습방법 1이 학습방법 2, 3, 4, 5에 비하여 매우 유의하게 더 좋은 효과를 갖는 것으로 평가된다고 하겠다.

4.3 비교연구의 여러 유형과 문제들

비교연구의 목적은 새로운 어떤 처리가 기존의 것에 비해 효과적이라는 것을 보이고자 하는 것이다. 그런 연구를 위하여 실험을 고안하는 것이 보통이지만 꼭 그래야만 하는 것은 아니다(비교 실험의 협의적 정의는 개체들이 임의화에 의해 처리를 배당받는 연구이다). 다시 말하자면 실험이 비교연구 기법의 한 가지일 뿐 유일한 방법은 아니라는 것이다. 특히 사회과학에서는 더욱 그러하다.

한 예로서, 대학 1학년 학생들의 방학 중 "외국연수" 학습방법을 새로운 처리

(treatment)로 생각하기로 하자. 이때 비교의 준거가 될 대조(control)로서 방학 중에 그런 외국연수에 참여하지 않은 1학년 학생들을 생각하기로 하고, 사전에 명시화된 세계화 척도(외국문화에 대한 이해도, 세계시민으로의 진취성, 외국어 구사능력 등)를 평가의 기준으로 하기로 하자.

어떻게 이런 비교연구를 설계할 것인가? 몇 가지 대안을 보도록 하겠다.

대안 1(단일 그룹 사후관측법) : 처리 → 관측

이 방법은 대조그룹을 전혀 관측하지 않고 처리그룹만 사후에 관측하는 방법이다. 예컨대 외국연수를 받은 학생들만 세계화 척도로 측정하는 것이다. 이 방법은 관측자료 없이도 대조그룹에 대하여는 충분히 잘 알고 있는 경우에 한하여 합당하다고 할 수 있다(그런 예는 많지 않지만 없는 것은 아니다. 예컨대 과거 자료의 상당한 축적으로 대조그룹에 대하여는 굳이 새로 측정할 필요가 없는 경우이다).

대안 2(처리-대조그룹 사후관측법) : 처리 → 관측
대조 → 관측

이 방법은 처리그룹과 대조그룹을 모두 사후에 관측하여 비교하는 방법이다. 이런 비교연구가 과학적인 것이 되기 위해서는 처리와 대조의 두 그룹이 임의화의 방법으로 얻어져야 한다. 즉 실험으로 설계되는 것이 바람직하다. 그런데 처리와 대조의 두 그룹이 임의화에 의하여 생성될 수 없는 사례들에 있어서는 마치 실험자료인 것처럼 분석되는 경우가 있다. 특히 실험하기가 여건상 불가능한 일부 사회과학에서 그러하다. 그러나 실험연구가 아닌 경우에서는 처리그룹과 대조그룹 사이에 중대한 여건(인구 · 사회적 특성 등)의 사전적 차이가 존재할 수 있기 때문에 연구 결과를 인과적 추론(처리 → 결과)으로 쓰는 데 한계가 있게 된다.

대안 3 (처리-대조그룹 사전 · 사후관측법) : 관측 → 처리 → 관측
관측 → 대조 → 관측

이 방법은 처리그룹과 대조그룹을 모두 사전과 사후에 관측하여 비교하는 방법으로, 사전 관측값과 사후 관측값의 차이를 통계적으로 분석한다. 예컨대 대상학생 모두를 방학 전과 방학 후에 세계화 척도로 측정하여 그 차이를 보는 것이다. 처리와 대조의 배정을 임의화로 하여 실험이 되었다면 더 바랄 것이 없겠지만, 그렇지 않았더라도 앞 대안과는 달리 처리와 대조의 비교에서 큰 위험은 없다. 왜냐하면 관측값

의 변화량을 분석하는 것이기 때문이다.

이상의 대안들에서 처리그룹과 대조그룹은 각각 동일한 특성을 가진 개체들의 집단을 뜻하는 코호트(cohort)라고 할 수 있고, 실험이든 그렇지 않든 앞의 대안들을 따르는 연구들을 코호트 연구라고 한다. 그런데 코호트 연구는 연구의 진행이 전향적이라는 특성을 갖는 것을 알 수 있다. 이에 반하여 어떤 비교연구들은 후향적으로 진행되는데 예를 들면 다음과 같다.

1) 폐암환자들의 과거 흡연 경력을 조사하고 정상인들에 대하여도 과거 흡연 경력을 조사하여 흡연이 폐암 발생에 영향을 주는가를 연구한다. 이 경우의 연구는

   결과 1 (폐암 발생) → 처리(흡연) 또는 대조(비흡연)로 분류
   결과 2 (폐암 비발생) → 처리(흡연) 또는 대조(비흡연)로 분류

   하는 것으로 시간의 흐름을 거슬러 진행되는 것이 특징이다.

2) 소년원에 수감 중인 비행 청소년을 대상으로 환각제 등의 약물을 복용한 과거 경험에 대하여 조사한다. 또한 정상 청소년들을 대상으로 약물 복용 경험을 조사 한다. 즉

   결과 1 (비행 발생) → 처리(약물 복용) 또는 대조(약물 비복용)로 분류
   결과 2 (비행 비발생) → 처리(약물 복용) 또는 대조(약물 비복용)로 분류

이런 설계에서는 처리(treatment)라는 용어 대신 사례(case)라는 용어를 쓰는 것이 관례이며 이러한 비교연구를 사례-대조 연구(case-control study)라고 한다. 사례-대조 연구는 처리 배치가 임의화에 의하지 않았으므로 실험이라고 할 수 없다. 윤리적인 문제로 실험이 불가능한 경우 이런 유형의 연구 설계를 쓰게 된다. 흡연-폐암, 또는 약물-비행의 인과성에 관한 연구를 어떻게 다음과 같이 처리배치를 할 수 있겠는가?

1) 흡연-폐암 : 처리(흡연) → 측정(폐암 발생 여부)
   대조(비흡연) → 측정(폐암 발생 여부)

2) 약물-비행 : 처리(약물 복용) → 측정(비행 발생 여부)
   대조(약물 비복용) → 측정(비행 발생 여부)

비교연구에 있어서 가장 중요한 것은 비교의 공정성이다. 즉 어느 한 처리에 유리하게 편향(偏向, bias)되지 않도록 모든 면에서 주의를 기울여야 한다. 사실 처리의 임의배치(random allocation)도 처리그룹과 대조그룹의 배분에 있어 연구자의 선택편향(selection bias)을 없애는 도구라는 데 더 큰 의미를 갖는다. 만약 어떤 신약이

감기 예방에 효과적인가를 알아내고자 일군의 의학자들이 연구를 하는 경우에 있어, 신약을 투여받을 사람과 대조를 위한 가짜 약(위약, 僞藥, placebo)을 투여받을 사람을 연구팀이 자의적으로 정하게 하면 의식적으로든 아니면 무의식적으로든 건강한 사람을 신약 군으로 선발하게 될 가능성이 많기 때문이다.

비교연구에서는 선택편향 못지않게 중요한 것이 반응편향(response bias)과 관측편향(observation bias)이다. 전자는 실험개체들이 처리에 보인 스스로의 효과로 말미암은 결과를 말하고, 후자는 처리결과의 측정 시에 처리그룹에 유리하게 자료가 관측되는 편향을 말한다. 앞의 예를 계속해 보자. 만약 실험개체들이 자기가 받고 있는 약이 진짜(신약)라는 것을 알게 되면 왠지 모르게 감기에 대해 자신감을 갖게 되어 실제로 감기에 잘 안 걸리는 수가 있다. 이런 경우에 반응편향이 생긴다. 또 하나의 편향인 관측편향은 처리의 결과를 측정하는 의사가 실험개체가 받은 약의 종류를 알고 있는 경우에 생긴다. 즉 진짜 약을 받고 있는 개체에 대하여는 감기 증세가 나타나도 감기로 판정하기보다는 경미한 피로증 정도로 무시해버릴 가능성이 있어서 감기 판정률이 부당하게 작아질 수 있다.

따라서 의약 실험에 있어서 여건만 허락된다면 이중 눈가림(double blinding) 기법을 채택한다. 첫 번째 눈가림은 처리 약과 똑같게 보이도록 만든 대조 약을 사용함으로써 실험개체가 스스로 자기가 받는 처리를 알 수 없게 하는 것이고, 두 번째 눈가림은 결과측정에 관여하는 의사들에게 실험개체가 받고 있는 처리가 무엇인지를 절대로 알려주지 않는 것이다.

4.4 SPSS 분석 절차

분석 사례 – 학습방법에 따른 성적차이 자료분석

- 파일 열기로 자료 exp4x6.sav를 SPSS 데이터 편집기에 넣는다. 아래와 같이 되었으면 옳게 된 것이다.

- SPSS 분석(Analyze) 메뉴에서

  평균 비교(Compare Means) ▶ 일원배치 분산분석(One-way ANOVA)

에 들어가 일원배치 분산분석의 주 대화상자가 나타나면 측정점수 y를 <u>종속변수</u>(Dependent List)에 넣고 학습방법 method를 <u>요인</u>(Factor)에 넣는다. 그리고 <u>확인</u>(OK)을 눌러보라.

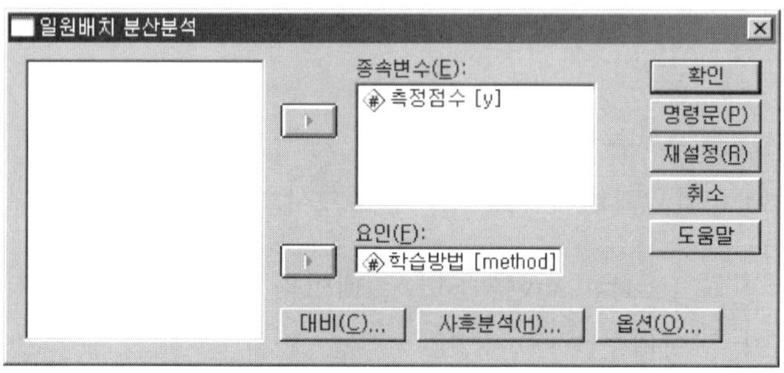

- 다음은 이에 따른 출력 결과이다(77쪽의 <표 2>).

분산분석

측정점수

	제곱합	자유도	평균제곱	F	유의확률
집단-간	1636.500	3	545.500	5.406	.007
집단-내	2018.000	20	100.900		
합계	3654.500	23			

- 다시 일원배치 분산분석의 주 대화상자에 돌아가 옵션(Options)을 선택하여 아래와 같이 평균도표(Means Plot)를 지정한다. 이에 따라 77쪽의 <그림 1>이 출력된다.

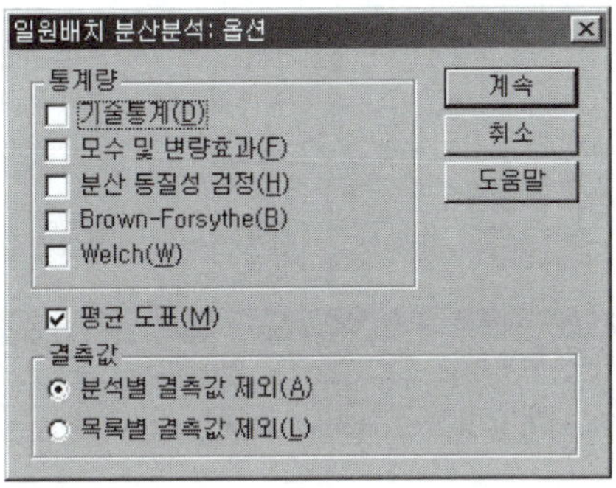

- 다시 일원배치 분산분석의 주 대화상자에 돌아가 사후분석(Post Hoc...)을 선택하여 아래와 같이 LSD와 Tukey를 지정한다. 이에 따라 78쪽의 <표 3>, 80쪽의 <표 4>와 <표 5>가 출력된다.

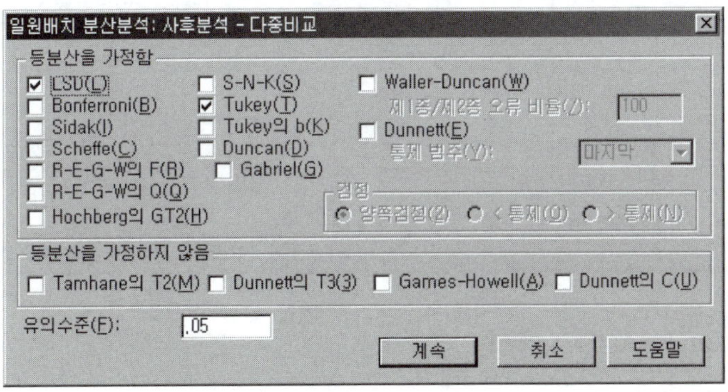

- 다시 일원배치 분산분석의 주 대화상자에 돌아가 대비(Contrasts...)를 선택하여 아래와 같이 계수(Coefficients)로 1, 1, 1, −3을 차례로 입력한다(계수합은 반드시 0이어야 함). 이에 따라 81쪽의 <표 6>이 출력된다.

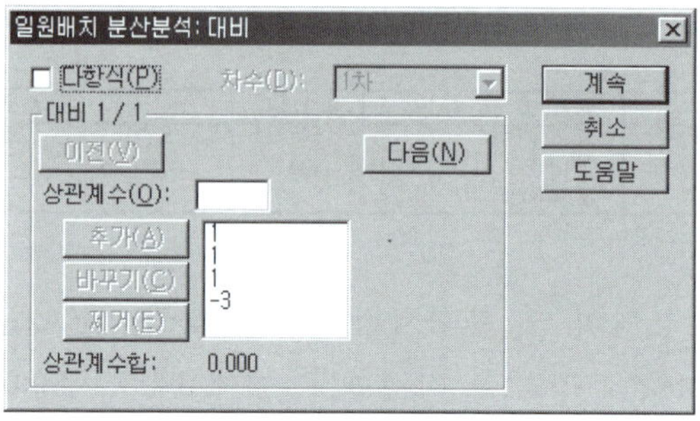

분석 사례 - 다섯 가지 학습방법의 비교자료분석

- 파일 열기로 자료 exp5x5.sav를 SPSS 데이터 편집기에 넣는다. 아래와 같이 되었으면 옳게 된 것이다.

- SPSS 분석(Analyze) 메뉴에서

일반선형모형(General Linear Model) ▶ 일변량(Univariate...)

에 들어가 일변량 분산분석의 주 대화상자가 나타나면 측정점수 y를 종속변수(Dependent Variables)에 넣고, 학습방법 trt와 학년구분 blk를 모수요인(Fixed Factors)에 넣는다.

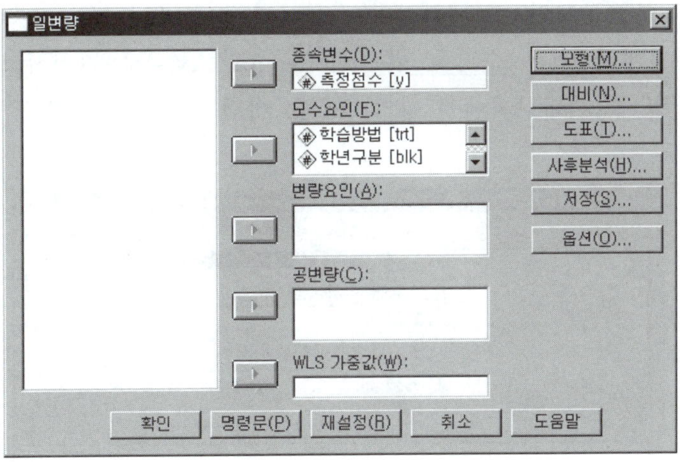

- 이어서 모형(Model) 대화상자에 들어가 모형설정을 사용자 정의(Custom)로 바꾸고, trt와 blk에 대한 항 설정을 주효과(Main effects)로 지정한다.

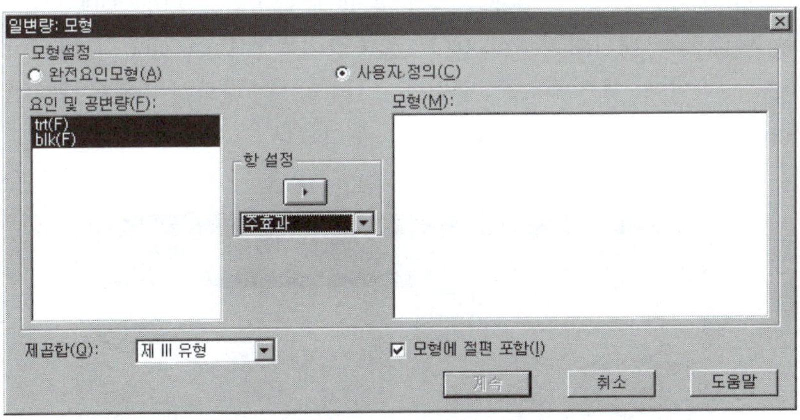

- 다음은 이에 따른 출력 결과이다. 90쪽의 <표 9>와 대조하여 보라.

개체-간 효과 검정

종속변수: 측정점수

소스	제 III 유형 제곱합	자유도	평균제곱	F	유의확률
수정 모형	133.680[a]	8	16.710	3.089	.026
절편	1413.760	1	1413.760	261.323	.000
trt	83.840	4	20.960	3.874	.022
blk	49.840	4	12.460	2.303	.103
오차	86.560	16	5.410		
합계	1634.000	25			
수정 합계	220.240	24			

a. R 제곱 = .607 (수정된 R 제곱 = .410)

- 다시 일변량 분산분석의 주 대화상자에 돌아가 도표(Plots)를 선택한다. 프로파일 도표 대화상자에서 trt를 수평축 변수(Horizontal Axis)로 지정하고 추가(Add)를 누른다. 그리고 주 대화상자에서 확인(OK)을 하면 90쪽의 <그림 3>이 출력된다.

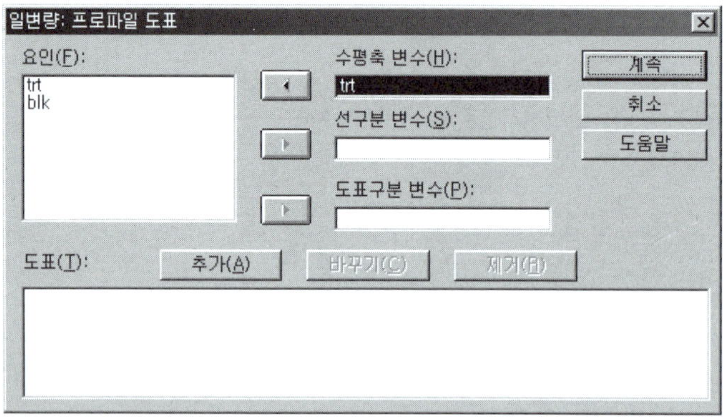

- 다시 일변량 분산분석의 주 대화상자에 돌아가 사후분석(Post Hoc...)을 선택한다. 사후분석 다중비교 대화상자에서 trt를 사후검정변수(Post Hoc Tests for)로 지정하고 Tukey 방법에 체크기호를 넣는다. 그리고 주 대화상자에서 확인(OK)을 하면 91쪽의 <표 10>과 92쪽의 <표 11>이 출력된다.

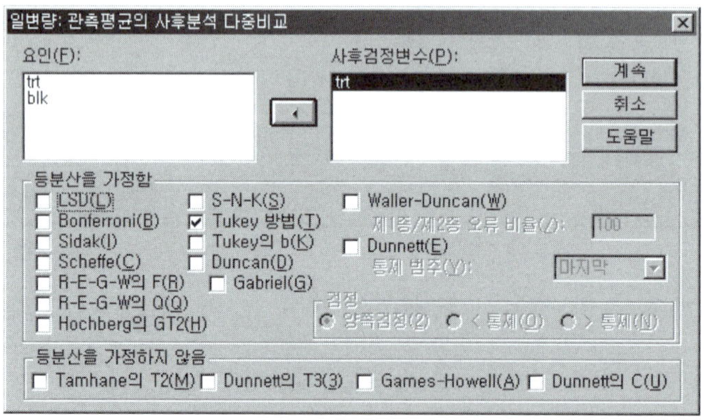

- 다시 일변량 분산분석의 주 대화상자에 돌아가 대비(Contrasts)를 선택한다. 대비 대화상자가 나타나면 trt에 대한 대비를 지정않음에서 Helmert로 바꾼다. 그리고 주 대화상자에서 확인(OK)을 하면 92쪽의 <표 12>를 얻게 된다.

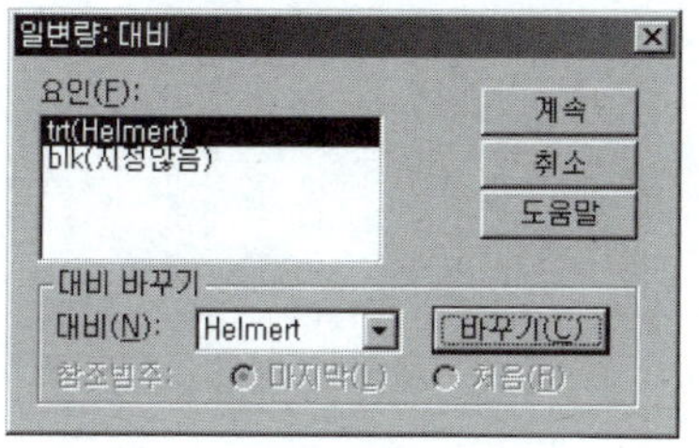
일변량: 대비
요인(F):
trt(Helmert)
blk(지정않음)
계속
취소
도움말
대비 바꾸기
대비(N):
Helmert
바꾸기(C)
참조범주:
마지막(L)
처음(R)

SPSS 연습문제

1. 다음 자료에서 dvdscore가 agegroup에 따라 차이가 있는가?

자료 : dvdplayer_1.sav

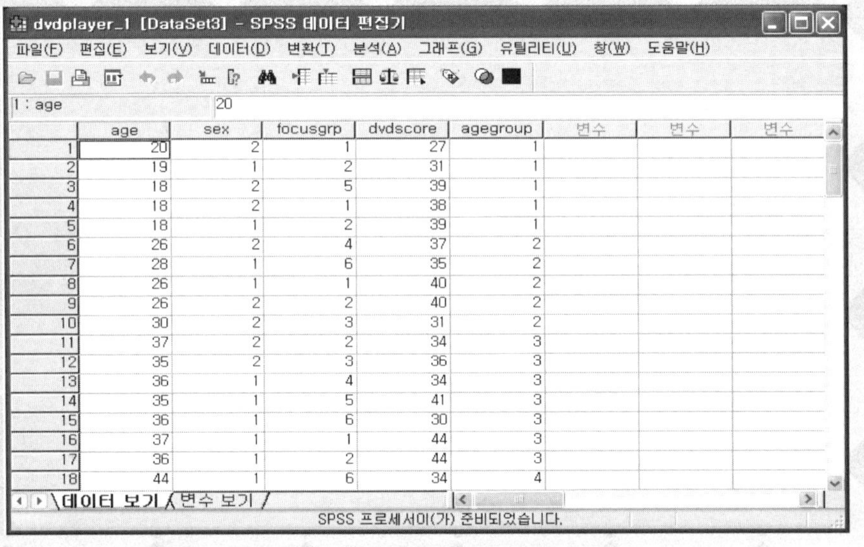

	age	sex	focusgrp	dvdscore	agegroup	변수	변수	변수
1	20	2	1	27	1			
2	19	1	2	31	1			
3	18	2	5	39	1			
4	18	2	1	38	1			
5	18	1	2	39	1			
6	26	2	4	37	2			
7	28	1	6	35	2			
8	26	1	1	40	2			
9	26	2	2	40	2			
10	30	2	3	31	2			
11	37	2	2	34	3			
12	35	2	3	36	3			
13	36	1	4	34	3			
14	35	1	5	41	3			
15	36	1	6	30	3			
16	37	1	1	44	3			
17	36	1	2	44	3			
18	44	1	6	34	4			

□ 다음과 같이 분산분석표와 평균 도표가 나오면 옳게 된 것이다.

분산분석

Total DVD assessment

	제곱합	자유도	평균제곱	F	유의확률
집단-간	733.274	5	146.655	4.601	.001
집단-내	1976.417	62	31.878		
합계	2709.691	67			

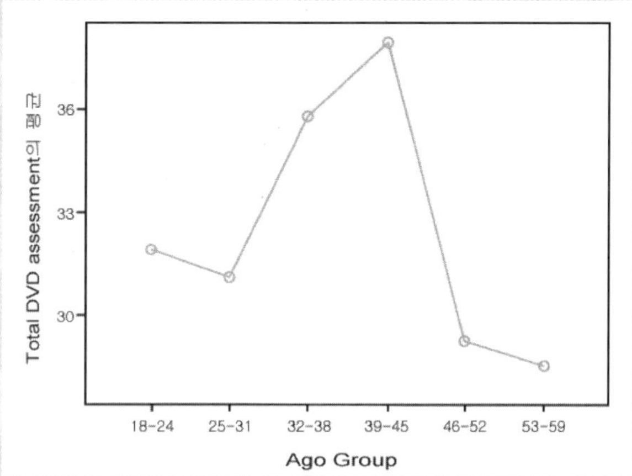

2. 앞의 자료에서 dvdscore(=종속변수)가 focusgrp(=블록요인)를 제어한 상태에서 agegroup(=처리요인)에 따라 차이가 있는가를 검증하라.

□ 다음과 같이 분산분석표가 나오면 옳게 된 것이다.

개체-간 효과 검정

종속변수: Total DVD assessment

소스	제 III 유형 제곱합	자유도	평균제곱	F	유의확률
수정 모형	1079.945[a]	11	98.177	3.373	.001
절편	34149.287	1	34149.287	1173.410	.000
agegroup	667.521	5	133.504	4.587	.001
focusgrp	346.671	6	57.778	1.985	.083
오차	1629.746	56	29.103		
합계	73305.000	68			
수정 합계	2709.691	67			

a. R 제곱 = .399 (수정된 R 제곱 = .280)

5장 | 비교실험 II

2요인실험과 상호작용

- 요인실험에서 처리는 2개 이상 요인의 조합으로 설계된다. 이런 비교실험의 특징은 요인 간 상호작용을 볼 수 있다는 것이다.
- 중심용어 : 요인, 상호작용

Statistical Methods

5.1 요인실험과 상호작용

단일요인의 수준차로 처리 t개가 구성되어 이들을 단순비교하는 실험에 대하여 이제까지 다루어왔지만, 현실적인 많은 실험에서는 처리가 여러 요인의 결합으로 이루어진다. 예를 들어 현대적 실험설계의 모태가 된 20세기 초 농업실험에서는 품종과 경작법에 따른 수량(收量, yield)의 비교에 관심이 있었다. 비교의 대상이 품종 A와 B의 2종, 식재 간격이 30cm와 50cm라고 하자. 영국에서 1910년대만 하더라도 이런 실험은 두 차례에 걸쳐 시행되었는데, 제1차 실험에서는 식재 간격을 한 가지(예컨대 30cm)로 정해놓고 품종 A1과 A2를 비교하는 것이었다. 만약 여기서 품종 A2가 더 나은 것으로 드러났다면 제2차 실험에서는 품종을 A2로 정해놓고 식재 간격 30cm와 50cm를 비교하는 방식이었다. 이런 설계 기법을 1회 1요인(one-factor at a time) 설계라고 하는데, 장점이라고 하면 무엇보다도 실험설계가 간단하다는 것이다. 그러나 피셔(R.A. Fisher)는 적어도 두 가지 점에서 1회 1요인실험에 문제가 있다고 비판하였다.

첫째는 식재 간격이 30cm로 고정된 제1차 실험에서 다음 표와 같이 품종 A2가 A1보다 더 나은 것으로 드러났다고 하더라도 실제로 실험된 바 없는 품종 A1의 식재 간격 50cm가 최적 처리조합일 가능성을 배제할 수 없다는 것이다. 다시 말하자면 품종 A1이 A2에 비해 제1차 실험(식재 간격 30cm)에서 단위 정보당 50kg이 못하게 나왔지만, 그렇다고 해서 식재 간격 50cm인 경우에도 A1이 A2보다 수량 면에서 그 정도 못할 것이라고 생각하는 것은 옳지 않다. 식재 간격이 50cm인 경우 품종 A1이 단위 정보당 수량 350kg으로 품종 A2보다 더 좋을 수도 있을 것이다.

제1차 실험

단위 정보당 수량	식재 간격 30cm	식재 간격 50cm
품종 A1	250kg	-
품종 A2	300kg	-

제2차 실험

단위 정보당 수량	식재 간격 30cm	식재 간격 50cm
품종 A1	-	-
품종 A2	300kg	325kg

둘째는 이러한 종래의 실험이 많은 시간을 필요로 한다는 것이다. 실험을 두 차례에 걸쳐 하다 보니 결론에 이르는 데 시일이 걸리는 것이다.

피셔가 제안하는 요인실험(factorial experiment)은 1회의 시험에 두 요인을 모두 포괄하는 것이었다. 즉 네 개의 처리조합 (A1, 30cm), (A1, 50cm), (A2, 30cm), (A2, 50cm)를 한꺼번에 하는 것이다.

	식재 간격 30cm	식재 간격 50cm
품종 A1	r회 반복	r회 반복
품종 A2	r회 반복	r회 반복

(r = 5)

이 설계에서는 처리당 반복 수가 줄어들 수밖에 없다. 예컨대 실험지가 총 20개의 실험구로 구성되어 있다고 할 때, 1회 1요인 설계의 제1차 · 제2차 실험에서는 각 처리의 반복 수를 10회로 할 수 있다. 그러나 피셔의 2요인실험(two-factor experiment)은 당연하게도 각 처리의 반복 수를 5회밖에 못한다. 그렇지만 놀라운 사실은 각 요인의 수준 간 비교에 쓰인 반복 수에 있어서는 두 실험설계가 동일한 반복 수를 갖는다는 점이다. 예컨대 1회 1요인실험에서와 같이 2요인실험도 품종 간 비교에서 품종 A1과 A2를 각각 10회 반복한 셈이다(이 경우 제1차 실험만 유효하므로). 식재 간격의 비교에서도 두 실험이 마찬가지이다. 따라서 피셔의 2요인실험은 절반의 반복 수로 1회 1요인실험과 동일한 정밀도를 갖는다.

여러 요인의 결합으로 이루어진 실험에서도 주요 목적은 각 요인의 수준별로 평균의 차이가 있는지를 파악하는 것이다. 그러나 2요인 이상의 요인실험 설계에서는 요인 간 상호작용이 있어, 단일요인실험과는 다른 특징을 보인다. 상호작용은 요인실험에서 매우 중요한 개념이므로 가장 단순한 2요인실험인 2×2 실험에서의 예를 수치를 써서 설명하기로 하겠다. 다음과 같은 두 가상적 경우를 생각해보자. 평균반응에 있어 두 경우의 차이는 (A1, B2) 칸에만 있음을 유의하라.

경우 1 : 상호작용이 없는 경우

평균반응	B1	B2
A1	250kg	275kg
A2	300kg	325kg

경우 2 : 상호작용이 있는 경우

평균반응	B1	B2
A1	250kg	350kg
A2	300kg	325kg

경우 1 :

B1에서의 A의 효과(= A2 - A1) = 300 - 250 = 50,
B2에서의 A의 효과(= A2 - A1) = 325 - 275 = 50. 따라서 같다.

A1에서의 B의 효과(= B2 - B1) = 275 - 250 = 25,
A2에서의 B의 효과(= B2 - B1) = 325 - 300 = 25. 따라서 같다.

경우 2 :

B1에서의 A의 효과(= A2 - A1) = 300 - 250 = 50,
B2에서의 A의 효과(= A2 - A1) = 325 - 350 = -25. 따라서 다르다.

A1에서의 B의 효과(= B2 - B1) = 350 - 250 = 100,
A2에서의 B의 효과(= B2 - B1) = 325 - 300 = 25. 따라서 다르다.

이와 같이 요인 A의 효과가 요인 B의 수준별로 변화할 때 두 요인 간 상호작용(相互作用, interaction)이 있다고 말하고, 요인 A의 효과가 요인 B의 수준에 관계없이 일정할 때 두 요인 간에는 상호작용이 없다고 말한다. 위의 예에서 경우 1은 B의 수준별로 A의 효과가 50으로 동일하여 상호작용이 없다. 반면에 경우 2에서 A의 효과는 B1일 때는 50, B2일 때는 -25로 차이를 보여 상호작용이 있는 것을 알 수 있다. 따라서 B의 각 수준에서의 A의 효과가 상당히 다르게 나타난다. 물론 어느 정도의 차이가 통계적으로 유의한 것인지는 검증의 대상이 된다.

〈표 1〉 2요인실험 자료 : 세미나 수업의 효과 연구(exp2x3x4.sav)

	B1 : 1학년	B2 : 2학년	B3 : 3학년
A1 : 세미나	5 4 5 2 평균 4.00	5 5 1 2 평균 3.25	12 20 8 8 평균 12.00
A2 : 강의	0 9 3 3 평균 3.75	6 4 5 4 평균 4.75	7 4 4 5 평균 5.00

분석 사례 – 세미나 수업의 효과 연구

세미나 방식의 수업과 강의 방식의 수업을 비교하기 위한 교육학 연구에서 학년을 제2의 요인으로 고려한 실험 사례를 보기로 하자. <표 1>의 자료를 보라. 각 처리 조합당 4학급씩 배당되었으며, 결과 측정치는 학급당 '통과(pass)' 판정을 받은 학생 수라고 하자(학급당 총 인원수는 25명으로 동일).

이 실험의 목적은 수업방식에 따른 학급당 통과 판정을 받은 학생 수의 차이 여부와 학년별로 학급당 통과 판정을 받은 학생 수의 차이 여부를 파악하는 것이다. 이에 앞서 이런 요인실험 자료의 분석에서 먼저 해보는 것은 처리조합별로 평균반응을 구하여 플롯하는 것이다. 이것을 평균반응 프로파일(average response profile)이라고 하는데 <그림 1>은 <표 1> 자료에 대한 것이다. 세미나 수업의 효과가 3학년에서만 두드러짐을 볼 수 있다. 따라서 영가설과 대안가설은 다음과 같이 정리하기로 한다.

A. 수업방식에 따른 차이 여부 검증 :

H_{0A} : 두 수업방식에 따른 통과 판정을 받은 학생 수에서 차이가 없다.
($\mu_{A1} = \mu_{A2}$)

H_{1A} : 두 수업방식 간에 통과 판정을 받은 학생 수에서 차이가 있다.
($\mu_{A1} \neq \mu_{A2}$)

〈그림 1〉 평균반응 프로파일

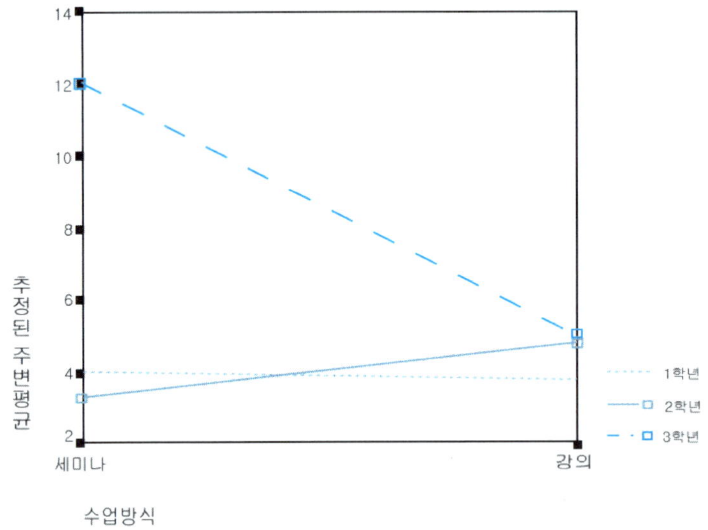

B. 학년에 따른 차이 여부 검증 :

H_{0B} : 학년에 따른 통과 판정을 받은 학생의 수는 차이가 없다.

$(\mu_{B1} = \mu_{B2} = \mu_{B3})$

H_{1B} : 적어도 두 학년 간에 통과 판정을 받은 학생의 수는 차이가 있다.

($\mu_{Bi} \neq \mu_{Bj}$ 적어도 한 쌍의 i 와 j 에 대하여, $i \neq j$)

C. 수업방식과 학년의 상호작용 여부 검증 :

H_{0AxB} : 수업방식과 학년 간에 상호작용이 없다.

$((\alpha\beta)_{11} = (\alpha\beta)_{12} = (\alpha\beta)_{13} = (\alpha\beta)_{21} = (\alpha\beta)_{22} = (\alpha\beta)_{23} = 0)$

H_{1AxB} : 수업방식과 학년 간에 상호작용이 있다.

($(\alpha\beta)_{ij} \neq 0$ 적어도 한 쌍의 i 와 j 에 대하여)

앞에서 수업방식과 학년의 상호작용 $(\alpha\beta)_{ij}$ 는 수업방식 i 와 학년 j 의 조합 효과를 의미한다.

〈표 2〉 요인실험 자료의 평균

수업방식 (A)	학년(B)	평균	표준오차	95% 하한	95% 상한
세미나	1학년	4.00	1.52	0.81	7.19
	2학년	3.25	1.52	0.06	6.44
	3학년	12.00	1.52	8.81	15.19
강의	1학년	3.75	1.52	0.56	6.94
	2학년	4.75	1.52	1.56	7.94
	3학년	5.00	1.52	1.81	8.19

〈표 3〉 요인실험 자료의 분산분석표

요인	제곱합	자유도	평균제곱	F	유의확률
A (수업방식)	22.042	1	22.042	2.386	0.140
B (학년)	111.083	2	55.542	6.014	0.010
A * B	80.583	2	40.292	4.362	0.029
오차	166.250	18	9.236		
합계	379.958	23			

<표 2>와 <표 3>은 요인실험 자료의 요인별 평균과 분산분석표이다. 먼저 두 요인 간의 상호작용을 살펴보자. <표 2>의 자료에서

B1(1학년)에서의 A의 효과(= 세미나 - 강의) = 4.00 - 3.75 = 0.25
B2(2학년)에서의 A의 효과(= 세미나 - 강의) = 3.25 - 4.75 = -1.50
B3(3학년)에서의 A의 효과(= 세미나 - 강의) = 12.00 - 5.00 = 7.00

로 나타나 학년(B)의 수준에 따라 수업방식(A)의 효과가 변화를 보이고 있다. 통계적 검증에 따르면 F는 4.362로, 이에 대한 유의확률은 0.029로 나와 유의수준 5%에서 통계적으로 유의하다. 즉 수업방식과 학년의 요인 간에는 상호작용이 있는 것으로 나타났는데, <그림 1>에서와 보는 것처럼 3학년에서의 세미나 효과가 매우 두드러져 있다.

수업방식에 따른 평균의 차이를 살펴보면, 세미나 방식의 평균은 6.42, 강의 방식의 평균은 4.50으로, 세미나 방식에서 통과 판정을 받은 학생의 수가 더 많아 차이를 보인다. 그러나 이에 대한 통계적 검증으로 F는 2.286으로 계산되며, 유의확률은 0.140으로 유의수준 5%에서 통계적으로 유의하지 않다. 즉 세미나 방식에 따른 통과 판정을 받은 학생의 수는 차이가 없는 것으로 나타났다.

학년에 따른 평균의 차이는 1학년은 3.88, 2학년은 4.00, 3학년은 8.50으로 학년이 높아질수록 평균도 높아지는 경향을 보이고 있다. 이에 대한 통계적 검증은 F는 6.014, 유의확률은 0.010이므로 유의수준 5%에서 통계적으로 유의한 차이가 난다. 전체적으로 학년이 높아질수록 평균이 높아지는 경향을 보인다.

통계이론 이제부터 상호작용 검증을 위한 분산분석(analysis of variance) 기법을 설명하기로 한다.

요인 A의 수준 i와 요인 B의 수준 j의 처리조합에서 k번째 반복된 자료값을 y_{ijk}로 표기하기로 하자($i=1, \cdots, a$; $j=1, \cdots, b$; $k=1, \cdots, r$). 이때 y_{ijk}를 다음과 같이 모형화할 수 있겠다.

$$y_{ijk} = \mu + \alpha_i + \beta_j + (\alpha\beta)_{ij} + \epsilon_{ijk}, \quad \epsilon_{ijk} \sim N(0, \sigma^2)$$

여기서 μ는 전체 평균, α_i는 요인 A의 수준 i효과(= 주효과), β_j는 요인 B의 수준 j 효과(주효과), $(\alpha\beta)_{ij}$는 요인 A와 B의 상호작용을 나타내는 파라미터(모수)이고 ϵ_{ijk}는 처리 내 개체 변이를 나타내는 확률변수이다. 여기서 각 요인의 수준 효과들에 합이 0이라는 제약을 두고 상호작용에도 이와 유사한 제약을 두기로 하겠다.

$$\sum_{i=1}^{a} \alpha_i = 0, \quad \sum_{j=1}^{b} \beta_j = 0$$

$$\sum_{i=1}^{a} (\alpha\beta)_{ij} = 0, \quad \text{각 } j = 1, \cdots, b \text{ 에 대하여}$$

$$\sum_{j=1}^{b} (\alpha\beta)_{ij} = 0, \quad \text{각 } i = 1, \cdots, a \text{ 에 대하여}$$

왜냐하면 모든 칸 평균을 나타내는 모수들 $\{\mu_{ij}, i=1, \cdots, a ; j=1, \cdots, b\}$이 모두 $a \cdot b$개이므로 이를 대치하는 파라미터들인 $\{\mu, \alpha_i, \beta_j, (\alpha\beta)_{ij}\}$도 총 $a \cdot b$ 개여야 하기 때문이다. 그러므로 이들 모수들은

$$\hat{\mu} = \bar{y}, \quad \hat{\alpha}_i = \overline{y_{i..}} - \bar{y}, \quad \hat{\beta}_j = \overline{y_{.j.}} - \bar{y}$$

$$\widehat{(\alpha\beta)}_{ij} = \bar{y}_{ij.} - \bar{y}_{i..} - \bar{y}_{.j.} + \bar{y}$$

로 추정된다. 여기서

$$\bar{y} = \sum_{i=1}^{a}\sum_{j=1}^{b}\sum_{k=1}^{r} y_{ijk} / N \quad (N = a \cdot b \cdot r)$$

$$\bar{y}_{i..} = \sum_{j=1}^{b}\sum_{k=1}^{r} y_{ijk} / br$$

$$\bar{y}_{.j.} = \sum_{i=1}^{a}\sum_{k=1}^{r} y_{ijk} / ar$$

$$\bar{y}_{ij.} = \sum_{k=1}^{r} y_{ijk} / r$$

2요인실험의 첫 번째 목적은 두 처리요인 A와 B 사이에 상호작용이 있는가를 알아보는 것이다. 즉

$$H_0:\ (\alpha\beta)_{11} = \cdots = (\alpha\beta)_{ab} = 0$$

을 검증해보는 것이므로, 영가설로부터의 일탈을 재는 측도로

$$A \times B \equiv \sum_{i=1}^{a}\sum_{j=1}^{b} (\bar{y}_{ij.} - \bar{y}_{i..} - \bar{y}_{.j.} + \bar{y})^2$$

을 생각할 수 있겠다.

2요인실험에서도 전체 제곱합을 분할하여 이를 이용할 수 있다. 즉

$$y_{ijk} - \bar{y} = (\bar{y}_{i..} - \bar{y}) + (\bar{y}_{.j.} - \bar{y}) + (\bar{y}_{ij.} - \bar{y}_{i..} - \bar{y}_{.j.} + \bar{y}) + (y_{ijk} - \bar{y}_{ij.})$$

이므로

$$\sum_{i=1}^{a}\sum_{j=1}^{b}\sum_{k=1}^{r} (y_{ijk} - \bar{y})^2 : \text{전체제곱합 } SS_{total}$$

$$= \sum_{i=1}^{a}\sum_{j=1}^{b}\sum_{k=1}^{r} (\bar{y}_{i..} - \bar{y})^2 : \text{요인 } A \text{ 제곱합 } SS_A$$

$$+ \sum_{i=1}^{a}\sum_{j=1}^{b}\sum_{k=1}^{r} (\bar{y}_{.j.} - \bar{y})^2 : \text{요인 } B \text{ 제곱합 } SS_B$$

$$+ \sum_{i=1}^{a}\sum_{j=1}^{b}\sum_{k=1}^{r} (\bar{y}_{ij.} - \bar{y}_{i..} - \bar{y}_{.j.} + \bar{y})^2 : \text{상호작용제곱합 } SS_{A \times B}$$

$$+ \sum_{i=1}^{a}\sum_{j=1}^{b}\sum_{k=1}^{r} (y_{ijk} - \bar{y}_{ij.})^2 : \text{오차제곱합 } SS_{error}$$

으로 표현된다. 그러므로 검증통계량으로

$$\frac{SS_{A\times B}}{SS_{error}} = \frac{r\sum_{i=1}^{a}\sum_{j=1}^{b}(\bar{y}_{ij.} - \bar{y}_{i..} - \bar{y}_{.j.} + \bar{y}\ )^2}{\sum_{i=1}^{a}\sum_{j=1}^{b}\sum_{k=1}^{r}(y_{ijk} - \bar{y}_{ij.})^2}$$

을 쓸 수 있다. 이것이 바로

$$F = \frac{SS_{A\times B}/(a-1)(b-1)}{SS_{error}\ /ab(r-1)}$$

통계량과 연결되는데, 영가설 하에서 이에 대한 표집분포가 수리적으로 유도되어 있다. 분포 이름은 F 분포이고 두 파라미터인 분자 자유도 $(a-1)(b-1)$과 분모 자유도 $a\cdot b\cdot(r-1)$에 의해 결정된다.

오차분산 $\sigma^2 (= \mathrm{Var}(\epsilon))$은 오차 제곱합을 해당 자유도로 나누어 얻어진다.

$$s^2 = \sum_{i=1}^{a}\sum_{j=1}^{b}\sum_{k=1}^{r}(y_{ijk} - \bar{y}_{ij.})^2\ /ab(r-1)$$

이것은 F 통계량의 분모항이기도 하다.

분산분석표는 이제까지의 계산을 일목요연하게 보여준다. <표 4>를 보라. 이 중 평균제곱(mean squares, MS)은 제곱합(sum of squares, SS)을 해당하는 자유도로 나눈 것이고(MS = SS/df), 바로 오차평균제곱 MS_{error}가 오차분산의 추정치이다.

〈표 4〉 2요인실험에 대한 분산분석표

요인	자유도(df)	제곱합(SS)	평균제곱(MS)	분산비(F)
A	a-1	SS_A	MS_A	$F_A = MS_A/MS_{error}$
B	b-1	SS_B	MS_B	$F_B = MS_B/MS_{error}$
A*B	(a-1)(b-1)	SS_{AB}	MS_{AB}	$F_{AB} = MS_{AB}/MS_{error}$
오차	ab(r-1)	SS_{error}	MS_{error}	
전체	abr-1	SS_{total}		

5.2 SPSS 분석 절차

분석 사례 – 세미나 수업의 효과 연구자료 분석

- 파일 열기로 자료 exp2x3x4.sav를 SPSS 데이터 편집기에 넣는다. 아래와 같이 되었으면 옳게 된 것이다.

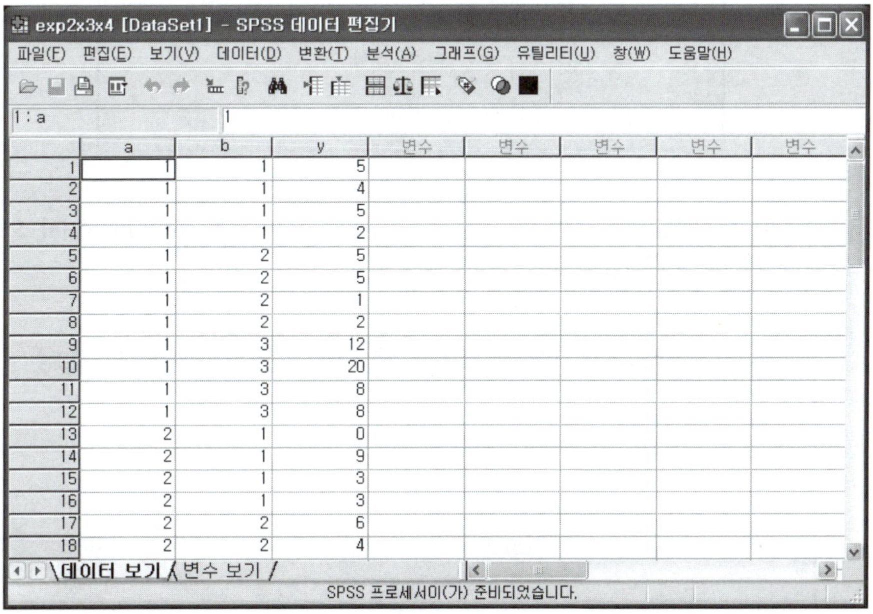

- SPSS 분석(Analyze) 메뉴에서

일반선형모형(General Linear Model) ▶ 일변량(Univariate...)

에 들어가 일변량 분산분석의 주 대화상자가 나타나면 측정점수 y를 종속변수(Dependent Variables)에 넣고 수업방식 a와 학년 b를 모수요인(Fixed Factors)에 넣는다.

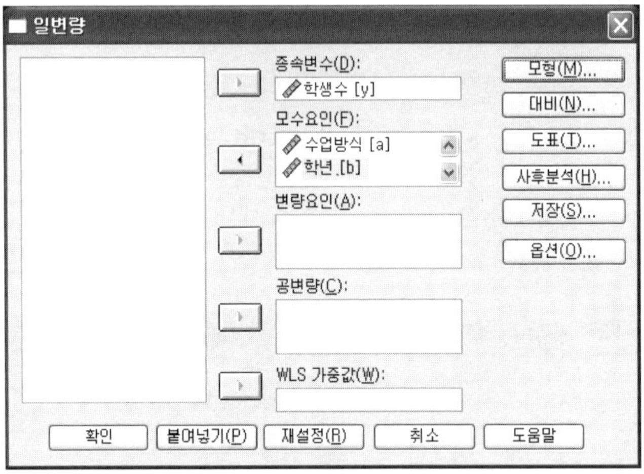

- 모형(Model) 대화상자에 들어가 모형설정을 완전요인모형(Full factorial)으로 한다. 이에 대한 출력이 115쪽의 <표 3>이다.

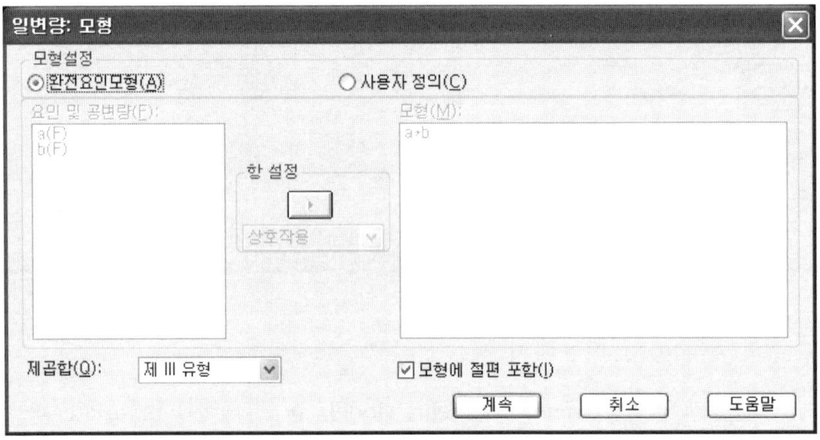

- 옵션(Options) 대화상자에 들어가 요인 a와 요인 b의 조합(요인 및 요인 상호작용, Factors and Factor Interactions)에 대하여 평균 출력을 하도록 지정한다.(Display Means for) 이에 대한 출력이 115쪽의 <표 2>이다.

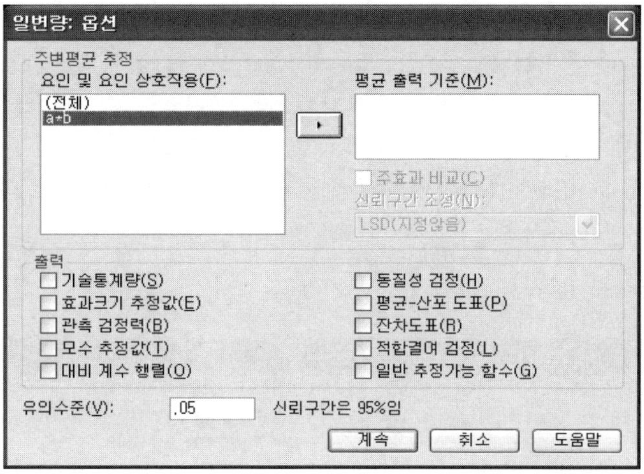

- 도표(Plots) 대화상자에 들어가 요인 a를 수평축 변수(Horizontal Axis)로, 요인 b를 선구분 변수(Separate Lines)로 지정한다. [추가, Add] 이에 대한 출력이 114쪽의 <그림 1>이다.

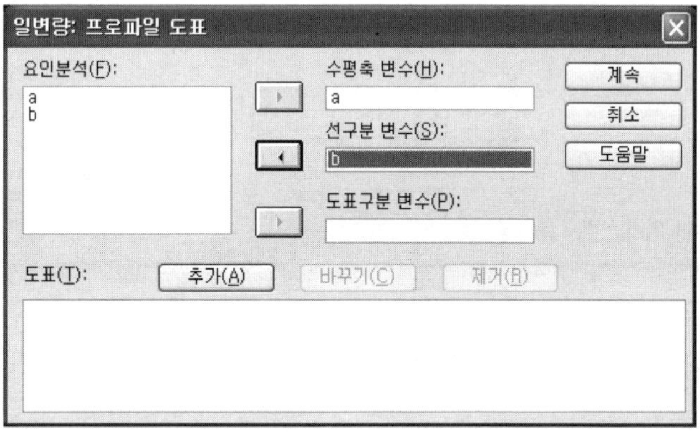

◪ 연습문제

다음 자료에서 amtspent(지출액)가 gender(성)와 style(쇼핑 스타일)에 따라 어떤 차이가 있는가?

자료 : grocery_1.sav

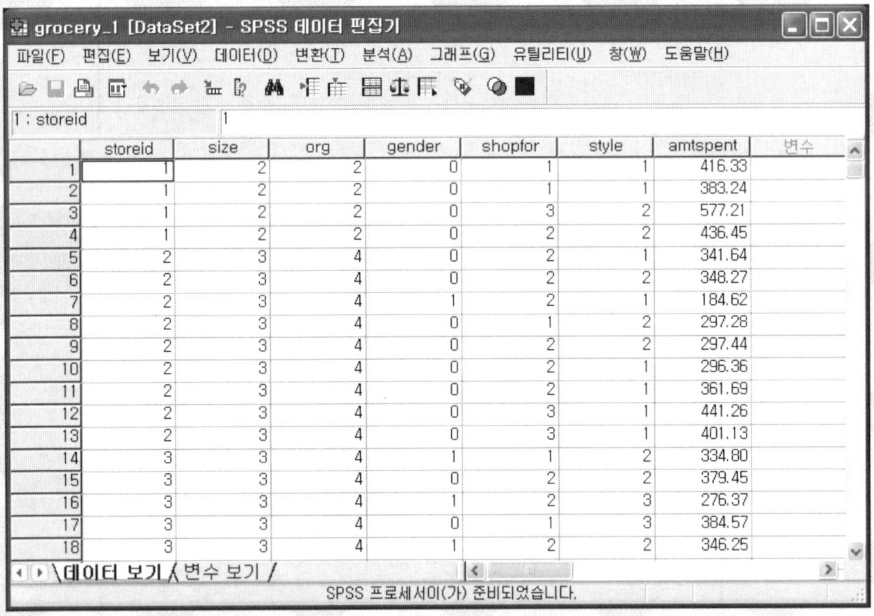

	storeid	size	org	gender	shopfor	style	amtspent	변수
1	1	2	2	0	1	1	416.33	
2	1	2	2	0	1	1	383.24	
3	1	2	2	0	3	2	577.21	
4	1	2	2	0	2	2	436.45	
5	2	3	4	0	2	1	341.64	
6	2	3	4	0	2	2	348.27	
7	2	3	4	1	2	1	184.62	
8	2	3	4	0	1	2	297.28	
9	2	3	4	0	2	2	297.44	
10	2	3	4	0	2	1	296.36	
11	2	3	4	0	2	1	361.69	
12	2	3	4	0	3	1	441.26	
13	2	3	4	0	3	1	401.13	
14	3	3	4	1	1	2	334.80	
15	3	3	4	0	2	2	379.45	
16	3	3	4	1	2	3	276.37	
17	3	3	4	0	1	3	384.57	
18	3	3	4	1	2	2	346.25	

□ 다음과 같은 분산분석표가 나오면 옳게 된 것이다.

개체-간 효과 검정

종속변수: Amount spent

소스	제 III 유형 제곱합	자유도	평균제곱	F	유의확률
수정 모형	469402.996[a]	5	93880.599	11.092	.000
절편	39359636	1	39359636	4650.274	.000
gender	158037.442	1	158037.442	18.672	.000
style	33506.210	2	16753.105	1.979	.140
gender * style	69858.325	2	34929.163	4.127	.017
오차	2920058.8	345	8463.939		
합계	59475118	351			
수정 합계	3389461.8	350			

a. R 제곱 = .138 (수정된 R 제곱 = .126)

6장 | 비교실험 III

반복측정 설계

- 동일 개체에 여러 처리를 적용하여 얻은 반복측정자료의 분산분석 방법을 설명한다.
- 중심용어 : 반복측정요인, 혼합효과모형

Statistical Methods

6.1 반복측정 설계

이 장에서는 반복측정 자료의 분산분석법에 대해 설명한다. 반복측정(repeated measures)이란 한 실험개체(subject, unit)에서 2회 이상의 측정을 하는 것을 말하는데 의약학 및 행동과학 등의 분야에서 빈번히 활용되고 있다.

간단한 자료인 <표 1>의 예를 보자. 이 사례에서는 5명의 실험개체 각각에 4종의 약(처리)을 임의 순서로 처치하고 반응을 측정한 경우이다. 자료분석의 목표는 과연 처리에 따라 다른 효과를 보이는가 하는 것을 알아보는 데 있다. 여기서처럼 하지 말고 실험개체 총수를 네 배인 20명으로 하고 이들을 랜덤하게 네 그룹으로 나눈 후(즉 한 그룹은 5명의 개체로 구성), 각 그룹 별로 각기 다른 약 처리를 배당하는 실험을 하였더라면 어떠하였을까? 두 실험방법이 다 가능하지만 분산분석 방법은 판이하게 다르다. 전자의 자료는 반복측정 자료이고, 이때 적용되는 분석방법이 여기서 설명하려는 반복측정 분산분석(反復測定 分散分析, repeated measures ANOVA)이다. 후자의 자료는 1원분류 자료이고 이에 적용되는 분산방법은 4장에서 다룬 바 있는 1원 분산분석(one-way ANOVA)이다.

반복측정 분산분석법의 이론 소개에 앞서 왜 반복측정 설계가 경우에 따라 그렇지 않은 단순한 실험설계보다 선호되는가를 생각해 보자. 첫째 이유는 어떤 실험에서는 충분한 수의 실험개체를 확보하기 어렵기 때문이다. 실험의 대상이 특정 조건의 개체군(예컨대 우울증 환자)인 경우나 실험개체의 관리에 많은 신경을 써야 하는 경우 등이 이에 해당한다. 둘째 이유는 반복측정에서는 실험개체 스스로가 대조(對照, control)의 역할을 하기 때문이다. 실험개체 간 변동이 실험 처리의 비교에 큰 영향을 줄 수 있는 경우에 동일 개체에 모든 처리를 수행함으로써 개체 스스로

〈표 1〉 4종의 약물처리 간 반응의 차이(exp5x4.sav)

개체	처리 1	처리 2	처리 3	처리 4
1	30	28	16	34
2	14	18	10	22
3	24	20	18	30
4	38	34	20	44
5	26	28	14	30
평균	26.4	25.6	15.6	32.0

가 블록(block)이 되는 것이다. 반복측정 계획이 장점만 갖는 것은 물론 아니다. 각 개체가 여러 번에 걸쳐 실험처리되므로 많은 시간이 소요된다. 또 먼저 수행된 처리가 다음 처리에 영향을 주는 이월효과(移越效果, carry-over effect, 잔류효과 residual effect)를 가져올 수 있다. 이월효과를 없애기 위해서 처리 간 시간 간격을 충분히 길게 잡아야 하지만, 실제 실험의 여건상 전체 실험기간이 길어지는 것을 허용할 수 없는 경우도 있다.

분석 사례 – 4종의 약물처리 간 반응의 차이

<표 1>의 사례에서는 5명의 실험개체 각각에 4종의 약(처리)을 임의 순서로 처치하고 반응을 측정한 경우이다. 자료분석의 목표는 과연 처리에 따라 약의 효과가 다른가를 알아보는 데 있다. 따라서 처리 간 차이의 유무를 검증하는 가설은 다음과 같이 세울 수 있다.

처리방식에 따른 반응 차이 여부 검증 :

H_0 : 처리방식에 따른 반응의 차이가 없다.

($\mu_1 = \mu_2 = \mu_3 = \mu_4$)

H_1 : 적어도 두 처리방식 간에 반응의 차이가 있다.

($\mu_i \neq \mu_j$ 적어도 한 쌍의 i와 j에 대하여, $i \neq j$)

〈표 2〉 구형성 검증

개체-내 효과	Mauchly의 W	근사 카이제곱	자유도	유의확률
TREAT(처리)	0.186	4.572	5	0.495

〈표 3〉 간단한 반복측정 자료의 분산분석

요인		제곱합	자유도	평균제곱	F	유의확률
TREAT(처리)	구형성 가정	698.200	3	232.733	24.759	0.000
TREAT 오차	구형성 가정	112.800	12	9.400		

분산분석의 결과를 해석하기 전에 구형성의 가정을 우선 살펴보자. 구형성의 가정이란 관측개체 자료의 공분산행렬이 특수 형태의 복합적인 대칭행렬이라는 것인데 반복관측 자료분석에서 기본적으로 전제된다.

<표 2>는 자료의 공분산 행렬에 대한 구형성 여부를 검정한 결과이다(영가설: '구형성이 만족된다', 대안가설: '구형성이 만족되지 않는다'). 검정결과 유의확률이 0.495로 유의수준 5%에서 영가설을 기각할 수 없다. 즉 자료의 공분산 행렬의 구형성이 만족됨을 알 수 있다. 따라서 구형성을 가정한 결과들을 해석해주면 된다. 참고로 구형성에 관한 자세한 논의는 전문서적을 참고하기 바란다(예컨대 허명회의 『사회과학을 위한 통계적 방법』(1999)의 6장 참조).

〈그림 1〉 반복측정 자료 평균 프로파일

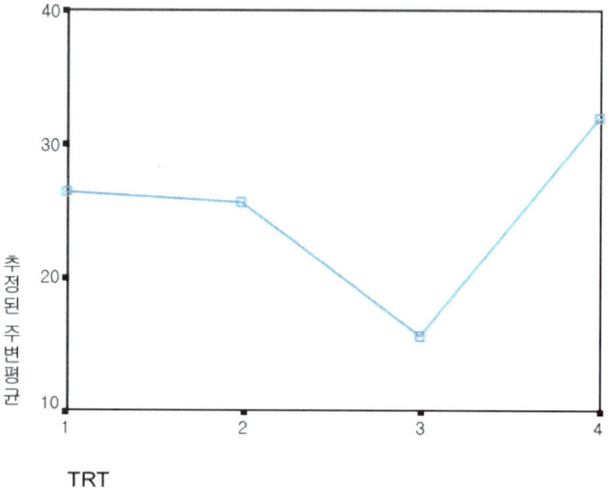

<표 3>은 처리 간의 반응 차이에 대한 분산분석의 결과이다. 구형성이 가정되었을 때, F가 24.759이고 유의확률이 0.000으로 유의수준 5%에서 처리 간의 차이가 매우 유의하다. <그림 1>을 통해 처리 간 반응의 차이를 탐색적으로 살펴볼 수 있다. 처리 4가 가장 높은 반응 평균을 보이고 있으며, 처리 1과 2가 이보다 낮은 수준에서 비슷한 평균을 보이고 있다. 처리 3은 가장 낮은 반응 평균을 보인다.

통계이론 <표 1>의 자료 구조를 본떠서, 전체 n명의 실험 개체 각각에 p종의 실험처리를 하였다고 하자. 그때의 반응측정치를 y_{ij}라고 하자. 여기서 첨자 i는 개체를 나타내고, j는 처리번호를 나타낸다.

자료 $\{y_{ij}\}$에 대한 통계적 모형으로

$$y_{ij} = \mu + s_i + \tau_j + \epsilon_{ij} \quad (i = 1, \cdots, n; j = 1, \cdots, p) \tag{1}$$

를 생각하자. 여기서 s_i는 개체 i의 효과(subject effect)이고, τ_j는 처리 j의 효과이며, 오차항 ϵ_{ij}는 평균이 0, 분산이 σ^2인 독립적인 정규변량이라고 가정한다.

모형 (1)은 형태상 2원 분산분석모형과 일치한다. 그런데 다른 점 한 가지는 개체효과 s_i를 고정 모수가 아니라 확률변량으로 취급한다는 데 있다. 즉 개체들을 실험 모집단으로부터 추출된 랜덤표본으로 생각한다. 구체적으로 s_i를 평균 0, 분산 σ_s^2인 독립적인 정규변량으로 간주한다. 따라서 분석 자료에서

$$\boldsymbol{y_i} = (y_{i1}, \cdots, y_{ip})^t, \quad i = 1, \cdots, n$$

은 n개의 p변량 관측으로 볼 수 있다. 따라서 <표 1>의 자료에서 관측 수는 20개가 아니라 5개이다.

모형 (1)이 임의효과 s_i와 고정효과 τ_j를 모두 포함하기 때문에 혼합효과모형(mixed effects model)이라고 한다. 그리고 s_i와 τ_j가 모두 고정된 값인 고정효과모형(fixed effects model)과 결과적으로는 동일하게 제곱합을 분할할 수 있다. 그러나 그 절차는 약간 다르다. 즉

$$\text{전체 제곱합} \quad \text{TSS}_{\text{adjusted}} = \sum_{i=1}^{n} \sum_{j=1}^{p} (y_{ij} - \bar{y}_{..})^2$$

을 우선

$$\text{개체 간 제곱합 } \text{SS}_{\text{between subject}} = p \sum_{i=1}^{n} (\bar{y}_{i.} - \bar{y}_{..})^2$$

$$\text{개체 내 제곱합 SS}_{\text{within subject}} = \sum_{i=1}^{n}\sum_{j=1}^{p}(y_{ij} - \bar{y}_{i.})^2$$

의 두 부분으로 나눈다. 그리고 개체 내 제곱합 SSwithin subject를 다시

$$\text{처리 제곱합 SStreatment} = n\sum_{j=1}^{p}(\bar{y}_{.j} - \bar{y}_{..})^2$$

$$\text{오차 제곱합 SSerror} = \sum_{i=1}^{n}\sum_{j=1}^{p}(y_{ij} - \bar{y}_{i.} - \bar{y}_{.j} + \bar{y}_{..})^2$$

의 두 부분으로 나눈다. 이들 제곱합으로부터 다음과 같은 F 검증이 유도된다.

영가설 H_0: $\tau_1 = \cdots = \tau_p = 0$ 하에서

$$F = \frac{SS_{\text{treatment}}/(p-1)}{SS_{\text{error}}/(n-1)(p-1)} \sim \text{F}(p-1,(n-1)(p-1)) \text{ 분포.}$$

그러므로 처리효과에 대한 F 검증이 개체 간 변동에 영향 받지 않고 순수하게 개체 내 변동에 의하여 형성된다. 그런 만큼 반복측정 설계가 처리평균 간 비교를 정밀화하는 데 기여한다는 것을 알 수 있다.

6.2 반복측정 2요인실험의 분산분석

이 절에서는 2요인실험(二要因實驗, two-factor experiment)에서 1개 요인에 걸쳐 반복측정된 자료를 다루도록 하겠다. 2요인실험에서 한 요인 A가 p개 수준을 갖고 요인 A의 각 수준에 n개의 개체를 배당하였다고 하자. 그리고 각 개체를 요인 B의 q개 수준에 따라 반복측정하였다고 하자. 따라서 이 실험에서의 총 개체 수는 pn이 된다. 왜냐하면 한 개체가 요인 B의 q개 수준을 모두 받기 때문이다.

2요인실험에는 반복측정 요인을 1개 갖는 이런 계획 외에도 다음과 같이 반복측정 요인의 수가 0인 경우와 2인 실험설계가 있다.

1) 총 pqn명의 개체(subject)를 n명씩 pq개 그룹으로 랜덤하게 나누고, 각 개체는 요인 A의 한 수준과 요인 B의 한 수준의 조합에 해당하는 처리를 받는다. 이 경우에는 각 관측값들은 모두 독립적인 것으로 간주될 수 있다. 이때 각 개체가 받는 측정 수는 1회이다.

2) 총 n명의 개체가 각각 요인 A와 B의 모든 수준 조합의 처리를 받는다. 즉 각 실험개체는 요인 A와 B에 따라 반복측정된다. 이때 각 실험개체가 받는 측정 수

는 pq회이다.

반복측정 요인 수가 0인 경우는 완전확률화설계(CRD)에 의한 2요인실험이므로 이미 5장에서 다루었다. 반복측정 요인 수가 2인 경우에 대하여는 참고문헌으로 넘기기로 한다(예컨대 허명회의 『선형모형방법론』, 1993).

<표 4>의 자료를 보자. 여기서는 요인 B의 $q(=4)$개 수준에 따라 각 개체가 반복측정되어 있으며 $p=2$, $n=3$이다. 이 예에서처럼 한 요인이 반복측정되고 다른 요인은 그렇지 않은 경우 어떤 요인을 반복측정 요인으로 선정하는 것이 좋은가? 반복측정의 이점(利點)이 실험개체 스스로가 대조의 역할을 하게 하는 데 있다는 사실을 상기하면 이 질문에 대한 대답은 자명하다. 좀 더 민감하게 차이를 비교하기 원하는 요인을 반복요인으로 두는 것이다.

SPSS 분석 사례 – 반복측정 2요인실험 (반복요인 B)

<표 4>의 자료를 통해 요인 A와 요인 B의 수준에 따른 반응값의 차이를 보고자 한다. 요인 A는 6명의 개체 중에서 3명은 수준 1의 처리를 받고 나머지 3명은 수준 2의 처리를 받아 개체들 간에 요인의 처리 수준을 달리 받는 개체-간 요인이다. 반면에 요인 B는 모든 개체가 B의 수준 1, 2, 3, 4 모두의 처리를 받는 개체-내 요인이다. 2요인을 사용하므로 요인 간 상호작용을 포함한 가설은 다음과 같다.

A. 요인 A에 따른 차이 여부 검증 :

H_{0A} : 요인 A의 수준에 따른 반응의 차이가 없다 $(\mu_{A1} = \mu_{A2})$.

H_{1A} : 요인 A의 두 수준 간에 반응의 차이가 있다 $(\mu_{A1} \neq \mu_{A2})$.

B. 요인 B에 따른 차이 여부 검증 :

H_{0B} : 요인 B의 수준에 따른 반응의 차이가 없다.
$(\mu_{B1} = \mu_{B2} = \mu_{B3} = \mu_{B4})$

H_{1B} : 요인 B의 적어도 두 수준간에 반응의 차이가 있다.
$(\mu_{Bi} \neq \mu_{Bj}$ 적어도 한 쌍의 Bi 와 Bj에 대하여, $Bi \neq Bj)$

〈표 4〉 반복측정 2요인실험 자료 : 반복요인 B(exp6x4.sav)

요인 A	개체	요인 B 1	2	3	4	평균
1	1	0	0	5	3	2
	2	3	1	5	4	4.25
	3	4	3	6	2	4.75
2	4	4	2	7	8	5.2
	5	5	4	6	6	5.2
	6	7	5	8	9	5.8
	평균	3.83	2.50	6.17	5.33	4.46

〈표 5〉 반복측정 2요인실험 자료의 분산분석

공분산 행렬의 구형성 검증

개체-내 효과	Mauchly의 W	근사 카이제곱	자유도	유의확률
B	0.103	6.189	5	0.315

개체-간 요인 : A

요인	제곱합	자유도	평균제곱	F	유의확률
A	51.042	1	51.042	11.893	0.0261
오차	17.167	4	4.292		

개체-내 요인 : B와 B*A

요인		제곱합	자유도	평균제곱	F	유의확률
B	구형성 가정	47.458	3	15.819	12.798	0.0005
B * A	구형성 가정	7.458	3	2.486	2.011	0.1662
오차(B)	구형성 가정	14.833	12	1.236		

C. 요인 A와 요인 B의 상호작용 여부 검증 :

H_{0AxB} : 요인 A와 요인 B 간에 상호작용이 없다.

$((\alpha\beta)_{11} = (\alpha\beta)_{12} = \cdots = (\alpha\beta)_{23} = (\alpha\beta)_{24} = 0)$

H_{1AxB} : 요인 A와 요인 B 간에 상호작용이 있다.

$((\alpha\beta)_{ij} \neq 0$ 적어도 하나의 (i, j)에 대하여)

위의 요인 A와 요인 B의 상호작용에서 $(\alpha\beta)_{ij}$는 요인 A의 i수준과 요인 B의 j 수준의 조합에서의 상호작용 효과를 의미한다.

<표 5>의 분산분석의 결과에서 먼저 공분산 행렬의 구형성 만족을 확인해보자. '구형성을 만족한다'라는 영가설에 대해 유의확률이 0.315로 유의수준 5%에서 영가설을 기각하지 못한다. 즉 구형성이 만족되었으므로 이후에는 구형성을 가정한 결과들을 해석하면 된다.

요인 A와 요인 B의 상호작용(B*A)은 F가 2.011, 유의확률이 0.166으로 유의수준 5%에서 유의하지 않은 것으로 나타났다. 반면에 요인 A의 F는 11.893, 유의확률은 0.026이며, 요인 B의 F는 12.798, 유의확률은 0.0005로 두 요인의 주효과는 모두 유의수준 5%에서 유의하게 나왔다.

요인 A와 B의 상호작용은 없고 주효과만 유의하게 나왔으므로 <그림 2>와 <그림 3>의 주효과 플롯을 통해서 각 요인의 효과에 대한 해석을 할 수 있다. 요인 A는 수준 2에서의 반응 평균이 수준 1보다 더 높은 것으로 나타났다. 요인 B의 경우는 수준 3에서 가장 높은 평균을 가지며, 이보다 조금 못 미쳐 수준 4가 높은 평균을 보인다. 다음으로 평균이 높은 것은 수준 1과 2의 순으로 수준 3과 4에 비해 평균이 비교적 낮다. 이러한 평균의 차이로 인해 요인 B 수준 간에 차이가 나타난 것을 알 수 있다.

〈그림 2〉 요인 A의 주효과 플롯

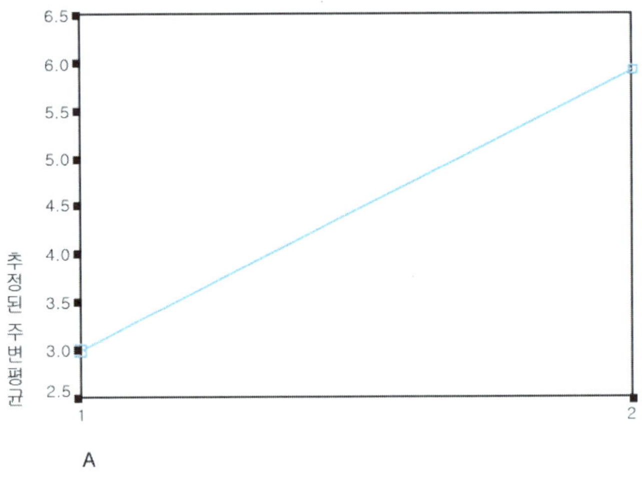

〈그림 3〉 요인 B의 주효과 플롯

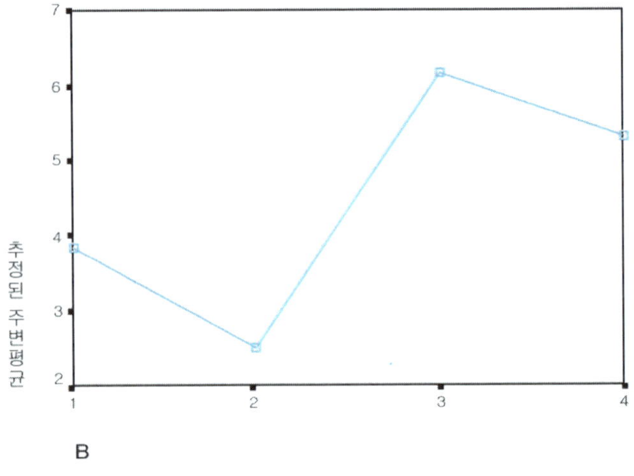

통계이론 <표 4>의 자료 y_{ijk} ; $i=1,\cdots,p$, $j=1,\cdots,q$, $k=1,\cdots,n$ 에 대한 분산분석모형을 생각하여 보자.

각 개체에서 요인 B의 q개 수준에 걸쳐 반복측정되었음을 상기하자.

$$y_{ijk}=\mu+\alpha_i+s_{k(i)}+\beta_j+(\alpha\beta)_{ij}+\epsilon_{ijk} \tag{2}$$

여기서 α_i는 요인 A의 효과를, $s_{k(i)}$는 개체 효과를, β_j는 요인 B의 효과를, $(\alpha\beta)_{ij}$는 요인 A와 요인 B의 상호작용을, ϵ_{ijk}는 오차항을 나타낸다. 이때 각 개체는 요인 A 내의 한 가지(수준)에 속해 있게 되므로("nest"되어 있으므로) 첨자 k는 꼭 "$k(i)$"의 형태로 표현된다.

앞의 모형 (2)에서 개체효과 $s_{k(i)}$는 평균이 0, 분산이 σ_s^2인 정규분포를 따른다고 가정한다. 오차항 ϵ_{ijk}는 여느 때와 같이 평균이 0, 분산이 σ^2인 정규분포를 따르는 확률변량이다. 따라서 동일 개체로부터의 관측값 y_{ijk}와 y_{ilk} 사이에는 복합대칭성이 생긴다. 즉

$$\text{Cov}(y_{ijk}, y_{ilk})=\begin{cases}\sigma_s^2+\sigma^2, & \text{if } j=l\\ \sigma_s^2, & \text{if } j\neq l\end{cases}$$

반복측정모형 (2)가 모든 요인이 교차된 경우의 분산분석모형과 다른 점은 어쩌면 $(\alpha s)_{ik}$로 표현되었을 수도 있었을 요인 A와 개체 사이의 상호작용을 포함하고 있지 않다는 점이다.

그 이유는 무엇인가? 개체라는 요인이 A 내의 한 가지(分枝)이므로 상호작용의 추정이 가능하지 않기 때문이다. 두 요인이 교차되었을 때만 상호작용이 추정 가능하다.

이제 제곱합의 분할을 통하여 분산분석표를 만들 차례이다. 전체 제곱합은

$$\text{TSS}=\sum_{i=1}^{p}\sum_{j=1}^{q}\sum_{k=1}^{n}(y_{ijk}-\bar{y}_{..})^2,\ \text{자유도}=pqn-1$$

이다. 이것을 먼저 개체-간 제곱합과 개체-내 제곱합으로 분할한다.

$$\text{SS}_{\text{between subject}}=q\sum_{i=1}^{p}\sum_{k=1}^{n}(\bar{y}_{i.k}-\bar{y}_{...})^2,\ \text{자유도}=pn-1$$

$$\text{SS}_{\text{within subject}}=\sum_{i=1}^{p}\sum_{j=1}^{q}\sum_{k=1}^{n}(y_{ijk}-\bar{y}_{i.k})^2,\ \text{자유도}=pn(q-1)$$

여기서 개체-간 제곱합은 다시

요인 A 제곱합 $SS_A = qn\sum_{i=1}^{p}(\bar{y}_{i..} - \bar{y}_{...})^2$, 자유도 $= p-1$

A 내 개체-간 제곱합 $SS_{subject(A)} = q\sum_{i=1}^{p}\sum_{k=1}^{n}(\overline{y_{i.k}} - \overline{y_{i..}})^2$, 자유도 $= p(n-1)$

로 분할된다. 그리고 개체-내 제곱합은

요인 B 제곱합 $SS_B = pn\sum_{j=1}^{q}(y_{.j.} - \overline{y_{...}})^2$, 자유도 $= q-1$

상호작용 A*B 제곱합 SS_{A*B}

$$= n\sum_{i=1}^{p}\sum_{j=1}^{q}(\bar{y}_{ij.} - \bar{y}_{i..} - \bar{y}_{.j.} + \bar{y}_{...})^2, \quad \text{자유도} = (p-1)(q-1)$$

오차 제곱합 SS_{error}

$$= \sum_{i=1}^{p}\sum_{j=1}^{q}\sum_{k=1}^{n}(y_{ijk} - \bar{y}_{ij.} - \bar{y}_{i.k} + \bar{y}_{i..})^2, \quad \text{자유도} = p(q-1)(n-1)$$

로 분할된다.

<표 4>의 자료를 이 형식에 따라 정리하면 다음과 같다.

개체-간 제곱합 $SS_{between} = 68.209$, 자유도 = 5
- 요인 A 제곱합 $SS_A = 51.042$, 자유도 = 1
- A내 개체-간 제곱합 $SS_{subject(A)} = 17.167$, 자유도 = 4

개체-내 제곱합 $SS_{within} = 69.749$, 자유도 = 18
- 요인 B 제곱합 $SS_B = 47.458$, 자유도 = 3
- 상호작용 A*B 제곱합 $SS_{A*B} = 7.458$, 자유도 = 3
- 오차 제곱합 SSerror = 14.833, 자유도 = 12

그리고 F 검증에서 검증통계량의 분모는 다음과 같이 가설에 따라 달리 적용된다.

1) 요인 A의 효과 :

$H_0:\ \alpha_1 = \cdots = \alpha_p = 0$ 에 대하여

$$F_A = \frac{SS_A/(p-1)}{SS_{subject(A)}/p(n-1)} \sim F(p-1, p(n-1))$$

2) 요인 B의 효과 :

$$H_0: \ \beta_1 = \cdots = \beta_q = 0 \text{ 에 대하여}$$

$$F_A = \frac{SS_B/(q-1)}{SS_{error}/p(q-1)(n-1)} \sim F(q-1, p(q-1)(n-1))$$

3) 상호작용 A*B 효과 :

$$H_0: \ (\alpha\beta)_{11} = \cdots = (\alpha\beta)_{pq} = 0 \text{ 에 대하여}$$

$$F_{A*B} = \frac{SS_{A*B}/(p-1)(q-1)}{SS_{error}/p(q-1)(n-1)} \sim F((p-1)(q-1), p(q-1)(n-1))$$

6.3 SPSS 분석 절차

분석 사례 – 4종의 약물처리 간 반응의 차이 자료분석

- 파일 열기로 자료 exp5x4.sav를 SPSS 데이터 편집기에 넣는다. 아래와 같이 되었으면 옳게 된 것이다.

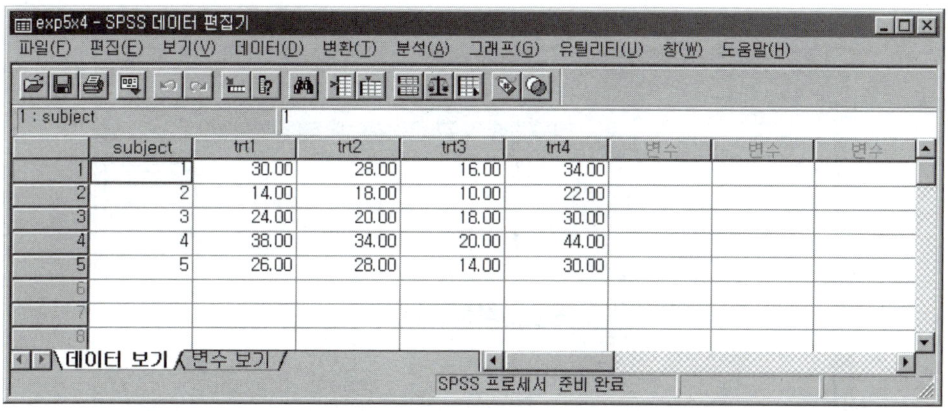

	subject	trt1	trt2	trt3	trt4	변수	변수	변수
1	1	30.00	28.00	16.00	34.00			
2	2	14.00	18.00	10.00	22.00			
3	3	24.00	20.00	18.00	30.00			
4	4	38.00	34.00	20.00	44.00			
5	5	26.00	28.00	14.00	30.00			
6								
7								
8								

- SPSS 분석(Analyze) 메뉴에서

일반선형모형(General Linear Model) ▶ 반복측정(Repeated Measures...)

에 들어가 반복측정 요인정의(Repeated Measures Define Factors) 대화상자가 나타난다. 개체-내 요인이름(Within-Subjects Factor Name)은 디폴트로 요인1이 뜨므로 그냥 넘기고 수준의 수(Levels)에 4를 넣는다. 추가(Add)하고 정의(Define)를 누른다.

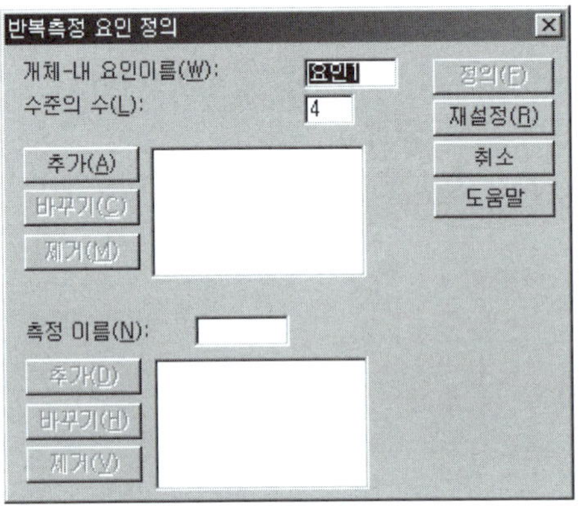

- 다음과 같은 반복측정의 주 대화상자에서 처리1(trt1)을 개체-내 변수(1) (Within-SubjeVariables)에 넣는다. 마찬가지로 처리2(trt2), 처리3(trt3), 처리4(trt4)를 개체-내 변수(1), 개체-내 변수(2), 개체-내 변수(4)에 넣는다.

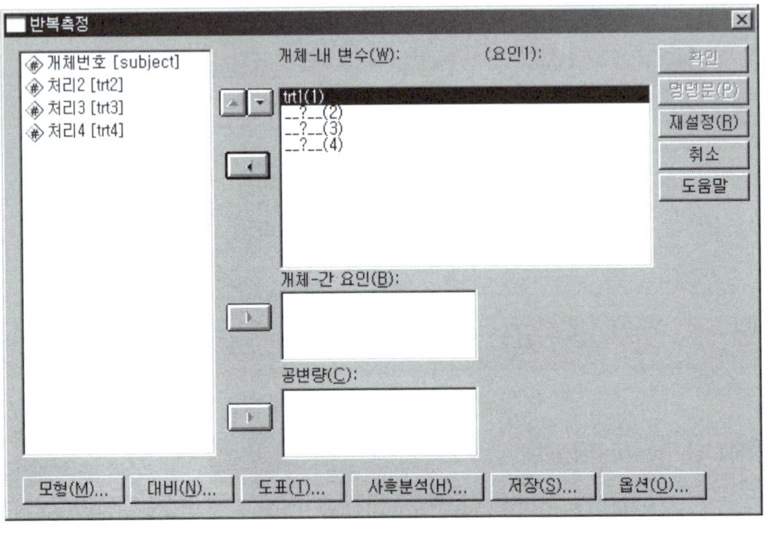

- 다음은 모든 개체-내 변수(Within-Subjects Variables)가 지정된 상태를 보여준다. 이어서 확인하면 126쪽의 <표 2>와 <표 3>에 해당하는 출력 결과가 나온다.

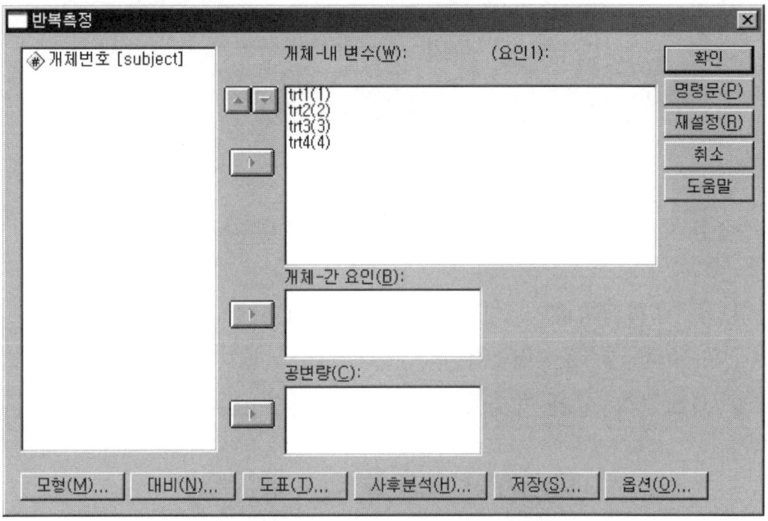

예컨대 분산분석표는 다음과 같다. 구형성 가정 하에서의 결과만 보면 된다.

개체-내 효과 검정

측도: MEASURE_1

소스		제 III 유형 제곱합	자유도	평균제곱	F	유의확률
요인1	구형성 가정	698.200	3	232.733	24.759	.000
	Greenhouse-Geisser	698.200	1.815	384.763	24.759	.001
	Huynh-Feldt	698.200	3.000	232.733	24.759	.000
	하한값	698.200	1.000	698.200	24.759	.008
오차(요인1)	구형성 가정	112.800	12	9.400		
	Greenhouse-Geisser	112.800	7.258	15.540		
	Huynh-Feldt	112.800	12.000	9.400		
	하한값	112.800	4.000	28.200		

- 반복측정의 주 대화상자에서 도표(Plots) 선택에 들어가 요인1을 수평축 변수(Horizontal Axis)에 넣고 추가(Add), 그리고 계속(Continue)한다. 이에 따른 출력 그래프가 126쪽의 <그림 1>이다.

- 반복측정의 주 대화상자에서 대비(Contrasts) 선택에 들어가 대비 바꾸기(Change)에서 단순(Simple) → 참조범주(Reference Category) 처음(First)으로 바꾸면 처리 1과 처리 2, 처리 1과 처리 3, 처리 1과 처리 4가 비교된다.

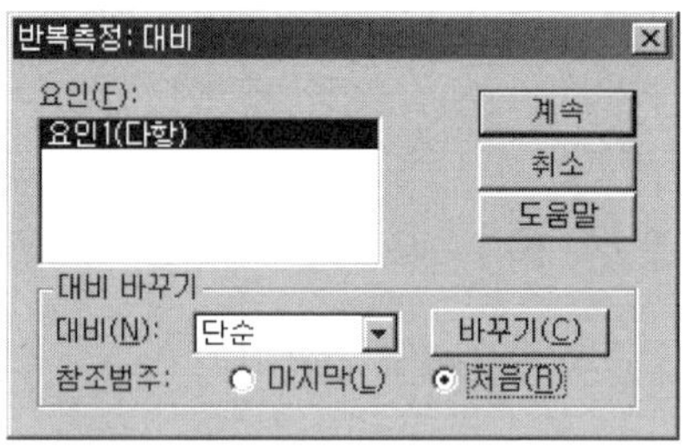

다음은 이에 따른 출력 결과이다. 처리 1과 처리 3, 처리 1과 처리 4의 차이가 통계적으로 유의함을 볼 수 있다.

개체-내 대비 검정

측도: MEASURE_1

소스	요인1	제 III 유형 제곱합	자유도	평균제곱	F	유의확률
요인1	수준 2 대 수준 1	3.200	1	3.200	.242	.648
	수준 3 대 수준 1	583.200	1	583.200	17.566	.014
	수준 4 대 수준 1	156.800	1	156.800	56.000	.002
오차(요인1)	수준 2 대 수준 1	52.800	4	13.200		
	수준 3 대 수준 1	132.800	4	33.200		
	수준 4 대 수준 1	11.200	4	2.800		

분석 사례 – 4종의 약물 처리간 반응의 차이 자료분석

- 파일 열기로 자료 exp6x4.sav를 SPSS 데이터 편집기에 넣는다. 아래와 같이 되었으면 옳게 된 것이다.

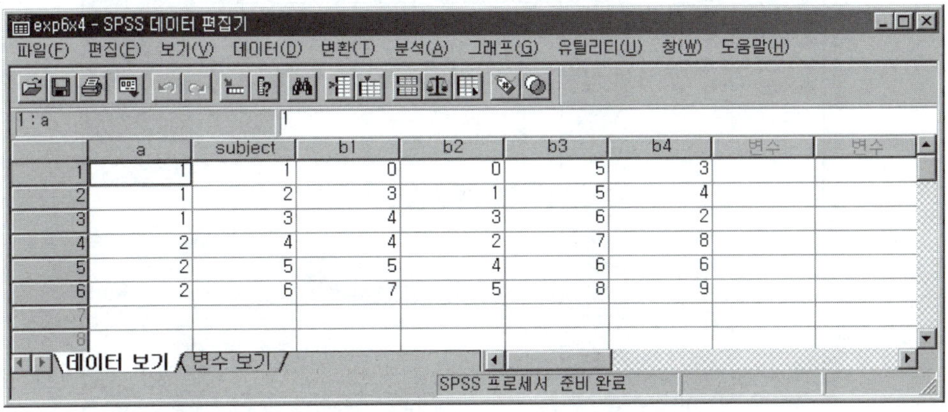

	a	subject	b1	b2	b3	b4	변수	변수
1	1	1	0	0	5	3		
2	1	2	3	1	5	4		
3	1	3	4	3	6	2		
4	2	4	4	2	7	8		
5	2	5	5	4	6	6		
6	2	6	7	5	8	9		
7								
8								

- SPSS 분석(Analyze) 메뉴에서

  일반선형모형(General Linear Model) ▶ 반복측정(Repeated Measures...)

에 들어가 반복측정 요인정의(Repeated Measures Define Factors) 대화상자가 나타난다. 개체-내 요인이름(Within-Subjects Factor Name)에 'b'를 넣고 수준의 수(Levels)에 4를 넣는다. 추가(Add)하고 정의(Define)를 누른다.

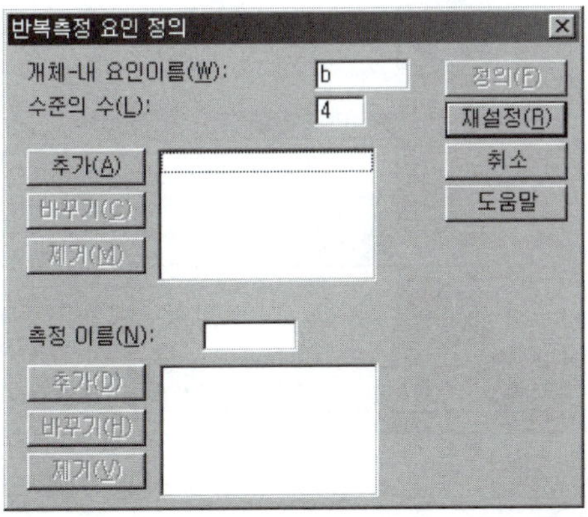

- 다음과 같은 반복측정의 주 대화상자가 뜨면 4개의 변수 b1, b2, b3, b4를 개체-내 변수(Within-Subjects Variables) (1), (2), (3), (4)에 차례로 넣는다.

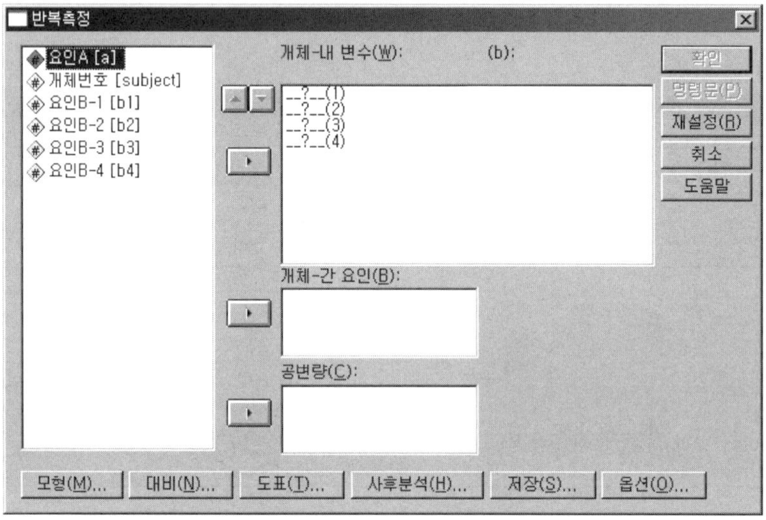

작업이 제대로 되었으면 다음과 같이 될 것이다.

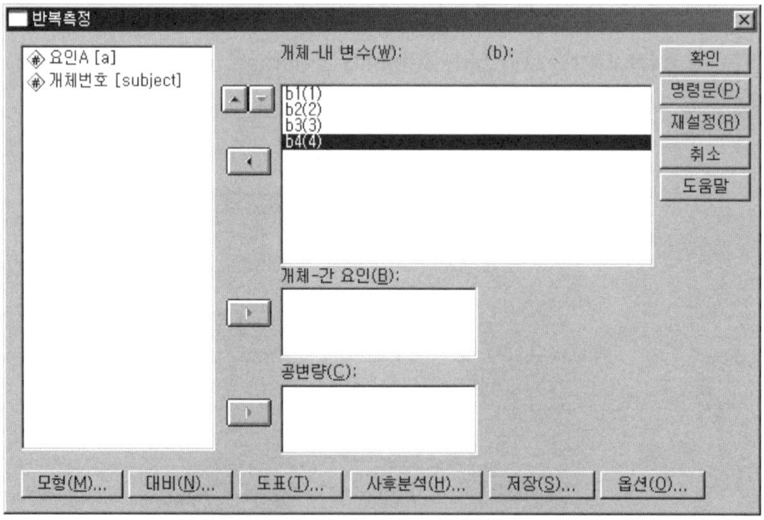

- 변수 a를 개체-간 요인(Between-Subjects Factors)에 넣는다. 이에 따른 출력 결과를 130쪽의 <표 5>로 정리할 수 있다.

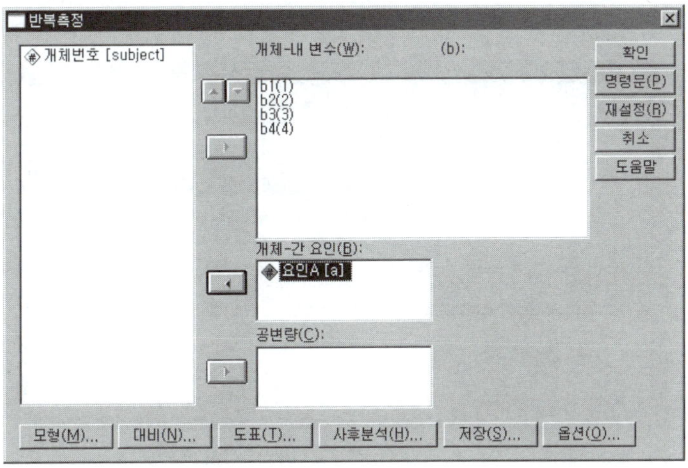

- 옵션(Options) 선택 대화상자에서 a*b의 평균을 출력하게 하면 요인 a와 요인 b의 모든 조합의 평균을 얻을 수 있다.

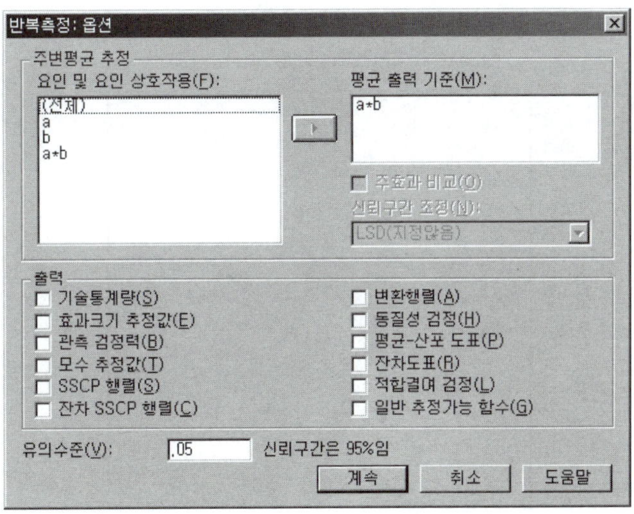

- 반복측정의 주 대화상자에서 도표(Plots) 선택에 들어가 요인 a를 수평축 변수(Horizontal Axis)에, 요인 b를 선구분 변수 (Separate Lines)에 넣고 추가(Add)하면 a*b의 모든 조합 평균을 보여주는 그래프가 출력된다.

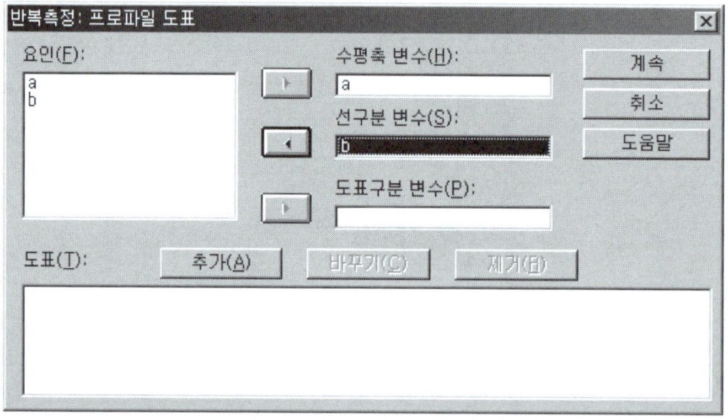

다음이 그 출력 결과이다. 132쪽의 <그림 2>와 <그림 3>은 각 요인을 수평축 변수에 넣어 만든 프로파일 도표이다.

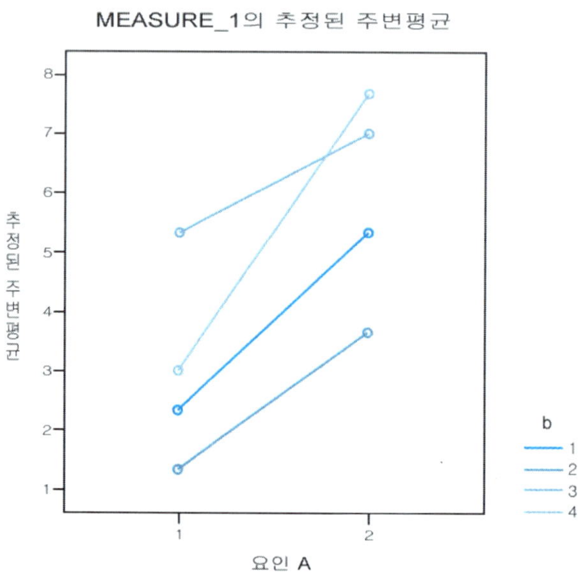

7장 | 통계적 관계 I

선형회귀모형

◔ 한 변수를 설명하기 위하여 다른 여러 변수들과의 관계를 활용하는 통계적 방법을 설명한다. 구체적으로 단순 및 다중선형회귀모형과 이를 이용한 통계적 설명 및 예측 방법을 다룬다.

◔ 중심용어 : 선형회귀모형, 최소제곱법, 결정계수, t 검증, 베타계수

7.1 단순선형회귀

관심이 되는 한 변수가 있을 때 그것이 갖는 변이를 보는 통계적 관점은 크게 두 가지로 구분될 수 있다. 하나는 기술적(記述的, descriptive) 관점으로 퍼짐(散布)의 크기와 형태 등을 보는 것이다. 다른 하나는 분석적(分析的, analytic) 관점으로 변이의 원인을 다른 요인과 관련시켜보는 것이다.

예를 들어 K대학교 학생들의 평점(GPA, grade point average)이 관심이라고 하자. GPA는 물론 각 개인마다 다르다. 그래서 일변량 자료기술로써 자료값이 어떻게 얼마나 퍼져 있는지를 파악할 수 있다. 여기서 한 걸음 더 나간다면 GPA가 왜 각 개인마다 다른가를 물을 수 있다. 한 원인으로, 입학성적(EE, entrance exam)이 개인마다 다르므로 이것에 의하여 GPA의 변이가 유발되었을 가능성이 있을 것이다. 이것을 다음과 같이 개념도로 나타내보자.

EE → GPA

그러나 사회현상이나 자연현상은 일반적으로(아주 극단적인 예외를 제외하면) 여러 요인이 결합되어 다른 요인의 결정에 영향을 주기 때문에 앞의 개념도는 너무 단순하다. 이 예에서 생각하자면 GPA는 EE 외에도 생활태도나 전공만족도 같은 것에 의하여도 영향을 받을 것이다. 그러나 EE 외의 기타 변수들이 자료화되지 못한 상태라면 그것을 기타 제 요인으로 생각할 수밖에 없다. 기타 요인들을 통계적 모형에서는 오차요인이라고 한다. 보완된 통계적 개념도는 다음과 같다.

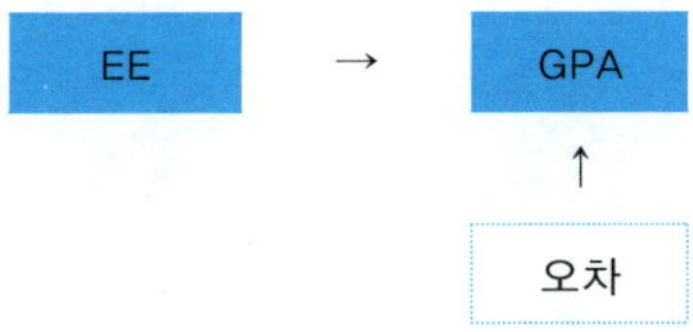

통계적 개념도에서 영향을 주는 변수를 X로, 오차요인을 ϵ, 이들 요인의 영향을 받는 변수를 Y로 표기하고, 흔히 X를 독립변수(설명변수), Y를 종속변수(반응변수)라고 한다. 이러한 표기를 따라 Y에 대한 개념도가 다음과 같이 그려진다.

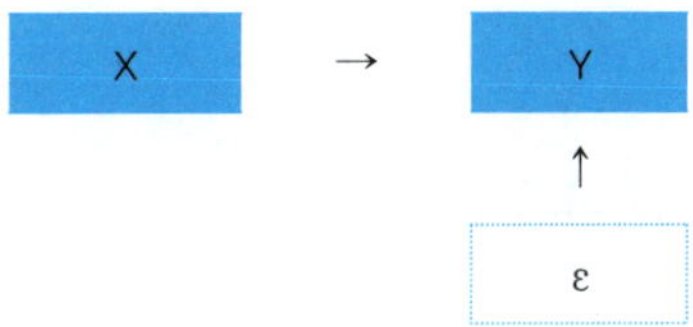

X와 Y 사이에서 가장 단순한 관계는 선형관계이다. 즉

$$Y = \beta_0 + \beta_1 X + \epsilon \tag{1}$$

이다. 여기서 오차항 ϵ에 대하여는 중심이 0이면서 어느 정도 퍼져 있을 수 있고, 스스로가 잡다한 여러 요인들의 복합체이기 때문에

$$\epsilon \sim N(0, \sigma^2)$$

임을 가정한다.[1)] 이 통계모형을 단순선형회귀(simple linear regression)라고 하는데, 여기서 회귀(回歸)라는 용어는 19세기말 집단유전학의 개념일 뿐 현대의 통계적 모형론에서는 별 의미를 갖지 않는다.

모형 (1)을 실제적으로 구하기 위해서는 물론 자료가 필요하다. 자료가 다음과 같이 얻어졌다고 하자.

$$(x_1, y_1),\ \cdots,\ (x_i, y_i),\ \cdots,\ (x_n, y_n)$$

이제 문제는 모형식의 계수들인 β_0와 β_1을 어떻게 정할 수 있겠는가 하는 것이다.

---

1) 오차항 ϵ을 잡다한 제 요인들 E_1, E_2, E_3, $\cdots$의 합으로 보면 중심극한효과(central limit effect)가 발생할 것으로 예상할 수 있다. 이런 생각에서 오차항이 정규분포를 따른다고 가정하는 것이다.

〈표 1〉 미니탭 나무자료(tree.sav)

번호	반경(D)	키(H)	재적(Y)	번호	반경(D)	키(H)	재적(Y)
1	8.3	70	10.3	17	12.9	85	33.8
2	8.6	65	10.3	18	13.3	86	27.4
3	8.8	63	10.2	19	13.7	71	25.7
4	10.5	72	16.4	20	13.8	64	24.9
5	10.7	81	18.8	21	14.0	78	34.5
6	10.8	83	19.7	22	14.2	80	31.7
7	11.0	66	15.6	23	14.5	74	36.3
8	11.0	75	18.2	24	16.0	72	38.3
9	11.1	80	22.6	25	16.3	77	42.6
10	11.2	75	19.9	26	17.3	81	55.4
11	11.3	79	24.2	27	17.5	82	55.7
12	11.4	76	21.0	28	17.9	80	58.3
13	11.4	76	21.4	29	18.0	80	51.5
14	11.7	69	21.3	30	18.0	80	51.0
15	12.0	75	19.1	31	20.6	87	77.0
16	12.9	74	22.2				

이 문제는 통계학사에서 중요한 한 부분으로 18세기 중순부터 여러 명의 당대 천재들, 예컨대 라플라스, 가우스 등이 도전했던 문제이기도 하다. 50여 년에 걸친 수차례 진전을 걸쳐 결국은 19세기 초인 1805년 르장드르(A.M. Legendre)에 의하여 해법이 완성되었다.

분석 사례 - 나무자료

수치 예로서 나무자료를 들어보기로 하겠다. 자료의 관측 수는 31이고 나무의 재적(材積, tree volume), 나무의 반경(diameter), 나무의 높이(height) 등 세 개의 변수로 구성되어 있다. <표 1>을 보라.

자료분석의 목적이 재적 Y의 예측에 있다고 하고 이것을 위하여 반경 D와 높이 H를 이용하기로 하자. 나무의 형태가 완전한 원기둥이라면(그럴 리는 없지만) $Y = \pi D^2 H$가 될 것이고, 원뿔이라면 $Y = (\pi/3) D^2 H$일 것이다.

〈그림 1〉 나무자료에서의 산점도

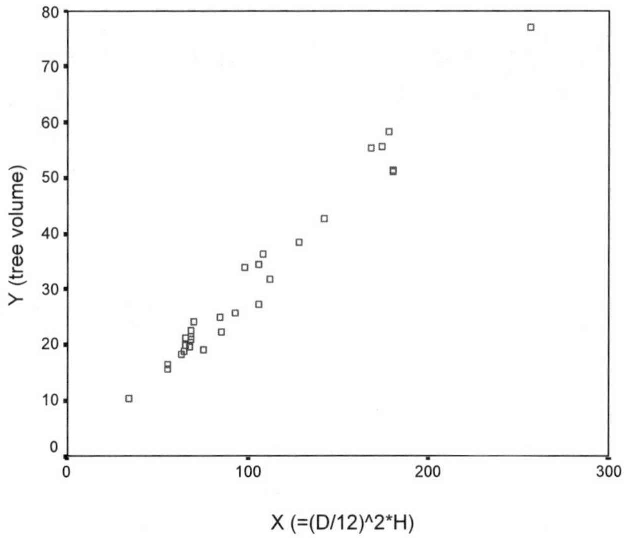

따라서 Y를 결정하는 중요한 변수로

$$X \equiv D^2 H$$

를 생각해낼 수 있다.[2)] X와 Y의 산점도인 <그림 1>을 보라.

<그림 1>의 산점도가 대체적으로 두 변수 간 관계가 선형임을 보여주므로 단순 선형회귀모형

$$Y = \beta_0 + \beta_1 X + \epsilon$$

을 상정해보자. <표 2>는 분석 결과이다. 적합 회귀식과 오차분산이

$$\hat{Y} = -0.298 + 0.306X, \quad \hat{\sigma}^2 = s^2 = 2.493^2 = 6.2$$

임을 읽을 수 있다.

추정된 모형에서는 회귀계수 β_1에 대해 다음과 같은 가설검증이 필요하다.

영가설 H_0 : X의 영향력이 없다 ($\beta_1 = 0$).

대안가설 H_1 : X가 양(+)의 영향력이 있다 ($\beta_1 > 0$).

2) 실제로 X는 $(D/12)^2$ H로 얻어졌다. 재적 Y가 cubic feet, 높이 H가 feet를 단위로 하는데 반경 D만 inch 단위로 되어 있기 때문이다.

〈표 2〉 나무자료의 단순회귀분석

계수추정

	비표준화 계수		표준화 계수	t	유의확률
	B	표준오차	베타		
(상수)	-0.298	0.964		-0.309	0.760
X	0.306	0.009	0.989	35.711	0.000

모형요약

R	R제곱	수정된 R제곱	추정값의 표준오차
0.989	0.978	0.977	2.493

<표 2>의 계수추정에서 X의 계수 추정치(비표준화 계수 B)가 0.306으로 나타났으며 이 값이 0인가 아닌가에 대한 t 검증의 결과, t가 35.711, 유의확률 0.000으로 유의수준 5%에서 유의하다. 즉 X의 회귀계수 β_1이 0이라는 영가설을 기각하고 X가 양의 영향력이 있음을 확인할 수 있다. 참고로 회귀계수가 양수이면 해당 독립변수 X는 종속변수 Y에 대해 양의 영향력을 가지며, X의 회귀계수가 음수이면 음의 영향력을 갖는다.

<표 2>의 모형요약에서는 두 변수 X와 Y 사이의 상관계수 R이 0.989로 제시되어 있다. R제곱(R^2)은 선형회귀에서 적합모형의 설명력을 재는 측도인 결정계수(決定係數, coefficient of determination)이다. 결정계수 R^2은 적합 회귀모형이 완벽하다면 1이 된다. 그러나 독립변수 X가 적합모형에서 아무 역할을 하지 못하는 경우, 즉 영향력이 없는 경우는 0이 된다. 나무자료의 회귀분석에서 결정계수는 0.978로 상당히 크다. 단순선형회귀에서 결정계수는 상관계수의 제곱과 같다. 예에서 상관계수 0.989의 제곱은 0.978로 결정계수의 값과 동일하다.

통계이론

1) 최소제곱법

단순회귀분석에서는 X와 Y의 선형적인 관계를 다음과 같이 선정한다.

$$Y = \beta_0 + \beta_1 X + \epsilon \tag{1}$$

모형 (1)을 각 관측에 대하여 표현하면

$$y_i = \beta_0 + \beta_1 x_i + \epsilon_i, \quad i = 1, \cdots, n$$

이므로 오차항이

$$\epsilon_i = y_i - \beta_0 - \beta_1 x_i, \quad i = 1, \cdots, n$$

으로 주어진다. 가급적 *n*개 오차의 크기를 줄여야 한다는 생각에서 최소제곱법(least squares method)은 오차 제곱합

$$\text{SSE} \equiv \sum_{i=1}^{n} \epsilon_i^2, \quad \text{즉} \quad \sum_{i=1}^{n} (y_i - \beta_0 - \beta_1 x_i)^2$$

의 최소화를 최적화의 기준으로 한다.[3)]

제시된 최소화 기준에 동의한다면, 그 다음의 풀이는 편미분으로부터 쉽게 나온다 (편미분에 대하여 알지 못한다면 이 단락을 뛰어 넘어도 되겠다). 오차 제곱합 SSE가 β_0 와 β_1 의 함수이므로

$$\partial \text{SSE} / \partial \beta_0 = 0, \quad \partial \text{SSE} / \partial \beta_1 = 0$$

으로부터

$$n \cdot \beta_0 + \left(\sum_{i=1}^{n} x_i\right) \beta_1 = \sum_{i=1}^{n} y_i$$

$$\left(\sum_{i=1}^{n} x_i\right) \beta_0 + \left(\sum_{i=1}^{n} x_i^2\right) \beta_1 = \sum_{i=1}^{n} x_i y_i$$

가 유도된다.

이 선형연립방정식을 풀어 β_0 와 β_1 의 해로서

$$\widehat{\beta_1} = \sum_{i=1}^{n} (x_i - \overline{x})(y_i - \overline{y}) \Big/ \sum_{i=1}^{n} (x_i - \overline{x})^2, \quad \widehat{\beta_0} = \overline{y} - \widehat{\beta_1}\,\overline{x}$$

를 얻는다. 따라서 적합된 선형회귀식은

---

3) 최소제곱법이 나오기 전에 보스코비치(Boscovitch)에 의하여 생각되었던 최소화의 기준은

$$\sum_{i=1}^{n} | y_i - \beta_0 - \beta_1 x_i |$$

인데, 이것이 오차 제곱합 기준보다 더 직관적으로 타당하다고 하겠다. 그렇지만 독립변수의 수가 하나가 아니고 둘 이상인 경우에는 수학적 해를 얻기가 워낙 복잡하기 때문에 당시로서는 쉽게 풀 수 없었다. 요즘에는 컴퓨터를 써서 이 방법-최소절대편차법(least absolute deviations-에 의한 해를 구할 수 있다.

$$\hat{Y} = \hat{\beta}_0 + \hat{\beta}_1 X = \bar{y} + \hat{\beta}_1 (X - \bar{x})$$

이며 개별 Y 자료값 y_i가 선형회귀에 의하여

$$y_i = \hat{y_i} + e_i \quad (\text{단, } \hat{y_i} = \hat{\beta_0} + \hat{\beta_1} x_i, \ e_i = y_i - \hat{\beta_0} - \hat{\beta_1} x_i)$$

로 분해됨을 볼 수 있다. 이때 적합된 오차인 e_i를 잔차(residual)라고 하는데, 이것들을 제곱합으로 결합하여 오차항 ϵ의 분산인 σ^2을 추정하게 된다.[4)]

$$\hat{\sigma^2} = \sum_{i=1}^{n} e_i^2 / (n-2) = \sum_{i=1}^{n} (y_i - \hat{y_i})^2 / (n-2) \equiv s^2$$

2) 결정계수

선형회귀에서 적합모형의 설명력을 보기 위하여 결정계수라고 하는 R^2을 사용한다.

$$R^2 = 1 - \frac{\sum_{i=1}^{n} (y_i - \hat{y_i})^2}{\sum_{i=1}^{n} (y_i - \bar{y})^2}$$

이 정의의 근거는 다음과 같다. 단순선형회귀에서 오차 제곱합의 최소값은

$$\text{SSE}(\text{X}) = \sum_{i=1}^{n} (y_i - \hat{y}_i)^2 = \sum_{i=1}^{n} \left\{ (y_i - \bar{y}) - \hat{\beta}_1 (x_i - \bar{x}) \right\}^2$$

이지만, 반응 Y가 X에 전혀 의존하지 않는 경우 오차 제곱합의 최소값은

$$\text{SSE}(\phi) = \sum_{i=1}^{n} (y_i - \bar{y})^2$$

가 된다(왜냐하면 $\alpha^* = \bar{y}$가 $\sum_{i=1}^{n} (y_i - \alpha)^2$을 최소화시키기 때문이다). 따라서

$$\text{SSE}(\text{X}) / \text{SSE}(\phi) = 1 - R^2$$

이 회귀모형에 의해서도 설명되지 못한 오차 제곱합의 비율로 해석될 수 있다. 그러므로 R^2이 적합모형의 설명력을 재는 측도가 된다.

적합 회귀모형이 완벽하다면, 즉 $y_i = \hat{\beta}_0 - \hat{\beta}_1 x_i = \hat{y}_i$인 경우에는, SSE(X)가 0

4) 제곱합을 n이 아닌 n-2로 나누는 이유는 제곱합의 계산시 두 개의 파라미터가 최적적합되었기 때문이다.

이 될 것이므로 결정계수 R^2은 1이 된다. 그러나 독립변수 X가 적합모형에서 아무 역할을 하지 못하는 경우(즉 $\hat{\beta}_1 = 0$인 경우)에는 SSE(X) = SSE(ϕ)이므로 R^2이 0이 된다. 일반적으로 $0 \leq R^2 \leq 1$이다.

3) 회귀계수에 대한 가설검증

회귀계수 β_1에 대한 가설검증을 생각하기로 한다. 다음과 같이 영가설과 대안가설이 설정되었다고 하자.

$$H_0 : \beta_1 = 0, \quad H_1 : \beta_1 > 0$$

β_1에 대한 최소제곱추정치가

$$\begin{aligned}\widehat{\beta_1} &= \sum_{i=1}^{n}(x_i - \bar{x})(y_i - \bar{y}) \Big/ \sum_{i=1}^{n}(x_i - \bar{x})^2 \\ &= \sum_{i=1}^{n}(x_i - \bar{x})\, y_i \Big/ \sum_{i=1}^{n}(x_i - \bar{x})^2 = \sum_{i=1}^{n} c_i\, y_i, \\ &\qquad \left(\text{단, } c_i = (x_i - \bar{x}) \Big/ \sum_{i=1}^{n}(x_i - \bar{x})^2 \right)\end{aligned}$$

로 표현된다. 따라서

$$\mathrm{Var}\,\widehat{\beta_1} = \sum_{i=1}^{n} c_i^2\, \mathrm{Var}\, y_i = \sigma^2 \sum_{i=1}^{n} c_i^2 = \sigma^2 \Big/ \sum_{i=1}^{n}(x_i - \bar{x})^2$$

이다. 그러므로 영가설 H_0 하에서

$$t_0 = \frac{\widehat{\beta_1}}{\sqrt{\widehat{\sigma^2} \Big/ \sum_{i=1}^{n}(x_i - \bar{x})^2}} \qquad (2)$$

를 자유도 n-2인 t 분포에 견줄 수 있게 된다.

7.2 다중선형회귀

어떤 변수라도 다른 한 변수에 의하여만 영향을 받는 경우는 무척 드물다. 따라서 가급적 여러 변수를 끌어들이면 모형의 설명력이 좋아진다. <그림 2>의 관계는 한 종속변수 Y에 대하여 두 변수 X_1과 X_2가 독립변수인 경우이다.

변수 X_1, X_2와 Y 사이에서 가장 단순한 관계는 다음의 선형관계이다.

$$Y = \beta_0 + \beta_1 X_1 + \beta_2 X_2 + \epsilon \tag{3}$$

여기서 오차항 ϵ에 대하여는 $\epsilon \sim N(0, \sigma^2)$임을 가정한다.

〈그림 2〉 X1, X2와 Y의 관계에 관한 개념도

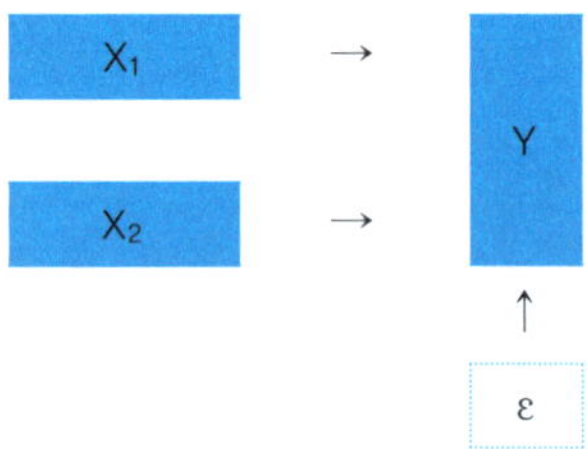

이런 통계모형을 다중선형회귀(multiple linear regression)라고 하는데, 그 일반형은 다음과 같다.

> 다중선형회귀모형 : $X_1, \cdots, X_p$를 Y에 대한 p개의 독립변수라고 할 때
> $$Y = \beta_0 + \beta_1 X_1 + \beta_2 X_2 + \cdots + \beta_p X_p + \epsilon, \quad \epsilon \sim N(0, \sigma^2)$$

다중선형회귀모형의 적합 역시 최소제곱법에 의한다. 즉 자료를

$$(x_{11}, \cdots, x_{1p}, y_1),\ \cdots,\ (x_{i1}, \cdots, x_{ip}, y_i),\ \cdots,\ (x_{n1}, \cdots, x_{np}, y_n)$$

으로 표기할 때 앞의 회귀모형을 각 관측에 대하여 표현하면

$$y_i = \beta_0 + \beta_1 x_{i1} + \cdots + \beta_p x_{ip} + \epsilon_i, \quad i = 1, \cdots, n$$

이므로 n개 오차의 크기를 줄여야 할 것이다.

> 최소제곱법(least squares method) :
> $$\min \sum_{i=1}^{n} (y_i - \beta_0 - \beta_1 x_{i1} - \cdots - \beta_p x_{ip})^2 !$$

분석 사례 – 대학생의 학업성취도 자료

다음 사례를 생각하여 보자. <표 3>은 미국 대학생 200명으로부터 측정된 세 점수 VERBAL, MATH, GPA 자료이다. 그 중 변수 VERBAL과 MATH는 각각 대입수학능력시험(scholastic aptitude test, SAT)의 언어영역점수와 수리영역점수이고 세 번째 변수 GPA는 대학에서 취득한 평균평점이다.

이 자료분석의 목적은 대학에서의 학업성취도에 수능시험의 어느 영역이 얼마만한 영향력을 갖는가를 보려는 것이다.

다중선형회귀에서는 우선적으로 각 변수 간 상관계수와 산점도를 볼 필요가 있다. <그림 3>을 보라. 선형회귀모형을 상정하는 데 무리가 없어 보인다. 따라서

$$\mathrm{GPA} = \beta_0 + \beta_1\,\mathrm{VERBAL} + \beta_2\,\mathrm{MATH} + \epsilon$$

을 GPA에 대한 통계적 모형으로 생각하기로 하자. 추정되는 모형에서는 회귀계수 β_1, β_2에 대해 다음과 같은 가설검증이 필요하다.

〈그림 3〉 언어영역점수, 수리영역점수, 대학평균평점 사이의 관계

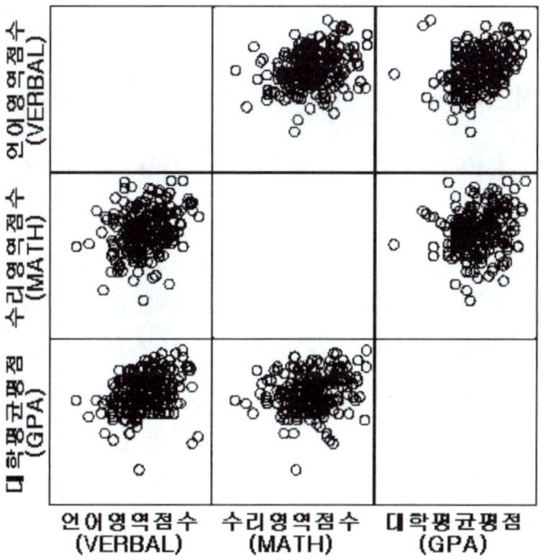

〈표 3〉 대학생의 학업성취도 자료(grades.sav)

번호	VERBAL	MATH	GPA	번호	VERBAL	MATH	GPA
1	623	509	2.6	19	577	635	2.0
2	454	471	2.3	20	487	584	2.3
3	643	700	2.4	21	682	629	3.3
4	585	719	3.0	22	565	624	2.8
5	719	710	3.1	23	552	665	1.7
6	693	643	2.9	24	567	724	2.4
7	571	665	3.1	25	745	746	3.4
8	646	719	3.3	26	610	653	2.8
9	613	693	2.3	27	493	605	2.4
10	655	701	3.3	28	571	566	1.9
11	662	614	2.6	29	682	724	2.5
12	585	557	3.3	30	600	677	2.3
13	580	611	2.0	31	740	729	3.4
14	648	701	3.0	32	593	611	2.8
15	405	611	1.9	33	488	683	1.9
16	506	681	2.7	34	526	777	3.0
17	669	653	2.0	35	630	605	3.7
18	558	500	3.3	36	586	653	2.3
… (중간 생략) …				… (중간 생략) …			
177	547	649	3.0	189	544	629	2.4
178	481	575	2.0	190	507	624	2.3
179	600	621	3.1	191	641	764	2.5
180	604	719	2.4	192	585	576	2.6
181	573	526	2.5	193	630	624	3.4
182	558	576	3.2	194	613	677	2.3
183	586	677	2.0	195	710	647	3.0
184	597	737	3.6	196	509	538	3.0
185	545	692	2.4	197	480	526	2.4
186	547	724	3.3	198	487	672	2.9
187	601	682	2.9	199	526	796	1.8
188	659	649	2.4	200	532	710	2.1

〈표 4〉 대학 학업성취도 자료의 선형회귀분석 결과

계수추정

	비표준화 계수		표준화 계수 베타	t	유의확률
	B	표준오차			
(상수)	0.6063	0.441		1.374	0.171
VERBAL	0.0023	0.001	0.291	4.178	0.000
MATH	0.0010	0.001	0.114	1.641	0.102

모형요약

R	R제곱	수정된 R제곱	추정값의 표준오차
0.341	0.116	0.107	0.548

분산분석

	제곱합	자유도	평균제곱	F	유의확률
선형회귀분석	7.778	2	3.889	12.932	0.000
잔차	59.242	197	0.301		
합계	67.020	199			

영가설 H_0 : VERVAL은 영향력이 없다 ($\beta_1 = 0$).
대안가설 H_1 : VERVAL은 양(+)의 영향력이 있다 ($\beta_1 > 0$).

영가설 H_0 : MATH는 영향력이 없다 ($\beta_2 = 0$).
대안가설 H_1 : MATH는 양(+)의 영향력이 있다 ($\beta_2 > 0$).

그 결과가 <표 4>에서 보듯이

$$\widehat{GPA} = 0.606 + 0.0023\,VERBAL + 0.0010\,MATH\ ,\ s^2 = (0.5484)^2$$

으로 나온다.

계수추정을 살펴보면, VERVAL의 회귀계수(비표준화 계수 B)는 0.0023으로 이 값이 0인가 아닌가에 대한 t 검증결과, t가 4.178, 유의확률 0.000으로 유의수준 5%에서 통계적으로 매우 유의하다. MATH의 회귀계수는 0.0010으로 계수가 0인가 아닌가에 대한 t 검증의 결과 t가 1.641, 단측검증 시 유의확률 0.051이므로 유의한 편이다(단측검증에서는 양측 유의확률 = 0.102의 절반을 유의확률로 사용한다).

GPA에 대한 VERVAL의 회귀계수 0.0023은 VERVAL이 한 단위 증가하면, GPA가 0.0023 단위 증가함을 의미한다. MATH의 회귀계수 0.0010은 MATH가 한 단위 증가하면 GPA는 0.0010 단위씩 증가함을 의미한다. 영향력에 있어 언어영역점수 VERBAL이 수리영역점수 MATH의 2.3배라고 할 수 있다.[5] 각각의 회귀계수가 0.001과 0.0023으로 매우 작으므로 0으로 간주하여 두 변수의 영향력이 없는 것으로 보일 수 있다. 그러나 SAT의 단위는 증분이 큰 반면에 GPA가 0~4의 좁은 범위로 놓여 있다. 따라서 큰 증분의 SAT가 작은 회귀계수와 곱해져서 GPA의 범위 안에 맞는 영향을 주는 것이다.

그러나 <u>모형요약</u>의 결정계수 R^2의 값이 11.6%에 불과하여 이 회귀모형의 설명력은 낮은 것으로 평가된다. 실망스럽게도, 왜 이렇게 결정계수가 낮을까? 그것은 종속변수에 영향을 줄 수 있는 설명요인들이 모형에 충분히 고려되지 못하였기 때문이다.

GPA 또는 더 일반적인 대학학업성취도에 대하여 생각하여 보자. 무엇이 GPA에 영향을 줄 수 있을까? 한 가지는 각 개인의 '학구적 능력'이다. 그러나 이것은 수학능력시험(SAT) 점수인 VERBAL과 MATH로 이미 앞의 모형에서 고려되었다. 이외의 또 한 요인은 '학업충실도'일 것이다. 다시 말하자면 얼마나 성실하게 공부하는가에 관한 것이다. 이것은 앞의 회귀모형에 포함되지 않았었다. 그러면 각 개인의 학업충실도를 어떻게 실제로 측정할 수 있겠는가?

한 방안을 제시하자면, 다음 다섯 문항의 응답 합계 INDEX(10점 만점)를 학업충실도에 대한 운영정의(operational definition)로 삼는 것이다(이에 대하여는 다른 의견이 있을 수 있다).

	아니다	보통이다	그렇다
A1. 학교 수업에 대해 예습을 하는 편인가?	0	1	2
A2. 학교 수업에 대해 복습을 하는 편인가?	0	1	2
A3. 수업 과제물을 스스로 하는 편인가?	0	1	2
A4. 학교 수업에 흥미를 느끼고 있는가?	0	1	2
A5. 강의 내용에 대한 토론에 스스로 참여하는 편인가?	0	1	2

5) 이와 같은 자료해석은 해당 독립변수들이 같은 성격의 척도를 갖는 경우에 한하여 가능하다. 만약 독립변수들이 각기 다른 단위를 갖는 경우에는 회귀계수들의 단위도 달라지므로 계수 값들의 단순비교는 아무 의미가 없다. 베타계수에 대하여는 다음 소절에서 설명한다.

학업충실도 200명에게서 지수 INDEX에 대한 응답을 얻어내서 다음과 같이 새 회귀모형을 적합시킨다면 모형의 설명력이 훨씬 좋아질 것이다.

$$\text{GPA} = \beta_0 + \beta_1\,\text{VERBAL} + \beta_2\,\text{MATH} + \beta_3\,\text{INDEX} + \epsilon$$

참고로 분산분석에서는 연구자가 세운 회귀모형의 유의성을 검증할 수 있다. 이 분산분석에서의 가설은 아래와 같다.

영가설 $H_0 : \beta_1, \beta_2, \beta_3$가 모두 0이다(회귀식이 유의하지 않다).

대안가설 $H_1 : \beta_1, \beta_2, \beta_3$ 중 적어도 하나의 회귀계수는 0이 아니다.

이를 검증하는 통계량인 F가 12.932, 유의확률 0.000로 유의수준 5%에서 영가설을 기각한다. 즉 연구자가 선정한 회귀식의 회귀계수가 모두 0이라는 가설을 기각하며 회귀식의 유의성을 확인할 수 있다. 회귀식의 구체적인 해석은 앞의 계수추정 부분에서 다루었다. 만약 분산분석의 결과에서 '회귀식이 유의하지 않다'라는 영가설을 기각할 수 없다면, 이는 연구자가 회귀모형을 잘못 세운 것을 의미하므로 모형을 재설정해야 한다.

통계이론 다중선형회귀모형에서 n개의 오차의 크기를 줄이는 아래의 최소제곱법(least squares method)이 목적식이 된다.

$$\min \sum_{i=1}^{n} (y_i - \beta_0 - \beta_1 x_{i1} - \cdots - \beta_p x_{ip})^2$$

목적식이 정하여졌으므로 $(p+1)$개 파라미터 $\beta_0, \beta_1, \cdots, \beta_p$의 함수인 그것을

$$\phi \equiv \sum_{i=1}^{n} (y_i - \beta_0 - \beta_1 x_{i1} - \cdots - \beta_p x_{ip})^2$$

이라 하고, 파라미터 각각으로 편미분하여 0으로 놓는다.

$$\partial\phi / \partial\beta_0 = \sum_{i=1}^{n} (y_i - \beta_0 - \beta_1 x_{i1} - \cdots - \beta_p x_{ip})(-2) = 0$$

$$\partial\phi / \partial\beta_1 = \sum_{i=1}^{n} (y_i - \beta_0 - \beta_1 x_{i1} - \cdots - \beta_p x_{ip})(-2\,x_{i1}) = 0$$

$$\vdots$$

$$\partial\phi / \partial\beta_p = \sum_{i=1}^{n} (y_i - \beta_0 - \beta_1 x_{i1} - \cdots - \beta_p x_{ip})(-2\,x_{ip}) = 0$$

따라서 선형연립방식 체계

$$
\begin{aligned}
&(\sum_{i=1}^{n} 1)\beta_0 + (\sum_{i=1}^{n} x_{i1})\beta_1 + \cdots + (\sum_{i=1}^{n} x_{ip})\beta_p = \sum_{i=1}^{n} y_i \\
&(\sum_{i=1}^{n} x_{i1})\beta_0 + (\sum_{i=1}^{n} x_{i1}^2)\beta_1 + \cdots + (\sum_{i=1}^{n} x_{i1} x_{ip})\beta_p = \sum_{i=1}^{n} x_{i1} y_i \\
&\quad \vdots \\
&(\sum_{i=1}^{n} x_{ip})\beta_0 + (\sum_{i=1}^{n} x_{ip} x_{i1})\beta_1 + \cdots + (\sum_{i=1}^{n} x_{ip}^2)\beta_p = \sum_{i=1}^{n} x_{ip} y_i
\end{aligned}
$$

가 만들어지고, 이것을 풀어 바로 최소제곱추정치 $\widehat{\beta}_0, \widehat{\beta}_1, \cdots, \widehat{\beta}_p$ 을 얻게 된다.

여기서는 세세한 내용을 생략하고, 몇 가지 중요한 사항을 정리해두기로 하겠다.

1) 적합값 (예측값) : $\widehat{y}_i = \widehat{\beta}_0 + \widehat{\beta}_1 x_{i1} + \cdots + \widehat{\beta}_p x_{ip}$

2) 오차분산 : $\hat{\sigma}^2 = \sum_{i=1}^{n} (y_i - \hat{y}_i)^2 / (n-p-1) = s^2$

3) 제곱합의 분할 :

$$\sum_{i=1}^{n} (y_i - \bar{y})^2 = \sum_{i=1}^{n} (y_i - \widehat{y}_i)^2 + \sum_{i=1}^{n} (\widehat{y}_i - \bar{y})^2$$

	전체 제곱합 TSS	오차 제곱합 SSE	회귀 제곱합 SSR
자유도 :	$n-1$	$n-p-1$	p

4) 결정계수 :

$$R^2 = 1 - \frac{\sum_{i=1}^{n} (y_i - \widehat{y}_i)^2}{\sum_{i=1}^{n} (y_i - \bar{y})^2}$$

5) 회귀계수 β_j 에 대한 검증 ($H_0 : \beta_j = 0$) :

$$t_0 = \widehat{\beta}_j / s.e.(\widehat{\beta}_j), \quad \text{d.f.} = n-p-1$$

(여기서 s.e.(·)는 표준오차(standard error, 통계량의 표준편차)를 뜻함)

분석 사례 – 맥박수 자료

이번에는 다중선형회귀의 또 하나의 적용 사례를 제시하도록 하겠다. <표 5>를 보라. 이 사례는 92명의 대학생의 맥박수에 관한 자료인데, 첫 번째 맥박수 PULSE1은 누구에게서나 같은 방식으로 측정했다. 그런데 두 번째 맥박수 PULSE2는 동전을 던져 윗면이 나온 학생들에게는 1분간 제자리 뛰기를 하게 한 뒤 측정했고, 아래면이 나온 학생들에게는 그냥 1분 후에 다시 측정했다. 변수 리스트는 다음과 같다.

자료열	변수명	내용 및 코드
C1	PULSE1	첫 번째 맥박수
C2	PULSE2	두 번째 맥박수
C3	RAN	1 = 제자리 뛰기, 2 = 쉬기
C4	SMOKES	1 = 흡연, 2 = 비흡연
C5	GENDER	1 = 남자, 2 = 여자
C6	HEIGHT	키(인치)
C7	WEIGHT	체중(파운드)
C8	ACTIVITY	평소 운동량, 1 = 적음, 2 = 보통, 3 = 많음

이 연구에서의 관심 변수가 PULSE1과 PULSE2의 차이로서 평소 운동량이 맥박수에 주는 영향을 보고자 하는 것이라고 하자. 그러면 두 변수에 대한 기술통계를 볼 필요가 있다. 그 결과 맥박수의 평균차이가 7.13임을 알 수 있게 된다.

	N	최소값	최대값	평균	표준편차
PULSE1	92	48	100	72.9	11.0
PULSE2	92	50	140	80.0	17.1

PULSE1과 PULSE2의 차이를 DIFF(= PULSE2 - PULSE1)로 정의하자. 무엇이 DIFF에 영향을 주고 있는가를 분석해보고자 하는 것이 바로 회귀분석이라고 할 수 있다. 한 요인은 RAN일 것이다. 그 이유는 어떤 사례에서는 1분 동안 뜀뛰기를 한 뒤 두 번째 맥박수가 측정되었고, 다른 사례에서는 가만히 있다가 맥박수가 재측정되었기 때문이다. 이와 유사한 요인들로 흡연 여부(SMOKES)와 성별(GENDER)을 모형에 포함할 수 있을 것이다.

〈표 5〉 맥박수 자료(pulse.sav)

원자료

번호	PULSE1	PULSE2	RAN	SMOKES	GENDER	HEIGHT	WEIGHT	ACTIVITY
1	64	88	1	2	1	66.00	140	2
2	58	70	1	2	1	72.00	145	2
3	62	76	1	1	1	73.50	160	3
4	66	78	1	1	1	73.00	190	1
5	64	80	1	2	1	69.00	155	2
6	74	84	1	2	1	73.00	165	1
7	84	84	1	2	1	72.00	150	3
… (중간 생략) …								
86	76	76	2	1	2	62.00	108	3
87	87	84	2	2	2	63.00	95	3
88	90	92	2	1	2	64.00	125	1
89	78	80	2	2	2	68.00	133	1
90	68	68	2	2	2	62.00	110	2
91	86	84	2	2	2	67.00	150	3
92	76	76	2	2	2	61.75	108	2

재코딩 자료

번호	PULSE1	PULSE2	RAN1	SMOKES1	GENDER1	HEIGHT	WEIGHT	ACTIV1
1	64	88	1	0	1	66.00	140	0
2	58	70	1	0	1	72.00	145	0
3	62	76	1	1	1	73.50	160	1
4	66	78	1	1	1	73.00	190	0
5	64	80	1	0	1	69.00	155	0
6	74	84	1	0	1	73.00	165	0
7	84	84	1	0	1	72.00	150	1
… (중간 생략) …								
86	76	76	0	1	0	62.00	108	1
87	87	84	0	0	0	63.00	95	1
88	90	92	0	1	0	64.00	125	0
89	78	80	0	0	0	68.00	133	0
90	68	68	0	0	0	62.00	110	0
91	86	84	0	0	0	67.00	150	1
92	76	76	0	0	0	61.75	108	0

이들 세 이산형 변수(RAN, SMOKES, GENDER)는 2개 수준을 갖는데 원래는 1과 2로 코딩되어 있다. 그러나 분석 결과를 쉽게 해석하기 위해서 원래의 코드 1과 2를 1과 0으로 재코딩해보자. 따라서 (코드 1은 그냥 두고) 코드 2를 0으로 바꾼 새로운 변수를 만든다. 즉

쉬기	: RAN	= 2	→	RAN1	= 0
비흡연	: SMOKES	= 2	→	SMOKES1	= 0
여자	: GENDER	= 2	→	GENDER1	= 0

그리고 맥박수가 비만도에 의해 영향받을 수 있을 것이므로 키(HEIGHT)와 체중(WEIGHT)을 모형에 추가시키기로 하자. 또한 연구목적과 직접 관련이 있는 평소 운동량(ACTIVITY)도 모형에 들어가야 된다. 변수 ACTIVITY는 1(적음), 2(보통), 3(많음)의 세 수준을 갖는다. 그러나 이때의 1, 2, 3은 연속척도라고는 할 수 없기 때문에 ACTIVITY를 1(많음)과 0(적거나 보통)의 두 수준으로 재구성하여 모형에 넣기로 하겠다 (즉 ACTIVITY = 1, 2 → ACTIV1 = 0, ACTIVITY = 3 → ACTIV1 = 1).

<표 5>에서 재코딩 자료는 위에서 이산형 변수의 수준을 바꾼 내용을 반영한 자료이다. RAN, SMOKES, GENDER, ACTIVITY 변수가 재코딩되어 각각 RAN1, SMOKES1, GENDER1, ACTIV1이라는 변수명으로 바뀌었고 수준의 숫자도 바뀌었다.

따라서 구축된 다중선형회귀모형은 최종적으로 다음과 같다.

$$\begin{aligned}\text{DIFF} &= \beta_0 + \beta_1 \text{RAN1} + \beta_2 \text{SMOKES1} + \beta_3 \text{GENDER1} \\ &\quad + \beta_4 \text{HEIGHT} + \beta_5 \text{WEIGHT} + \beta_6 \text{ACTIV1} + \epsilon\end{aligned}$$

<표 6>이 분석 결과이다. 앞의 선형회귀모형이

$$\begin{aligned}\widehat{\text{DIFF}} &= -2.1 + 19.6\,\text{RAN1} - 2.03\,\text{SMOKES1} - 4.23\,\text{GENDER1} \\ &\quad + 0.241\,\text{HEIGHT} - 0.0693\,\text{WEIGHT} - 6.71\,\text{ACTIV1}\end{aligned}$$

로 적합되었고 결정계수 R^2이 57.8%로 나왔음을 볼 수 있다. 각 회귀계수들에 대한 검증을 다음과 같이 두고 그 의미를 해석해보자. 각 변수의 회귀계수는 다른 변수들이 동일한 수준을 가질 때(다른 변수가 통제되었을 때), 해당 변수만의 순수한 영향력을 의미한다.

〈표 6〉 맥박수 자료의 다중선형회귀분석 결과

계수추정

	비표준화 계수		표준화 계수 베타	t	유의확률
	B	표준오차			
(상수)	-2.091	26.201		-0.080	0.937
RAN1	19.611	2.019	0.711	9.714	0.000
SMOKES1	-2.026	2.132	-0.070	-0.950	0.345
GENDER1	-4.225	3.003	-0.153	-1.407	0.163
HEIGHT	0.241	0.461	0.066	0.524	0.602
WEIGHT	-0.069	0.071	-0.122	-0.977	0.332
ACTIV1	-6.710	2.307	-0.210	-2.909	0.005

모형요약

R	R제곱	수정된 R제곱	추정값의 표준오차
0.761	0.578	0.549	9.050

분산분석

	제곱합	자유도	평균제곱	F	유의확률
선형회귀분석	9552.740	6	1592.123	19.439	0.000
잔차	6961.695	85	81.902		
합계	16514.435	91			

영가설 H_0 : X_j의 영향력이 없다 ($\beta_j = 0$).

대안가설 $H_{1양측}$: X_j의 영향력이 있다 ($\beta_j \neq 0$).

$H_{1단측}$: X_j는 양(+)의 영향력이 있다 ($\beta_j > 0$).

혹은 X_j는 음(-)의 영향력이 있다 ($\beta_j < 0$).

(j는 RAN1, SMOKES1, GENDER1, HEIGHT, WEIGHT, ACITV1 각각을 의미)

1) 제자리 뛰기를 한 사례(RAN1 = 1)의 경우 휴식을 취한 사례(RAN1 = 0)에 비하여 19.6만큼 더 큰 반응(맥박수)을 보였는데, 이 계수 추정치는 통계적으로 매우 유의하다 (t = 9.714, 유의확률 = 0.000 < 유의수준 0.05).
2) 흡연자(SMOKES1 = 1)가 비흡연자(SMOKES1 = 0)에 비해 2.03만큼 작은 반응을 보였지만, 이 추정치는 유의하지 않다 (양측 유의확률 = 0.345).

3) 남자(GENDER1 = 1)가 여자(GENDER1 = 0)에 비해 4.23만큼 작은 반응을 보였지만, 이 추정치 역시 통계적으로 유의하지 않다 (양측 유의확률 = 0.163).
4) 키(HEIGHT)와 체중(WEIGHT)은 같이 해석하는 것이 좋겠다. 즉

   0.241 HEIGHT - 0.069 WEIGHT = - 0.069 (WEIGHT - 3.49 HEIGHT)

   이므로 "WEIGHT - 3.49 HEIGHT"에 비만도라는 이름을 붙일 수 있겠다. 이 값이 클수록 비만하고 작을수록 그렇지 않다는 의미이다. 그렇게 볼 때 이 비만도에 붙는 계수가 -0.0693이고 양측 유의확률이 0.332이다. 따라서 역시 유의하지 않다.
5) 평소 운동량이 많은 사례(ACTIV1 = 1)는 그렇지 않은 사례(ACTIV1 = 0)에 비하여 6.71만큼 작은 반응(맥박수)을 보였고, 이 계수는 매우 유의하다 (t = -2.909, 단측 유의확률 = 0.0025 < 유의수준 0.05). 여기서는 상식적으로 양측가설보다 단측가설이 타당하므로). 따라서 결론적으로 평소 운동량 수준이 심폐기능에 영향을 주는 중요한 결정요인이라고 말할 수 있다.

마지막으로 <표 6>에 회귀계수와 나란히 나와 있는 표준화 계수인 베타계수(beta coefficients)에 대하여 설명하기로 한다. 앞서 이야기한 대로 회귀계수들의 크기는 일반적으로 비교 가능하지 않다. 회귀계수 간 단위가 서로 다를 수 있고 회귀계수의 척도가 해당 변수의 산포에 의하여도 영향을 받기 때문이다. 이를 극복하는 한 방법은 종속변수와 모든 독립변수들을 사전에 표준화(평균 0 · 표준편차 1로의 선형변환) 하는 것이다. 이렇게 정의한 회귀식에서의 회귀계수를 베타계수 $B_j\ (j = 1,\cdots,p)$라고 한다. 즉 회귀식을

$$\frac{\hat{y}-\bar{y}}{s_y} = B_1\frac{x_1-\bar{x}_1}{s_1} + \cdots + B_p\frac{x_p-\bar{x}_p}{s_p}$$

$$\Rightarrow \quad \hat{y} = \bar{y} + B_1\frac{s_y}{s_1}(x_1-\bar{x}_1) + \cdots + B_p\frac{s_y}{s_p}(x_p-\bar{x}_p)$$

로 쓸 수 있으므로, 베타계수 $B_1, \cdots, B_p$와 회귀계수 $\widehat{\beta}_1, \cdots, \widehat{\beta}_p$은 다음과 같은 관계에 있게 된다.

$$\widehat{\beta}_j = B_j\frac{s_y}{s_j}, \quad j = 1,\cdots,p, \text{ 즉 } \quad B_j = \widehat{\beta}_j\frac{s_j}{s_y}, \quad j = 1,\cdots,p$$

베타계수들은 단위 무관하므로, 그리고 표준화된 독립변수들의 단위 증가분에 대한 표준화된 종속변수의 단위 변화량을 의미하므로 독립변수들 간의 상대적 중요성을

보기 위한 도구로 흔히 사용된다. 표준화 베타계수의 절대값이 클수록 그 변수의 중요성이 높다. 이런 관점에서 앞의 선형회귀모형을 평가해보면 RAN1이 베타계수 0.71로 가장 중요한 독립변수이고, 그 다음이 베타계수 -0.21의 ACTIV1이다.

이상으로 선형회귀분석에 대하여 기초 강의를 하였다. 이 외에도 독립변수들의 선택 방법과 기준, 주경향으로부터의 특이점(outlier) 문제, 회귀선을 결정하는 데 지배적인 영향을 갖는 소수 관측점(influential observations)의 검출, 공분산분석모형(analysis of covariance model), 일반선형모형(general linear model) 등의 토픽들을 더 다룰 필요가 있으므로 다음 8장과 9장에 계속하기로 한다. 반응이 이항형인 경우(예컨대 Y가 0 또는 1의 값을 갖는 경우) 적용되는 로지스틱 회귀에 대하여는 10장에서 다루기로 한다.

7.3 SPSS 분석 절차

분석 사례 - 나무자료 분석

- 파일 열기로 자료 tree.sav를 SPSS 데이터 편집기에 넣는다. 아래와 같이 되었으면 옳게 된 것이다.

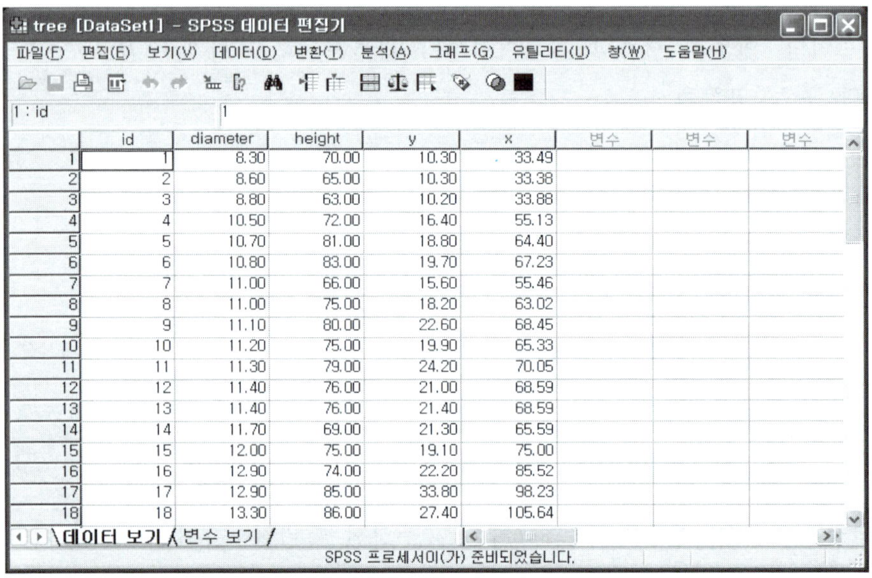

tree [DataSet1] - SPSS 데이터 편집기

	id	diameter	height	y	x
1	1	8.30	70.00	10.30	33.49
2	2	8.60	65.00	10.30	33.38
3	3	8.80	63.00	10.20	33.88
4	4	10.50	72.00	16.40	55.13
5	5	10.70	81.00	18.80	64.40
6	6	10.80	83.00	19.70	67.23
7	7	11.00	66.00	15.60	55.46
8	8	11.00	75.00	18.20	63.02
9	9	11.10	80.00	22.60	68.45
10	10	11.20	75.00	19.90	65.33
11	11	11.30	79.00	24.20	70.05
12	12	11.40	76.00	21.00	68.59
13	13	11.40	76.00	21.40	68.59
14	14	11.70	69.00	21.30	65.59
15	15	12.00	75.00	19.10	75.00
16	16	12.90	74.00	22.20	85.52
17	17	12.90	85.00	33.80	98.23
18	18	13.30	86.00	27.40	105.64

- 변수 y와 x의 관계를 산점도를 그려보자. SPSS 그래프(Graphs) 메뉴에서

  ▶ 산점도(Scatter/Dot...)

  에 들어가면 다음 대화상자가 나타난다. 단순(Simple Scatter)를 선택한다.

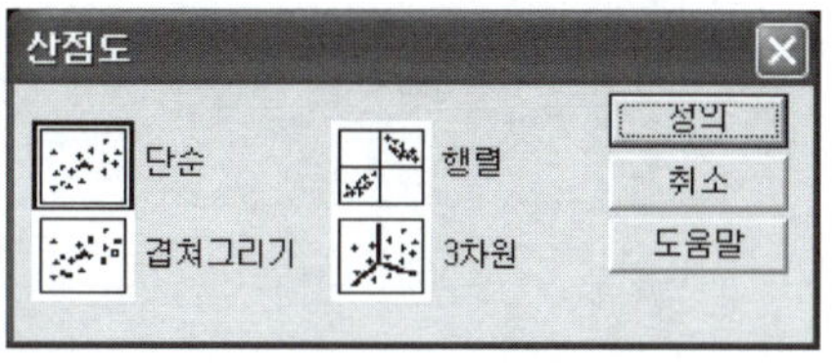

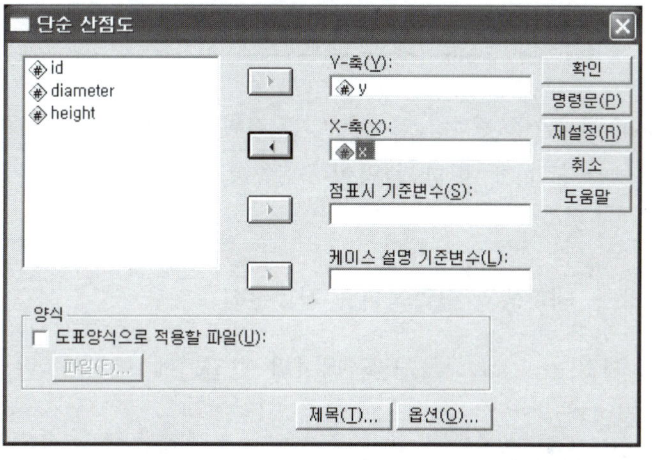

- X-축(X Axis)에 변수 x를 넣고 Y-축(Y Axis)에 변수 y를 넣는다. 그리고 확인(OK)을 누른다. 그 결과로 나온 것이 147쪽의 <그림 1>이다.

- 변수 y를 x에 회귀시켜 보자. SPSS 분석(Analyze) 메뉴에서

  회귀(Regression) ▶ 선형(Linear...)

  에 들어가면 다음 대화상자가 나타난다.

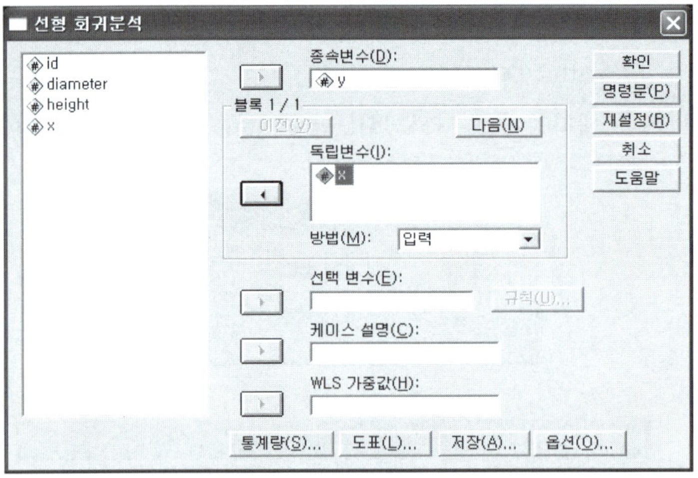

- 종속변수(Dependent)에 변수 y를 넣고, 독립변수(Independents)에 변수 x를 넣고 확인(OK)을 누른다. 이에 대한 출력이 148쪽의 <표 2>이다.

분석 사례 – 대학생의 학업성취도 자료분석

- 파일 열기로 자료 tree.sav를 SPSS 데이터 편집기에 넣는다. 아래와 같이 되었으면 옳게 된 것이다.

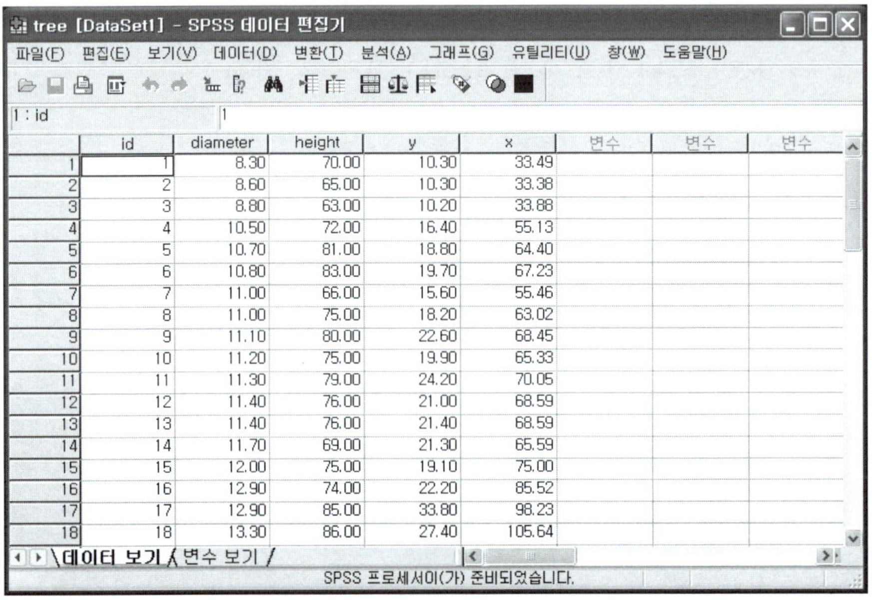

	id	diameter	height	y	x	변수	변수	변수
1	1	8.30	70.00	10.30	33.49			
2	2	8.60	65.00	10.30	33.38			
3	3	8.80	63.00	10.20	33.88			
4	4	10.50	72.00	16.40	55.13			
5	5	10.70	81.00	18.80	64.40			
6	6	10.80	83.00	19.70	67.23			
7	7	11.00	66.00	15.60	55.46			
8	8	11.00	75.00	18.20	63.02			
9	9	11.10	80.00	22.60	68.45			
10	10	11.20	75.00	19.90	65.33			
11	11	11.30	79.00	24.20	70.05			
12	12	11.40	76.00	21.00	68.59			
13	13	11.40	76.00	21.40	68.59			
14	14	11.70	69.00	21.30	65.59			
15	15	12.00	75.00	19.10	75.00			
16	16	12.90	74.00	22.20	85.52			
17	17	12.90	85.00	33.80	98.23			
18	18	13.30	86.00	27.40	105.64			

- 변수 y와 x의 관계를 산점도를 그려보자. SPSS 그래프(Graphs) 메뉴에서

  ▶ 산점도(Scatter/Dot...)

  에 들어가면 다음 대화상자가 나타난다. 행렬(Matrix Scatter)을 선택한다.

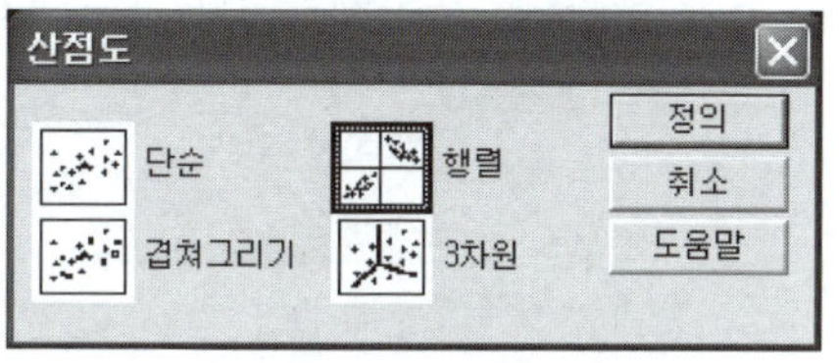

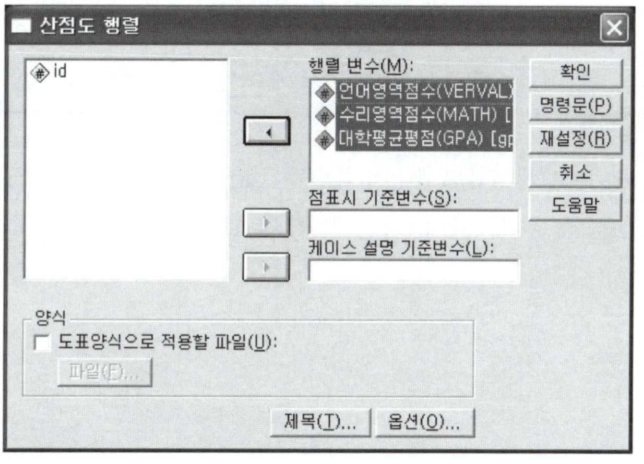

- 행렬변수(Matrix Variables)에 3개의 변수(VERBAL, MATH, GPA)를 넣고 확인(OK)을 누른다. 그 결과로 나온 것이 153쪽의 <그림 3>이다.

- GPA를 VERBAL과 MATH에 회귀시켜보자. SPSS 분석(Analyze) 메뉴에서

  회귀(Regression) ▶ 선형(Linear...)

  에 들어가면 선형회귀분석의 주 대화상자가 나타난다.

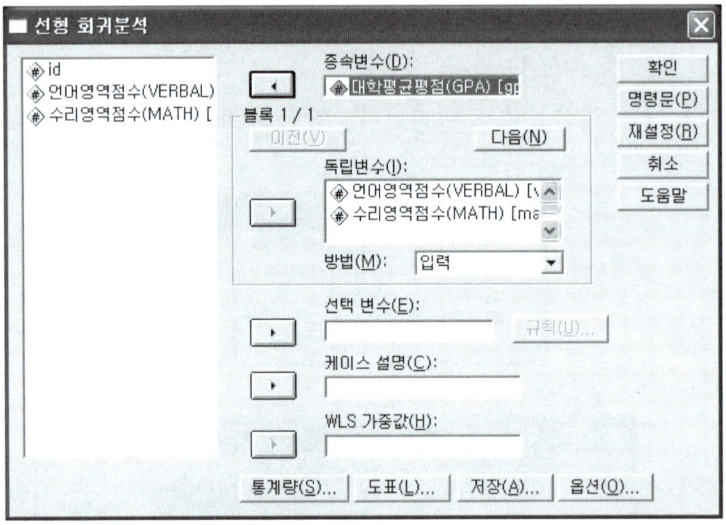

- 종속변수(Dependent)에 GPA를, 독립변수(Independents)에 VERBAL과 MATH를 넣고 확인(OK)을 누른다. 이에 대한 출력이 155쪽의 <표 4>이다.

◪ 연습문제

맥박수 자료(160쪽의 <표 5>, 자료 pulse.sav)에 대한 회귀분석을 해보라.

- 종속변수 DIFF
- 독립변수 RAN1, SMOKES1, GENDER1, HEIGHT, WEIGHT, ACTIV1

	id	pulse1	pulse2	ran	smokes	gender	height	weight
1	1	64	88	1	2	1	66	140
2	2	58	70	1	2	1	72	145
3	3	62	76	1	1	1	74	160
4	4	66	78	1	1	1	73	190
5	5	64	80	1	2	1	69	155
6	6	74	84	1	2	1	73	165
7	7	84	84	1	2	1	72	150
8	8	68	72	1	2	1	74	190
9	9	62	75	1	2	1	72	195
10	10	76	118	1	2	1	71	138
11	11	90	94	1	1	1	74	160
12	12	80	96	1	2	1	72	155
13	13	92	84	1	1	1	70	153
14	14	68	76	1	2	1	67	145
15	15	60	76	1	2	1	71	170
16	16	62	58	1	2	1	72	175
17	17	66	82	1	1	1	69	175
18	18	70	72	1	1	1	73	170

- 162쪽 <표 6>과 같이 출력 결과가 나오면 옳게 된 것이다.
- 이 회귀분석에서는 변수변환이 선행된다. 다음은 코딩변경을 통하여 새로운 변수를 만드는 과정을 보여준다. 우선 데이터 편집기 창에서 ran1, smokes1, gender1, activ1 등 4개 변수를 지우기 바란다.

□ SPSS 데이터 편집기 창의 데이터(Data) 메뉴에서

변수변환(Transform) ▶ 새로운 변수로 코딩변경(Recode into Different Variables)

에 들어간다. 그러면 코딩변경의 주 대화상자가 나타난다.

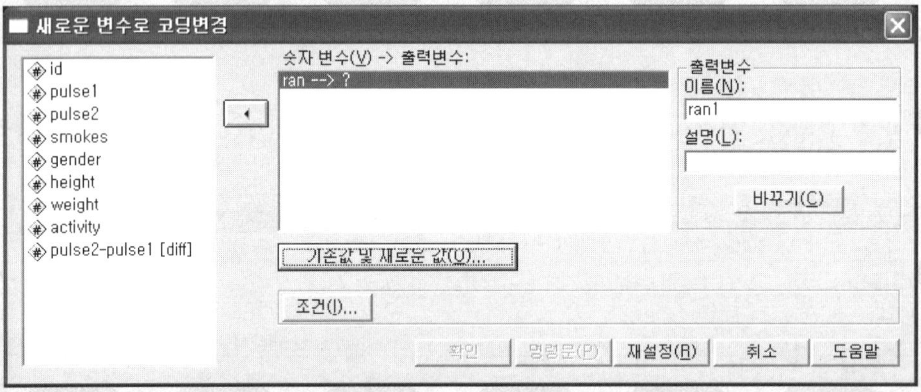

□ ran을 ran1으로 바꿔보자. 출력변수(Output Variable)에 ran1을 넣고 바꾸기(Change)를 한다. 그런 다음 기존값 및 새로운 값(Old and New Values) 선택막대를 누른다.

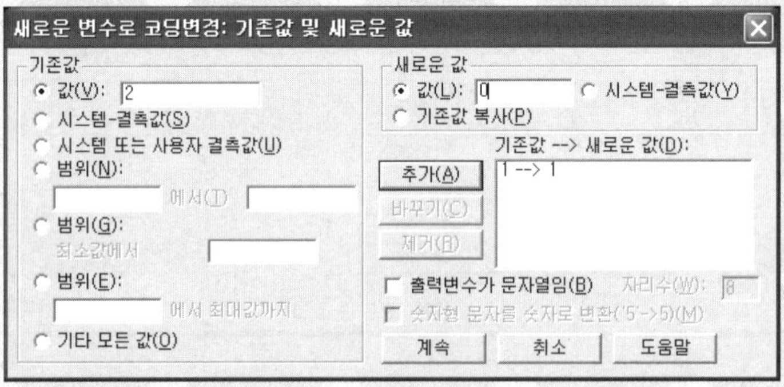

□ 기존값(Old Value) 1을 새로운 값(New Value) 1로, 기존값 2를 새로운 값 0으로 지정하고 추가(Add)한다. 계속(Continue)을 눌러 코딩변경의 주 대화상자로 돌아가 확인(OK)을 누른다. 이제 데이터 편집기 창에 가보면 ran1이라는 새로운 변수가 만들어져 있을 것이다. 이와 같은 방식으로 smokes1, gender1, activ1을 만들어보길 바란다.

8장 | 통계적 관계 II

회귀진단과 변수선택

- 회귀모형의 진단방법을 설명하고 변수선택 문제를 다룬다.
- 중심용어 : 모형진단, 특이점, 영향력, 다중공선성, 변수선택, 전진선택법, 후진제거법, 단계적 방법, 정보량기준

8.1 회귀진단이란?

8.2 잔차분석

8.3 영향력 분석

8.4 다중공선성

8.5 회귀진단 사례

8.6 변수선택 방법

8.7 모형선택의 기준

8.8 변수선택 사례

8.9 SPSS 분석절차

8.1 회귀진단이란?

회귀모형을 위시하여 모든 통계적 모형은 참과 거짓(true or false)의 둘 중 하나로 분류한다면 모두 거짓이다. 그러나 비록 거짓이라고 해도 참에 충분히 가까운 모형은 과학적 유용성을 갖는다. 이러한 공통철학에 따라 통계적 모형화에 관한 패러다임을 다음과 같이 구성할 수 있다.

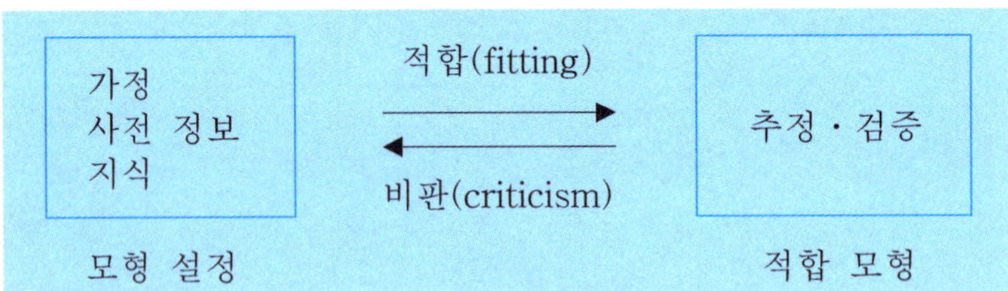

여기서 강조할 것은 설정된 모형은 맹목적 믿음의 대상이 아니라 통계적 추론을 가능하게 하기 위한 하나의 잠정적인 틀에 불과하므로, 적합된 모형의 타당성은 마땅히 비판되어져야 한다는 점이다. 통계적 모형화의 핵심은 개체(observations) 모두에 적용되는 공통규칙의 도출에 있으므로, 적합된 모형의 타당성을 검토하기 위하여는 개별 관측들이 도출된 규칙에 얼마나 부응하고 있는가를 보아야 한다. 따라서 모형비판은 모형적합이 개별 데이터를 종합화하는 과정인 데 반하여, 사례 각각을 떼어서 개별화하는 반대 방향의 분석과정이라고 하겠다.

앞의 패러다임 중에서 아래 화살표 부분, 즉 모형비판을 모형진단이라 하고, 모형이 회귀모형인 경우의 모형비판을 회귀진단(regression diagnostics)이라고 한다. 회귀진단은 구체적으로 잔차분석, 영향력 평가, 다중공선성 검토 등을 포함한다.

8.2 잔차분석

개체분석(case analysis)은 잔차들을 중심으로 진행된다. 왜냐하면 잔차들이 회귀모형을 이루는 여러 가정들의 타당성에 관한 많은 정보를 갖고 있기 때문이다. 다중선형회귀모형은

$$y_i = \beta_0 + \beta_1 x_{i1} + \cdots + \beta_p x_{ip} + \epsilon_i\ , \quad i = 1, \cdots, n \tag{1}$$

으로 표현된다. 여기서 오차항 ϵ_i는 평균이 0, 분산이 σ^2인 정규분포 $N(0, \sigma^2)$을 따른다고 가정된다. (1)을 벡터와 행렬로 표현하면 다음과도 같다.

$$\underset{n\times 1}{y} = \underset{n\times p'}{X}\ \underset{p'\times 1}{\beta} + \underset{n\times 1}{\epsilon}, \quad p' = p+1$$

모형 (1)에서 가정된 것을 구체적으로 나열하면 다음과 같다.

① 선형성(linearity): 종속변수의 기대값은 독립변수들의 선형결합으로 표현된다.
② 특이점의 부재(nonexistance): 개별 오차들은 평균이 0인 같은 분포를 따른다.
③ 등분산성(等分散性, equal variances): 개별 오차들의 분산은 모두 같다.
④ 독립성(independence): 개별 오차들은 확률적으로 독립이다.
⑤ 정규성(normality): 개별 오차들은 정규분포를 따른다.

잔차와 표준잔차

(1)의 모형을 최소제곱법으로 적합시키면 적합값과 잔차로 각각

$$\hat{y}_i = \hat{\beta}_0 + \hat{\beta}_1 x_{i1} + \cdots + \hat{\beta}_p x_{ip}$$

$$e_i = y_i - (\hat{\beta}_0 + \hat{\beta}_1 x_{i1} + \cdots + \hat{\beta}_p x_{ip})$$

를 얻는다. 그런데 이때 잔차 e_i의 기대값과 분산은 각각

$$E(e_i) = 0, \quad Var(e_i) = \sigma^2(1 - h_{ii})$$

로 주어진다(여기서 h_{ii}는 $n \times n$ 해트행렬 $H = X(X^t X)^{-1} X^t$의 대각요소이다). 즉 e_i의 기대값은 모두 0이나 분산은 $\sigma^2(1-h_{ii})$로 각각 다르다. 더욱이 잔차 e_i가 종속변수의 척도 및 산포에 의존하기 때문에 잔차의 여러 표준형을 고려하게 된다.

- 스튜던트화 잔차(Studentized residual)는 잔차 e_i를 그것의 표준오차로 나눈 것이다. 즉

$$r_i = \frac{e_i}{s\sqrt{1-h_{ii}}}$$

으로 정의된다(여기서 s^2은 σ^2의 비편향추정치임).

- 제외 스튜던트화 잔차(Deleted Studentized residual)는

$$t_i = \frac{e_i}{s_{(i)}\sqrt{1-h_{ii}}}$$

으로 정의된다. 여기서 $s_{(i)}^2$ 은 관측개체 i를 제외하고 구한 σ^2의 비편향추정치이다. 스튜던트화 잔차 t_i는 자유도 n-1-(p+1)인 t 분포를 따른다.

잔차의 활용

- 특이점 검출 : 특이점이 한 개만 존재하는 경우, 표준화 잔차들을 검토함으로써 특이점을 쉽게 검출할 수 있다. 일반적으로, 표준화 잔차의 절대값 크기가 2.5 내지 3 이상이면 일단 그러한 관측개체를 특이점으로 간주한다. 이때 제외 스튜던트화 잔차를 사용하는 것이 정확한 표집분포이론에 근거할 수 있다는 점에서 이점이 있으나 스튜던트화 잔차에 비하여 계산이 복잡하다는 점은 단점이다.

  특이점이 두 개 이상 존재하는 경우는 표준화 잔차의 절대값 크기에만 의존하는 방식으로는 특이점의 검출에 실패할 가능성이 있다. 이런 경우에 대비하여 다음 소절에서 다룰 잔차플롯을 활용하는 것이 바람직하다.

  특이점은 분석에서 제외되는 것이 보통이나 그렇다고 전적으로 무시되는 것은 옳지 않으며, 오히려 연구자는 특이점에 별도의 관심을 가져야 한다. 특이점은 단순한 관측상의 실수나 컴퓨터 입력에서의 실수 등으로 발생하기도 하나 중요한 과학적 정보를 갖고 있는 경우도 있기 때문이다.

- 오차항의 독립성 : 이 가정은 더빈-왓슨(Durbin-Watson, DW) 검증으로 검토된다. DW 통계량은

$$D = \sum_{i=1}^{n}(e_i - e_{i-1})^2 \,/\, \sum_{i=1}^{n} e_i^2$$

으로 정의되고, 시차 1의 자기상관(= ϵ_i와 ϵ_{i-1}과의 상관)을 r_1이라고 하면 대략

$$D \simeq 2(1-r_1)$$

의 관계에 있다. D가 2에 가까우면(즉 r_1이 0에 가까우면) 오차항들이 無자기상관

(no auto-correlation)임을 뜻하고, 0에 가까우면 인접 오차항들이 양적 자기상관 관계에 있음을, 4에 가까우면 음적 자기상관 관계에 있음을 뜻한다. 자기상관이 검출되는 경우에는 회귀모형에 시차변수(lagged variable)를 포함하는 등의 시계열적 분석을 고려하여야 한다. 그러나 시계열 자료(time-series data, longitudinal data)가 아닌 종단면 자료(cross-sectional data, 1개 시점에서의 관측자료)의 회귀분석에서는 대개 오차의 독립성을 우려할 필요가 없다.

플롯 기법

플롯 기법 중에서 대표적인 잔차플롯은 일종의 산점도(scatter plot)로서 수직축에 표준화 잔차(보통은 스튜던트화 잔차 r)를, 수평축에는 적합값 $\hat{y}$을 잡는다. 잔차플롯은 이분산성(異分散性, nonconstant variances) 및 비선형성(非線形性, nonlinearity)의 검출에 효과적이다. <그림 1>을 보라. 오차항이 등분산인 (a) 정상적인 경우, 잔차는 0을 중심으로 ±2 안에 랜덤하게 분포된다. (b) 이분산성인 경우에는 적합값 $\hat{y}$가 증가할수록 잔차도 같이 증가하는 경향을 보이고 있으며, (c)나 (d)의 경우 적합값과 잔차가 곡선의 관계를 갖는 비선형성을 보이고 있다.

이분산성에 대한 대책으로 가중최소제곱법(weighted least squares)의 활용이 있다. 그리고 비선형성이 인지된 경우에는 종속변수 y의 변환 혹은 다항회귀모형(polynomial regression model)을 고려할 수 있다.

잔차플롯 외에 편회귀플롯(partial regression plot, 편잔차플롯, partial residual plot)은 각 독립변수의 역할을 직접 보여주므로 회귀진단에 큰 도움을 주는 그래프이다. 이 그림은 수직축에 종속변수 y를 X_j가 제외된 다른 모든 독립변수들에 회귀시키고 남은 잔차를 잡고, 수평축에는 독립변수 X_j를 다른 모든 독립변수들에 회귀시키고 남은 잔차를 잡아 플롯한 것이다. 이 플롯에서 기울기는 바로 모형 (1)에서 β_j의 추정치와 일치한다.

편회귀플롯은 각 독립변수별로 작성되어 비선형성의 검출, 영향력이 큰 관측개체나 특이점의 존재가 시각적으로 인지될 수 있도록 도와준다.

잔차의 정규성을 검토하기 위하여는 정규확률플롯(normal probability plot)을 사용한다. 정규확률플롯이 정규성을 평가하는 한 방편이기는 하지만, 그다지 효과적이지는 않기 때문에 통상적 회귀분석에 있어서는 표준화 잔차를 이용한 특이점의 검출 정도로 정규성 문제를 검토하였다고 해도 무리가 아니다.

〈그림 1〉 여러 잔차플롯 (Cook and Weisberg, 1982, p.37)

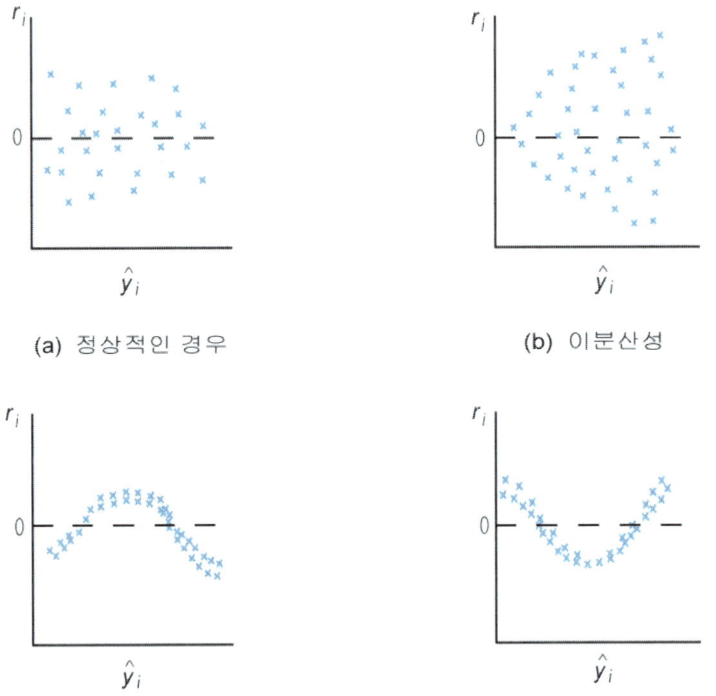

(a) 정상적인 경우

(b) 이분산성

(c) 비선형성

(d) 비선형성

변환

종속변수 y의 변환(transformation)이 요구되는 경우는 다음과 같다.

첫째, 종속변수의 확률분포를 정규분포에 가깝도록 하기 위하여, 혹은 등분산성의 가정을 충족시키기 위하여 변환을 실시한다. 예를 들면 0과 1 사이의 비율 데이터에 arcsin 변환을 취한다든지($y \rightarrow \sin^{-1}(\sqrt{y})$), 반응 y가 도수(count)인 경우 제곱근 변환을 취하는 경우이다 ($y \rightarrow \sqrt{y}$). 종속변수의 표준편차가 평균반응에 비례하여 증가하는 경우에는 로그변환을 실시한다.

둘째, 종속변수가 독립변수들의 비선형함수로 표현되는 경우 관계의 선형화를 위해 변환을 실시할 수 있다. 예컨대 $y \simeq a X_1^b X_2^c$ 의 관계가 있다면 로그변환을 취함으로써 $\log y \simeq a' + b\log(X_1) + c\log(X_2)$가 기대되므로 y 대신 $\log y$를 회귀식의 종속변수로 잡는 것이 좋다. 물론 독립변수도 같이 변환해야 한다.

변환의 종류는 매우 다양한데 다음의 박스-칵스(Box-Cox) 변환이 대표적이다.

$$y^{(p)} = \begin{cases} (y^p - 1)/p, & \text{if } p \neq 0 \\ \log y, & \text{if } p = 0 \end{cases}$$

이 변환군은 로그변환을 비롯하여($p = 0$), 제곱근변환($p = 1/2$), 세제곱근변환($p = 1/3$), 역수변환($p = -1$), 제곱변환($p = 2$) 등을 포괄한다.

8.3 영향력 분석

잔차분석이 적합된 회귀모형의 통계적 타당성에 관한 많은 것을 말해주지만, 적합모형의 안정성(stability)에 관하여는 별로 유효하지 못하다. 가령 어느 관측개체 하나가 데이터에서 빠짐에 따라 분석 결과의 주요 부분이 매우 달라진다면 바람직하지않게도 원래의 회귀분석은 그 관측개체에 크게 의존하게 된다. 이와 같이 문제 정립에서의 여러 양상의 변화가 회귀분석 결과에 어떠한, 그리고 어느 정도의 영향을 주는가를 검토·평가하는 작업을 영향력 분석(influence analysis)이라고 한다.

예를 들어 <그림 2>를 보면 오른쪽 위의 한 관측개체가 추정회귀계수(기울기)에 결정적인 역할을 하는 것을 알 수 있다. 이런 경우 회귀분석 결과와 추론은 그 개체의 타당성에 전적으로 달려 있다.

영향력 진단에 관한 체계적 설명을 위해서는 영향력함수(influence function)의 개념이 필요하나 여기서는 SPSS 패키지 프로그램에서 제공하는 영향력 진단기법들을 중점적으로 설명하도록 하겠다.

쿡(Cook)의 D 통계량 : 정의는 다음과 같다.

$$D_i = (\hat{\beta}_{(i)} - \hat{\beta})^t (X^t X)(\hat{\beta}_{(i)} - \hat{\beta}), \quad i = 1, \cdots, n$$

여기서 $\hat{\beta}_{(i)}$ 은 관측개체 i만을 제외한 나머지 데이터로 추정한 회귀계수벡터 $\beta = (\beta_0, \beta_1, \cdots, \beta_p)^t$ 의 최소제곱추정치이다.

〈그림 2〉 단순회귀 플롯(Cook and Weisberg, 1982, p.102)

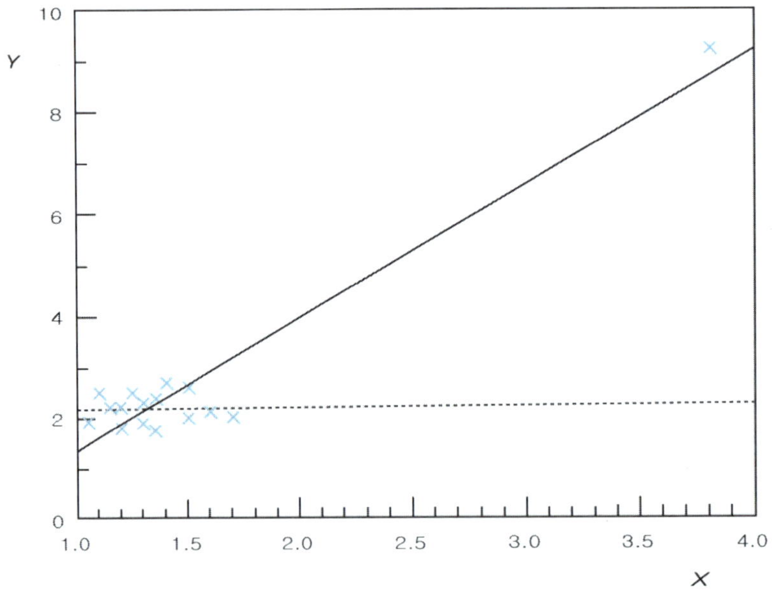

따라서 쿡(Cook)의 D 통계량은 관측개체 하나가 제외되었을 때 최소제곱추정치 $\hat{\beta}$의 변화를 표준화한 측도라고 할 수 있다. 얼마만큼 큰 값이 정말로 유의하게 큰가에 대하여는 절대적 기준이 없다. 따라서 상대적으로 두드러진 개체가 발견되는 경우 그 개체가 큰 영향력을 갖는다고 본다.

DFFIT : 적합값 $\hat{y_i}$의 변화를 표준화한 측도로서

$$DFFIT_i = \frac{\hat{y_i} - \widehat{y_{(i)}}}{s_{(i)}\sqrt{h_{ii}}}, \quad i = 1, \cdots, n$$

으로 정의된다. 여기서 $\hat{y}_{(i)}$은 관측개체 i만을 제외한 나머지 데이터로 추정한 적합값이다. DFFIT의 절대값이 유난히 큰 관측개체는 영향력이 큰 것으로 간주된다.

DFBETA : 독립변수 $X_j(j=1,\cdots,p)$에 대한 DFBETA의 정의는

$$\mathrm{DFBETA}_j = \frac{\hat{\beta}_j - \hat{\beta}_{j(i)}}{s_{(i)}\sqrt{c_{jj}}}, \quad j=1,\cdots,p$$

로서 여기서 c_{jj}는 $C=(X^t X)^{-1}$의 j+1번째 대각원소이다.

즉 DFBETA는 $\hat{\beta}_j$의 변화를 표준화한 측도이다. 이것의 절대값이 유난히 큰 개체는 영향력이 큰 것으로 간주된다.

〈그림 3〉 결합 영향력과 가면화·수렁 효과(Cook and Weisberg, 1982, p.135)

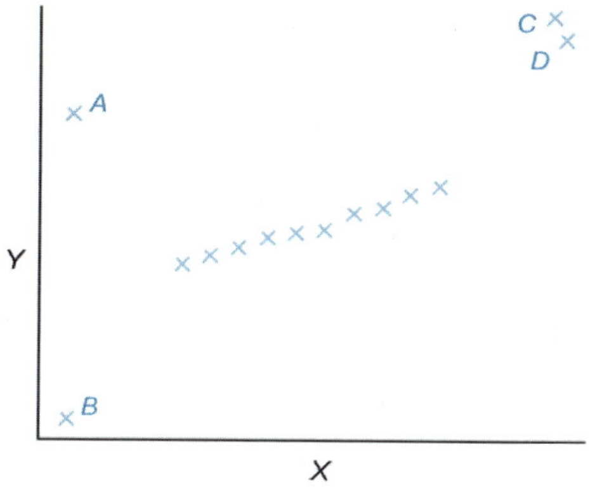

이상과 같은 회귀진단 통계를 검토하여 영향력이 큰 관측개체의 검출을 시도할 수 있다. 그러나 소위 가면화 효과(masking effect)라는 것이 있어서 두 개 이상의 관측개체들이 서로 결합하여 영향력을 행사하는 경우는 위의 통계량으로는 검출이 곤란할 수 있다는 점을 알아야 한다.

<그림 3>의 경우 개체 C나 D는 하나가 제거되는 경우의 영향은 작으나, 두 점 모두 제거되었을 때에는 회귀분석 결과에 매우 큰 영향을 미친다. 개체 A와 B의 경우는 반대의 경우이다(수렁효과, swamp effect). 이에 대한 대책으로 실용화된 마땅한 방법이 없기 때문에 독립변수들과 종속변수의 산점도 행렬 등의 그래프를 면밀히 관찰하는 것이 좋겠다.

8.4 다중공선성

다중공선성(多重共線性, multicollinearity)이란 독립변수들 사이의 완벽한 혹은 거의 완벽한 선형종속(linear dependency)의 관계를 말한다. 즉 실질적으로 어느 독립변수가 다른 독립변수들의 선형결합으로 표현되는 경우인데, 수식으로 표현하자면

$$a_0 + a_1 X_1 + a_2 X_2 + \cdots + a_p X_p \simeq 0$$

의 관계에 있을 때이다(여기서 $a_1, \cdots, a_p$ 중에서 적어도 하나는 0이 아님).

다시 말하자면 다중공선성이 있는 경우, 적어도 한 개의 독립변수는 다른 독립변수들로 나타내지므로 고유한 역할을 할 수 없다. 이런 경우에는 회귀계수의 수치해(數値解)가 매우 불안정하게 될 뿐만 아니라 통계적 측면에서도 어느 특정 모수의 추정오차를 지나치게 부풀리기 때문에, 회귀분석에 있어 다중공선성의 인지 및 해결은 중요한 비중을 차지한다.

상태지수

다중공선성의 문제가 내재하는지를 알고자 할 때에는 대칭행렬의 고유값-고유벡터 분해(eigenvalue-eigenvector decomposition)를 사용한다. 이때 두 가지 방식이 가능한데, 한 방식은 $X^t X$의 대각원소를 모두 1이 되도록 척도화한 $(p+1) \times (p+1)$ 정방행렬을 분해하는 것이고, 또 한 방식은 독립변수들의 상관행렬, 즉 $p \times p$ 정방행렬을 분해하는 것이다. 수치해석적 측면에서는 전자의 방식이, 통계적 관점에서는 후자의 방식이 더 적절한 것으로 생각된다.

어느 방식이든지 간에 다중공선성의 정도는

$$(\lambda_{\max} / \lambda_k)^{1/2}, \quad k = 1, \cdots, p, (p+1)$$

로 정의되는 상태지수(condition index)로 가름된다. 여기서 $\lambda_{\max}$와 λ_k는 각각 최대 고유값과 k번째 크기의 고유값을 말한다. 따라서 상태지수의 최대값은

$$(\lambda_{\max} / \lambda_{\min})^{1/2}$$

이 되는데, 이 값이 클수록 다중공선성의 정도가 심한 것을 뜻한다. 명확한 기준은 없으나 최대상태지수가 10을 넘으면 경계가 필요하다. 15 이상이면 다중공선성의 문제가 있는 것으로 봐야 하고 30 이상이면 문제가 심각하다고 진단된다.

분산팽창인수와 허용치

다중공선성이 각 회귀계수 추정치의 정밀도(精密度, precision)에 미치는 영향은 분산팽창인수(variance inflation factor)를 통해 알 수 있다. 회귀계수 $\hat{\beta}_j$의 분산을

$$\mathrm{Var}\,\hat{\beta}_j = \frac{\sigma^2}{SS_j} \cdot \mathrm{VIF}_j$$

로 표현 가능한데, SS_j는 독립변수 X_j의 수정제곱합$(=\sum_{i=1}^{n}(x_{ij}-\bar{x}_{.j})^2)$이고 VIF_j는

$$\mathrm{VIF_j} = \frac{1}{1-\mathrm{R_j^2}}$$

이다. 여기서 R_j^2는 독립변수 X_j를 나머지 독립변수(상수항 포함)에 회귀시켰을 때의 결정계수이다.

만약 이상적으로 독립변수 X_j가 나머지 독립변수들과 직교한다면(無상관관계에 있다면), R_j^2이 0이 되므로 VIF_j는 1이 된다. 따라서 VIF_j는 독립변수 X_j가 나머지 독립변수들에 의하여 어느 정도 결정됨으로써 결과되는 회귀계수 추정치의 분산팽창비(比)라고 할 수 있다. 이때 $1-R_j^2$을 허용값(tolerance)이라고 한다.

분산팽창인수 VIF는 허용값의 역수이기 때문에 허용값이 작은 경우(예컨대 0.1 이하인 경우), 다시 말하자면 분산팽창인수가 큰 경우(예컨대 10 이상인 경우), 해당하는 회귀계수의 추정이 다중공선성으로 인해 심한 피해를 입었음을 알게 된다.

이제까지는 다중공선성의 검출을 포함하여 수치적·통계적 문제를 알아보았는데, 이와 같은 다중공선성의 문제에 부딪혔을 때의 해결 방법은 무엇일까? 다음의 세 가지 대응 방법을 고려할 수 있을 것이다.

① 다중공선성에 가장 간여되는 독립변수를 회귀모형에서 제거한다. 이 방법은 변수 선택을 통해 다중공선성의 문제를 해결하는 것이다.

② 좀 더 넓은 독립변수들의 영역에 걸쳐서 추가적으로 자료수집을 실시한다. 이 경우는 연구의 시간 및 비용의 재투입이 요구된다.

③ 능선회귀(稜線回歸, ridge regression)나 주성분회귀(principal components regression) 등의 편향추정법(biased estimation)을 사용한다. 그러나 이런 방법의 활용에는 상당 수준의 전문성이 요구된다.

8.5 회귀진단 사례

분석 사례 - 화학 관련사 재무자료

<표 1>의 자료는 화학 관련사 30개 회사의 재무 상태에 관한 것이다. <그림 4>의 산점도 행렬을 보라.

변수 PE를 종속변수로 하고 DE, SALESGR5, NPM1, PAYOUTR1 등 4개 변수를 독립변수로 하는 선형회귀모형을 생각해보자. 즉

$$PE = \beta_0 + \beta_1 \, DE + \beta_2 \, SALESGR5 + \beta_3 \, NPM1 + \beta_4 \, PAYOUTR1 + \epsilon$$

<표 2>는 이에 대한 기본적인 분석 결과이다. 각 독립변수가 대체로 유의한 것을 볼 수 있어 다음과 같은 모형을 세울 수 있다.

$$\widehat{PE} = 1.277 - 3.161 \, DE + 0.195 \, SALESGR5 + 0.352 \, NPM1 + 10.749 \, PAYOUTR1$$

그러나 이 외에도 잔차, 영향력, 다중공선성 등을 검토해야 하므로 아직 결론을 내리기는 이르다.

〈그림 4〉 화학 관련 30개사의 재무 상태에 관한 산점도 행렬

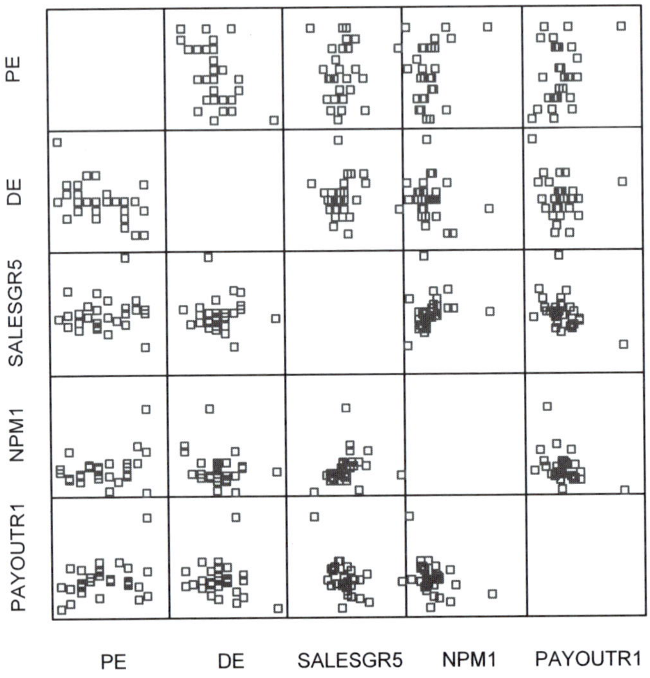

〈표 1〉 화학 관련사 재무자료(finance.sav)

ID	PE	ROR5	DE	SALESGR5	EPS5	NPM1	PAYOUTR1
DS	9	13.0	0.7	20.2	15.5	7.2	0.43
DC	8	13.0	0.7	17.2	12.7	7.3	0.38
SC	8	13.0	0.4	14.5	15.1	7.9	0.41
DP	9	12.2	0.2	12.9	11.1	5.4	0.57
UC	5	10.0	0.4	13.6	8.0	6.7	0.32
PN	6	9.8	0.5	12.1	14.5	3.8	0.51
GR	0	9.9	0.5	10.2	7.0	4.8	0.38
HR	9	10.3	0.3	11.4	8.7	4.5	0.48
MN	11	9.5	0.4	13.5	5.9	3.5	0.57
AC	9	9.9	0.4	12.1	4.2	4.6	0.49
CL	7	7.9	0.4	10.8	16.0	3.4	0.49
AC	7	7.3	0.6	15.4	4.9	5.1	0.27
RH	7	7.8	0.4	11.0	3.0	5.6	0.32
RC	10	6.5	0.4	18.7	-3.1	1.3	0.38
LB	13	24.9	0.0	16.2	16.9	12.5	0.32
NC	14	24.6	0.0	16.1	16.9	11.2	0.47
SC	5	14.9	1.1	13.7	48.9	5.8	0.10
CB	6	13.8	0.6	20.9	36.0	10.9	0.16
IM	10	13.5	0.5	14.3	16.0	8.4	0.40
DX	12	14.9	0.3	29.1	22.8	4.9	0.36
FM	14	15.4	0.3	15.2	15.1	21.9	0.23
AP	13	11.6	0.4	18.7	22.1	8.1	0.20
ML	12	14.2	0.2	16.7	18.7	8.2	0.37
TK	12	13.8	0.1	12.6	18.0	5.6	0.34
WC	7	12.0	0.5	15.0	14.9	3.6	0.36
ET	7	11.0	0.3	12.8	10.8	5.0	0.34
FR	6	13.8	0.2	14.9	9.6	4.4	0.31
LA	12	11.5	0.4	15.4	11.7	7.2	0.51
WL	9	6.4	0.7	16.1	-2.8	6.8	0.22
AK	14	3.8	0.6	6.8	-11.1	0.9	1.00

변수 설명 :

ID	company name
PE	price-to-earnings ratio, averaged over the last five years
ROR5	percent rate of return on total capital averaged over the last five years
DE	debt-to-equity ratio for the past year
SALESGR5	percent annual compound growth rate of sales computed from the most recent five years compared with the previous five years
EPS5	percent annual compound growth in earnings per share computed from the most recent five years compared with the previous five years
NPM1	percent net profit margin
PAYOUTR1	annual dividend divided by the latest 12-month earnigs per share

〈표 2〉 재무자료의 선형회귀분석

계수추정

	비표준화 계수		표준화 계수 베타	t	유의확률	VIF
	B	표준오차				
(상수)	1.277	2.872		0.445	0.660	
DE	-3.161	1.815	-0.255	-1.742	0.094	1.162
SALESGR5	0.195	0.106	0.282	1.842	0.077	1.267
NPM1	0.352	0.114	0.493	3.084	0.005	1.383
PAYOUTR1	10.749	2.943	0.627	3.653	0.001	1.594

모형요약

R	R제곱	수정된 R제곱	추정값의 표준오차	Durbin-Watson
0.733	0.538	0.464	2.049	1.343

다중공선성

분산팽창인자는 VIF로 각 회귀계수의 분산이 다중공선성으로부터 어느 정도의 영향을 받는가를 보면 각각 1.162, 1.267, 1.383, 1.594배에 불과하다. 따라서 각 회귀계수는 다중공선성으로부터 안전한 것으로 보인다.

오차항의 독립성

오차항의 독립성을 검증하는 Durbin-Watson 통계량(DW)은 모형요약에 제시되어 있다. DW가 0에 가까우면 오차항 간에 양의 자기 상관관계가 있고 2에 가까우면 오차항의 자기 상관이 없다. 이 사례는 시계열 자료가 아니므로 독립성 여부는 신경쓰지 않아도 되겠다.

잔차분석

<그림 5>는 예측값과 잔차의 플롯을 본 것이다. 스튜던트화 잔차가 -2~2.5 내에 분포하고 있어 특이값으로 판정할 만큼 뚜렷이 큰 잔차는 없다. 잔차의 산포를 보면, 잔차들이 0을 중심으로 랜덤하게 분포하여 특별히 이분산성이나 비선형성이 검출되고 있지 않다. 이러한 잔차플롯을 통해 특이값의 부재와 오차항의 등분산성을 확인하였다.

〈그림 5〉 잔차플롯

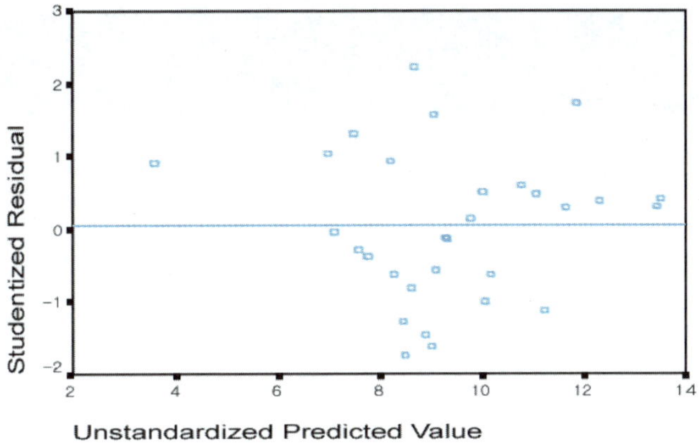

〈그림 6〉 영향력 평가 - Cook의 D통계량과 DFFIT

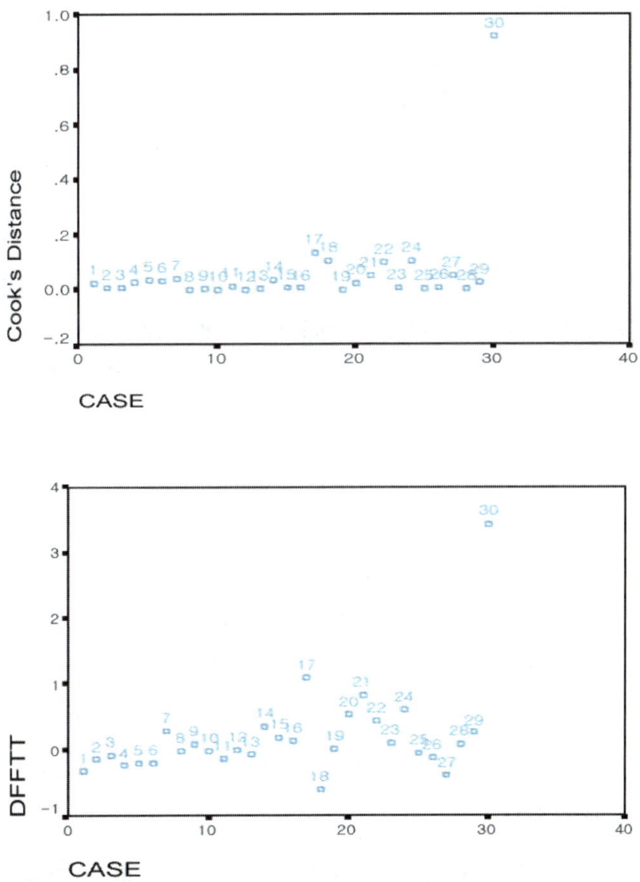

〈표 3〉 영향력 있는 개체 제거 후, 회귀모형

	비표준화 계수		표준화 계수 베타	t	유의확률	〈표 2〉의 B
	B	표준오차				
(상수)	3.739	3.068		1.219	0.235	1.277
DE	-4.614	1.914	-0.388	-2.411	0.024	-3.161
SALESGR5	0.209	0.102	0.294	2.055	0.051	0.195
NPM1	0.310	0.112	0.440	2.777	0.010	0.352
PAYOUTR1	5.676	3.974	0.247	1.428	0.166	10.749

영향력 분석

Cook의 D나 DFFIT의 분포를 보면 1개 관측점이 두드러지게 주된 관측점 군집으로부터 벗어나 있는 것을 볼 수 있다. 이 관측점을 추적해보면 그것이 번호 30(회사이름 AK)임을 알 수 있다. 1개 관측점으로부터 <표 2>의 기본적인 분석 결과가 매우 큰 영향을 받았으므로, 이 점을 제외한 나머지 29개 관측점으로 회귀모형을 재적합해볼 필요가 있다.

재적합 모형

다음은 영향이 있는 것으로 나타난 관측점 AK를 제외하고, 나머지 29개 관측점 자료에 회귀모형을 적합한 결과이다. 변수 DE의 계수도 상당히 달라졌으나(-3.16에서 -4.61로), 특히 변수 PAYOUTR1의 계수가 크게 달라졌음을 볼 수 있다(10.7에서 5.68로). 재적합 모형에 대한 회귀 진단은 독자가 직접 해보길 바란다.

8.6 변수선택 방법

회귀분석이란 7장에서 설명한 바와 같이 종속변수가 다른 몇몇의 독립변수로서 어떻게 설명 또는 예측되는지를 알아보는 통계적 방법이다. 일반적으로 어떤 연구에서건 관심 대상인 종속변수에 영향을 미치거나 원인이 될 만한 독립변수의 수는 가히 적지 않을 것이다. 가능한 모든 후보변수들을 독립변수로 취하는 경우 다음과 같은 단점들이 드러나게 된다.

① 자료를 계속 수집하고 관리하는 데 많은 노력과 경비가 필요하다.

② 독립변수 간에 다중공선성(multicollinearity)의 문제가 발생하여 모형의 추정을 더욱 곤란하게 할 가능성이 크다.

③ 회귀계수 추정에 있어 편향이 작지만 반대로 분산이 크므로 추정의 평균제곱오차 기준에 따라 최적이 아니기 쉽다.

따라서 변수선택을 통하여 후보변수들 중에서 종속변수의 변동을 가장 잘 설명할 수 있는 몇몇을 선택하여 새롭게 통계분석을 하게 된다.

종속변수 y를 설명하는 데 있어서 k개의 후보변수 중에서 p개를 선택하는 경우의 수(조합 수)는

$$\binom{k}{p} = \frac{k!}{p!(k-p)!}, \quad p = 1, \cdots, k$$

이다. 그리고 가능한 모든 변수선택 방법의 수는 2^k이다. 따라서 k의 값이 일정 값 이상 커지면 이런 경우 효율적인 변수선택이 필요하게 된다.

모든 가능한 회귀(all possible regressions)

가령 10(= k)개의 잠재적인 후보변수 $x_1, \cdots, x_{10}$ 중에서 $p\,(\leq k)$개의 변수를 선택하는 경우 회귀분석을 $2^{10}(=2^k)$번 해야 한다. 따라서 k가 작은 경우(예컨대 12 미만)에만 이 방법이 실용성을 갖는다. 계산은 복잡하지만 "가장 좋은" 축소모형을 찾을 수 있는 장점이 있다.

전진선택법(forward selection)

전진선택법(변수선택법)의 초기 모형은 상수항만을 포함한다. 그 상태에서 k개의 후보변수들 중 F(= t^2) 통계량의 값을 가장 크게 하는 변수 하나를 찾는다. 그 변수를 $x_{(1)}$이라고 하자. 독립변수 $x_{(1)}$의 기여에 대한 F 검증(t 검증)이 수준 α에서 유의하면 다음 단계로 넘어가고, 그렇지 않으면 상수항만의 회귀모형으로 귀착된다.

j번째($j \geq 2$) 단계에서는 이미 (j-1)개의 변수가 선택되어 회귀모형에 포함되어 있다. 그 변수들을 $x_{(1)}, \cdots, x_{(j-1)}$이라고 하자. 아직 선택되지 않은 변수들 중에서 부분 F 통계량(이하 설명 참조)의 값을 가장 크게 하는 변수 하나를 찾는다. 이 변수를 $x_{(j)}$라고 하자. $x_{(j)}$에 대한 편 F 검증(partial F test)이 수준 α에서 유의하면 또 하나의 변수를 추가 선택하기 위하여 다음 단계로 넘어가고, 그렇지 않으면 $x_{(j)}$를 버리고 $x_{(1)}, \cdots, x_{(j-1)}$를 최종 모형으로 확정한다.

편 F 검증 : 독립변수 x_{j^*}에 대한 편 F 통계량은

$$\partial F = \frac{SSR(x_{(1)}, \cdots, x_{(j-1)}, x_{j^*}) - SSR(x_{(1)}, \cdots, x_{(j-1)})}{MSE(x_{(1)}, \cdots, x_{(j-1)}, x_{j^*})}$$

로 정의된다. 여기서 SSR은 회귀제곱합이고 MSE는 오차평균제곱이다. 변수 x_{j^*}의 통계적 유의성을 평가하기 위하여 편 F를 자유도 $(1, n-j-1)$의 F 분포와 비교한다.

전진선택법은 최대로 $k+(k-1)+\cdots+1 = k(k+1)/2$ 개의 회귀분석을 하면 되므로 모든 가능한 회귀의 2^k개에 비교하면 작은 숫자이다. 이 방법은 직관적으로는 타당한 듯 보이는 이점(利點)이 있으나 각 단계마다 바로 한 치 앞에서의 “좋은” 변수를 선택하는 지나치게 “탐욕적”인 방법이다. 이런 단점에도 불구하고 변수선택법은 k가 아주 큰 경우, 특히 후보변수의 수 k가 자료 수 n 이상인 경우에도 사용할 수 있다는 장점을 갖는다.

후진제거법(backward elimination)

후진제거법(변수소거법)은 불필요한 변수를 제거시켜나가는 절차로서 초기 모형은 완전모형(full model)이다. 즉 첫 단계에는 모든 후보변수를 포함하는 회귀모형을 적합한 뒤 기여도가 가장 작은(편 F의 값이 가장 작은) 변수 하나를 찾는다. 그 변수를 $x_{(k)}$라고 하자. 만약 $x_{(k)}$에 대한 편 F 검증이 수준 α에서 유의하면 완전모형으로 귀착되고 그렇지 않으면 $x_{(k)}$를 제거하고 다음 단계로 넘어간다.

$j(\geq 2)$번째 단계에서는 이미 $j-1$개의 변수 $x_{(k)}, \cdots, x_{(k-j+2)}$가 제거되어 회귀모형에는 $k-j+1$개의 변수만 남아 있다. 남아 있는 변수들 중에서 편 F의 값이 가장 작은 변수 하나를 찾는다. 그 변수를 $x_{(k-j+1)}$이라고 하자. 만약 $x_{(k-j+1)}$에 대한 편 F 검증이 유의수준 α에서 유의하면 변수 $x_{(k)}, \cdots, x_{(k-j+2)}$가 제거된 축소모형으로 귀착되고, 그렇지 않으면 $x_{(k-j+1)}$을 추가로 제거하고 다음 단계로 넘어간다.

후진제거법은 중요한 변수를 모형에서 제외할 가능성이 없으므로 비교적 안전한 방법이다. 그러나 후보변수의 수 k가 자료 수 n 이상인 경우에는 사용할 수 없다. 따라서 k가 n에 비해 상당히 작은 경우에 적절한 방법이라고 하겠다.

단계적 방법(stepwise method)

이 방법은 전진선택법에 후진제거법의 요소를 가미한 방법이다. 초기 모형에는 상수항만으로 시작하되 모형에 들어오면서 F 통계량의 값을 가장 크게 하는 변수를 찾는다. 그 변수를 $x_{(1)}$이라고 하자. 이때 $x_{(1)}$에 관한 F 검증이 유의수준 α에서 유의하면 두 번째 단계로 넘어간다.

두 번째 단계에서는 이미 $x_{(1)}$이 회귀모형에 포함되어 있는데, 다른 하나를 추가하여 편 F의 값을 가장 크게 할 수 있는 한 개의 변수를 찾는다. 그 변수를 $x_{(2)}$라고 하자. 만약 $x_{(2)}$에 관한 편 F 검증이 수준 α에서 유의하면 그 변수를 회귀모형에 포함시키고 이미 선택되어 있던 $x_{(1)}$에 관한 편 F 검증을 한다. 만약 이 검증이 수준 α에서 유의하면 다음 단계로 넘어가고, 그렇지 않으면 $x_{(1)}$을 제거하고(즉 $x_{(2)}$만을 남기고) 다음 단계로 넘어간다. 한편 $x_{(2)}$에 관한 편 F 검증이 수준 α에서 유의하지 않으면 상수항과 $x_{(1)}$만의 모형으로 귀착된다.

다시 말하면, 단계적 방법은 중요한 변수를 하나씩 추가·선택하되 이미 모형에 들어간 변수들이 제거될 수 있는지를 단계별로 검토하는 방법이다. 이 방법은 전진선택법을 일부 향상시킨 방법이라고 할 수 있으므로 후보변수의 수 k가 자료 수 n 이상인 경우에도 효율적으로 쓸 수 있다.

8.7 모형선택의 기준

두 축소모형에 대한 선호의 기준을 열거하면 다음과 같다.

수정결정계수(adjusted coefficient of determination) $\bar{R}^2$

독립변수의 수가 같은 두 축소모형에 대하여는 선호의 기준으로 결정계수 R^2이 적절하지만, 독립변수의 수가 다른 두 축소모형에 대하여는 R^2이 적절한 모형 선호의 기준이 되지 못한다. 왜냐하면 독립변수의 수가 추가될 때마다 결정계수 R^2의 값이 증가하는 경향이 있기 때문이다. 실제로 완전모형은 다른 어느 축소모형보다 R^2 값이 크다. R^2의 이런 단점을 보강한 것이 수정결정계수이다.

수정결정계수($\bar{R}^2$)의 정의 :

$$\bar{R}^2 = 1 - \frac{SSE_p/(n-p-1)}{TSS/(n-1)} = 1 - \frac{MSE_p}{TSS/(n-1)}$$

여기서 p는 현재 고려 중인 독립변수의 개수이다 (상수항 제외).

(비교 : 결정계수의 정의는 $R^2 = 1 - \frac{SSE_p}{TSS}$ 이다.)

SSE_p, $MSE_p(= SSE_p/(n-p-1))$는 독립변수의 수가 p인 축소모형의 오차 제곱합 및 평균제곱오차를 말한다. 따라서 수정결정계수를 최대화한다는 것은 평균제곱오차 MSE_p를 최소화하는 것과 동등하다.

맬로우즈의 C_p 통계량

회귀모형에 대한 변수선택을 위하여 맬로우즈(C.L. Mallows)는 다음과 같은 Cp 통계량을 제시하였다.

C_p 통계량의 정의 : $C_p = \frac{SSE_p}{MSE_k} - n + 2(p+1)$

여기서 p는 현재 고려중인 독립변수의 개수이고(상수항 제외), MSE_k $(= SSE_k/(n-k-1))$는 완전모형(full model)에서의 평균제곱오차이다.

C_p를 Y축에, p를 X축에 잡고 플롯하여 $C_p \simeq p+1$인 제일 작은 p를 찾을 수 있을 때 이에 해당된 축소모형을 "가장 좋은" 회귀모형으로 판정하는 것이 C_p 기준이다. 완전모형에서는 $p=k$이고 $SSE_k / MSE_k = n-k-1$이므로 $C_k = k+1$이다.

아카이케의 정보량 기준(information criteria, AIC)

일본의 아카이케(H. Akaike)에 의하여 제안된 AIC 통계량은 종속변수 y의 참 분포와 회귀모형화된 y 분포 사이의 쿨백-라이블러(Kullback-Leibler) 거리에 대한 측도이다. 따라서 AIC의 값을 최소화하는 축소모형을 찾는 것이 아카이케의 정보량 기준이다.

AIC의 정의 : $AIC = (-2)\log_e(\text{maximum likelihood}) + 2(p+1)$

$$= n\log_e(SSE_p/n) + 2(p+1)$$

여기서 p는 현재 고려 중인 독립변수의 개수이다 (상수항 제외).

실제 자료의 회귀분석에서 변수선택을 할 때 이상의 모형선택 기준은 하나의 참고 정보로 사용할 수 있는 것일 뿐 절대적인 판단 기준인 것은 아니다. 이상의 기준에 따라 적절한 것으로 판단되는 2~3개 모형을 선발하되 영향력 분석, 다중공선성, 자료 해석상의 실제적인 의미 등을 고려하여 한 모형을 최종 선택하는 것이 좋겠다.

8.8 변수선택 사례

분석 사례 – 화학 관련사 재무자료

앞의 5절 사례에서 원래는 6개 독립변수가 있으므로 이들로부터 가능한 대로 많은 모형을 적합해보고 좋은 모형을 골라보기로 한다. 참고로 변수의 선택 시 진입과 제거의 기준은 일반적인 유의수준 5%보다 완화된 기준을 적용하는 것이 좋다. 그 이유는 유의한 변수인가를 판단하는 기준을 유의수준 5%로 두었을 경우, 많은 변수들이 모형에 포함되지 않거나 쉽게 제거되어 다양한 모형을 검토할 수 없기 때문이다. 변수선택 기준의 F-확률을 진입은 0.15, 제거는 0.20로 하면 무난하다.

〈표 4〉 단계적 방법(전진선택법)의 결과

계수추정

모형		비표준화 계수		표준화 계수	t	유의확률
		B	표준오차	베타		
1	(상수)	11.809	0.973		12.138	0.000
	DE	-5.861	2.060	-0.474	-2.845	0.008
2	(상수)	9.859	1.557		6.332	0.000
	DE	-5.339	2.034	-0.431	-2.624	0.014
	PAYOUTR1	4.445	2.817	0.259	1.578	0.126
3	(상수)	5.081	2.086		2.436	0.022
	DE	-3.443	1.889	-0.278	-1.822	0.080
	PAYOUTR1	8.610	2.826	0.502	3.047	0.005
	NPM1	0.361	0.119	0.506	3.028	0.006
4	(상수)	1.277	2.872		0.445	0.660
	DE	-3.161	1.815	-0.255	-1.742	0.094
	PAYOUTR1	10.749	2.943	0.627	3.653	0.001
	NPM1	0.352	0.114	0.493	3.084	0.005
	SALESGR5	0.195	0.106	0.282	1.842	0.077

모형요약

모형	R	R제곱	수정된 R제곱	추정값의 표준오차
1	0.474	0.224	0.197	2.508
2	0.538	0.290	0.237	2.444
3	0.689	0.475	0.414	2.141
4	0.733	0.538	0.464	2.049

<표 4>는 단계적 방법(전진선택법)의 결과이다. 1단계에서 DE가 모형에 들어온 뒤, 2단계에서 PAYOUTR1, 3단계에서 NPM1, 4단계에서 SALESGR5의 순서로 모형에 진입하였음을 볼 수 있다. 나머지 2개 변수(ROR5 및 EPS5)는 모형에 들어오지 못하였다. 이 예에서 각 단계에서 모형에 들어온 변수가 다음 단계에서 제거되지 않았기 때문에 단계적 방법과 전진선택법의 결과는 동일하다.

〈표 5〉 후진제거법의 결과

계수추정

모형		비표준화 계수		표준화 계수	t	유의확률
		B	표준오차	베타		
1	(상수)	1.241	3.211	-	0.387	0.703
	ROR5	0.041	0.169	0.066	0.244	0.810
	DE	-2.551	2.465	-0.206	-1.035	0.312
	SALESGR5	0.203	0.113	0.294	1.789	0.087
	EPS5	-0.036	0.059	-0.145	-0.615	0.544
	NPM1	0.350	0.138	0.489	2.530	0.019
	PAYOUTR1	9.862	3.340	0.576	2.953	0.007
2	(상수)	1.523	2.936	-	0.519	0.609
	DE	-2.930	1.876	-0.237	-1.562	0.131
	SALESGR5	0.208	0.109	0.301	1.904	0.069
	EPS5	-0.027	0.044	-0.108	-0.613	0.546
	NPM1	0.366	0.118	0.513	3.107	0.005
	PAYOUTR1	10.032	3.201	0.585	3.134	0.005
3	(상수)	1.277	2.872	-	0.445	0.660
	DE	-3.161	1.815	-0.255	-1.742	0.094
	SALESGR5	0.195	0.106	0.282	1.842	0.077
	NPM1	0.352	0.114	0.493	3.084	0.005
	PAYOUTR1	10.749	2.943	0.627	3.653	0.001

모형요약

모형	R	R제곱	수정된 R제곱	추정값의 표준오차
1	0.739	0.546	0.427	2.117
2	0.738	0.545	0.450	2.075
3	0.733	0.538	0.464	2.049

<표 4>의 모형요약에는 각 단계별 회귀모형의 수정된 R제곱을 확인할 수 있다. 모형에 독립변수가 추가될수록 수정된 R^2도 증가하는 것을 알 수 있다. 그러나 독

립변수가 증가할수록 R^2이 커지는 단점을 보강한 것이므로, 보통의 R^2보다는 수정된 R^2이 다소 작다.

후진제거법의 적용에서는 독립변수로 DE, SALESGR5, NPM1, PAYOUTR1 외에 ROR5와 EPS5를 추가해보았다. 그 결과가 <표 5>인데, 단계 1에서는 모든 변수가 모형에 있었고 제거변수로 ROR5가 선정되어 단계 2부터는 이 변수가 더 이상 나타나지 않는다. 그리고 단계 2에서 EPS5가 제거변수로 선정되어 단계 3부터는 더 이상 나타나지 않는다. 단계 3에서 더 이상 제거할 변수를 찾지 못함으로써 최종적으로 단계적 방법에서와 같이 4개 독립변수 DE, SALESGR5, NPM1, PAYOUTR1이 선형회귀모형에 선택되는 결과가 되었다.

8.9 SPSS 분석 절차

분석 사례 – 화학 관련사 재무자료 분석: 회귀진단

자료 : finance.sav

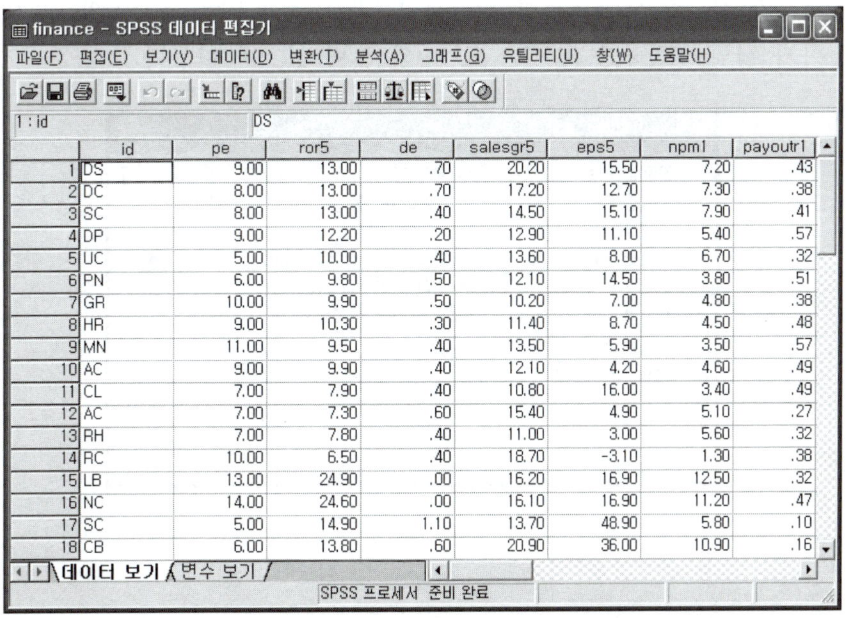

	id	pe	ror5	de	salesgr5	eps5	npm1	payoutr1
1	DS	9.00	13.00	.70	20.20	15.50	7.20	.43
2	DC	8.00	13.00	.70	17.20	12.70	7.30	.38
3	SC	8.00	13.00	.40	14.50	15.10	7.90	.41
4	DP	9.00	12.20	.20	12.90	11.10	5.40	.57
5	UC	5.00	10.00	.40	13.60	8.00	6.70	.32
6	PN	6.00	9.80	.50	12.10	14.50	3.80	.51
7	GR	10.00	9.90	.50	10.20	7.00	4.80	.38
8	HR	9.00	10.30	.30	11.40	8.70	4.50	.48
9	MN	11.00	9.50	.40	13.50	5.90	3.50	.57
10	AC	9.00	9.90	.40	12.10	4.20	4.60	.49
11	CL	7.00	7.90	.40	10.80	16.00	3.40	.49
12	AC	7.00	7.30	.60	15.40	4.90	5.10	.27
13	RH	7.00	7.80	.40	11.00	3.00	5.60	.32
14	RC	10.00	6.50	.40	18.70	-3.10	1.30	.38
15	LB	13.00	24.90	.00	16.20	16.90	12.50	.32
16	NC	14.00	24.60	.00	16.10	16.90	11.20	.47
17	SC	5.00	14.90	1.10	13.70	48.90	5.80	.10
18	CB	6.00	13.80	.60	20.90	36.00	10.90	.16

- 선형회귀분석(Linear Regression)의 주 대화상자에서 pe를 종속변수(Dependent)로, de, salesgr5, npm1, payoutr1 4개 변수를 독립변수(Independents)로 지정한다.

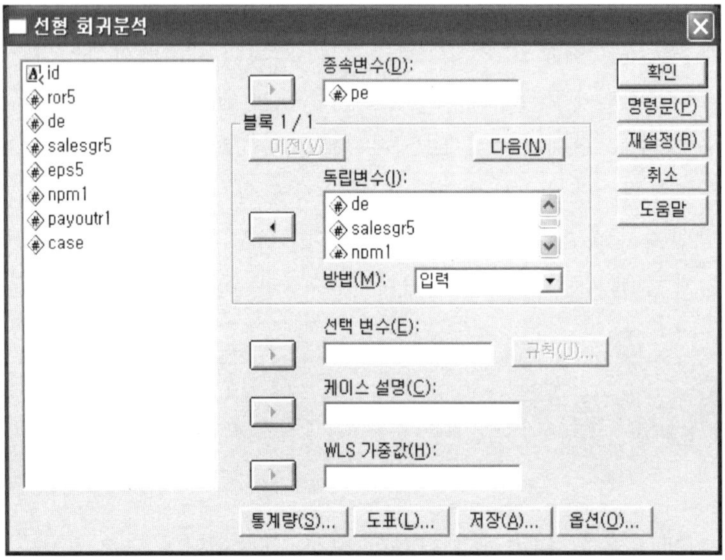

- 통계량(Statistics)의 대화상자에게 들어가 추정값(Estimates), 모형적합(Model fit), Durbin-Watson 등을 체크하고 선형회귀분석(Linear Regression)의 주 대화상자에 돌아가 확인(OK)하면 184쪽 <표 2>의 출력 결과가 나온다.

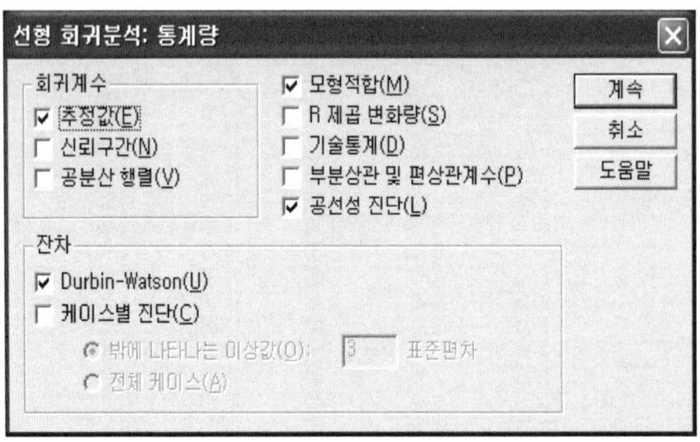

- 저장(Save) 대화상자에 들어가 표준화하지 않은 예측값(Predicted Values, Unstandardized), Cook의 거리(Cook's Distances), 스튜던트화 잔차(Studentized Residuals), DFFIT 등을 저장한다. 이들 변수들은 데이터 편집기에 남게 된다.

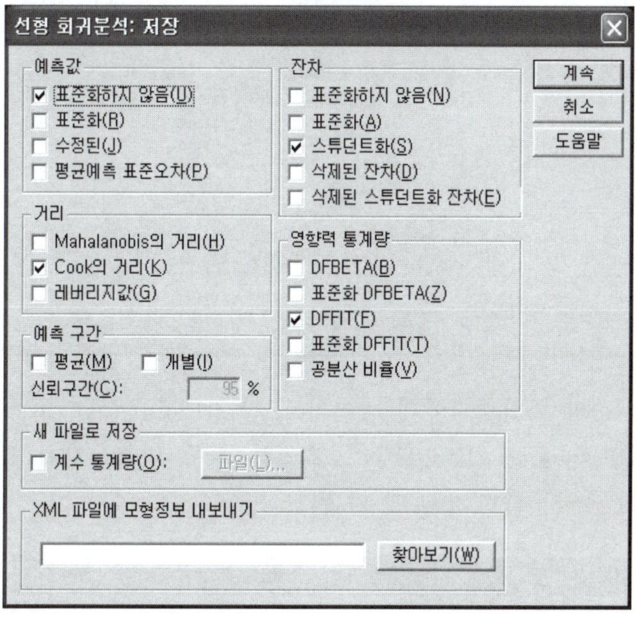

- 185쪽의 <그림 5>와 <그림 6>은 이들 변수들을 가지고 SPSS 그래프(Graphs)에서 산점도(Scatter...), 순차도표(Sequence Charts) 등을 활용하여 만든 것이다.

분석 사례 – 화학 관련사 재무자료 분석 : 변수선택

- 자료 : finance.sav
- 선형회귀분석(Linear Regression)의 주 대화상자에서 pe를 종속변수(Dependent)로, de, salesgr5, npm1, payoutr1 등 4개 변수를 독립변수(Independents)로 지정한다. 방법(Method)은 단계선택(Forward)으로 놓는다.

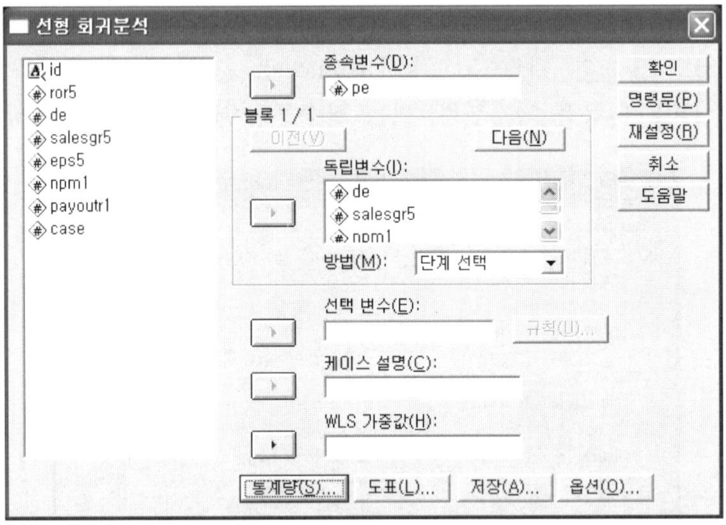

- 통계량(Statistics)의 대화상자에게 들어가 추정값(Estimates), 모형적합(Model fit), R제곱 변화량(R squared change)등을 체크하고 주 대화상자에 돌아가 확인(OK)하면 191쪽 <표 4>의 출력 결과가 나온다.

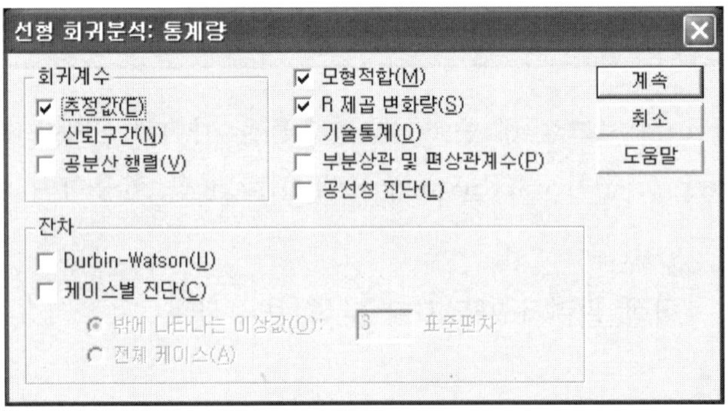

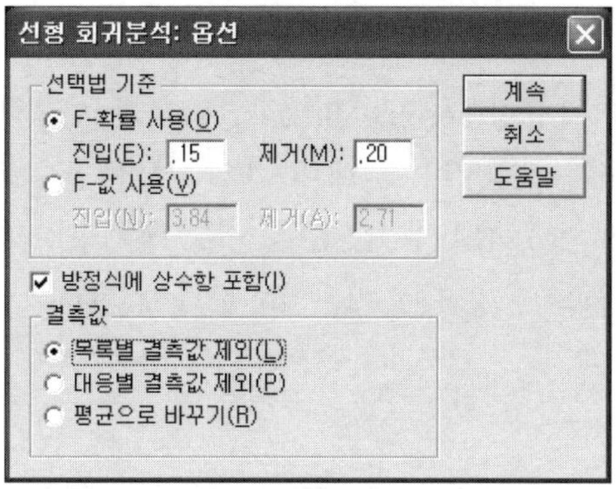

- 이어서, 선형회귀분석(Linear Regression)의 주 대화상자에서 pe를 종속변수(Dependent)로, ror5, de, salesgr5, eps5, npm1, payoutr1 등 6개 변수를 독립변수(Independents)로 지정한다. 방법(Method)은 후진(Backward)으로 놓는다. 확인(OK)하면 192쪽 <표 5>의 출력 결과가 나온다.

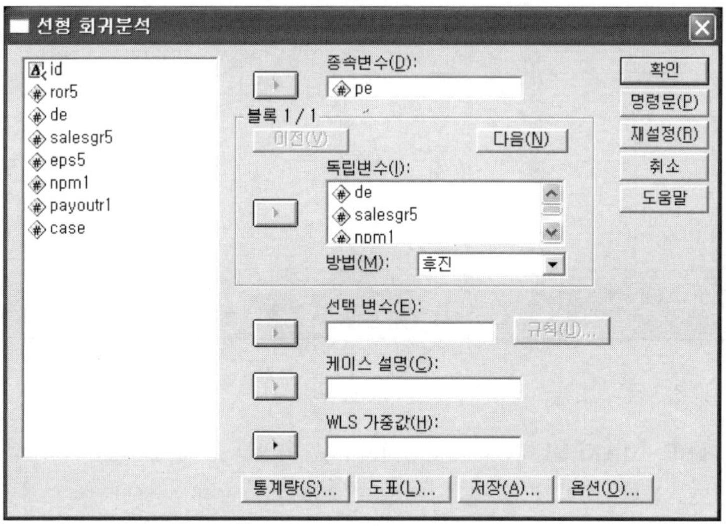

SPSS 연습문제

다음 자료는 에어로빅 적합성(aerobic fitness)에 관한 연구에서 나온 것으로 종속변수는 산소 섭취율을 뜻하는 OXY이고, 이에 대한 설명 변수로 AGE(나이), WEIGHT(체중), RUNTIME(주행속도), RSTPULSE(휴식중 맥박수), RUNPULSE(주행중 맥박수), MAXPULSE(최대맥박수) 등을 고려할 수 있다고 한다.

자료 : aerobic.sav

aerobic - SPSS 데이터 편집기

	ID	AGE	WEIGHT	OXY	RUNTIME	RSTPULSE	RUNPULSE	MAXPULSE
1	1	44	89.47	44.61	11.37	62	178	182
2	2	40	75.07	45.31	10.07	62	185	185
3	3	44	85.84	54.30	8.65	45	156	168
4	4	42	68.15	59.57	8.17	40	166	172
5	5	38	89.02	49.87	9.22	55	178	180
6	6	47	77.45	44.81	11.63	58	176	176
7	7	40	75.98	45.68	11.95	70	176	180
8	8	43	81.19	49.09	10.85	64	162	170
9	9	44	81.42	39.44	13.08	63	174	176
10	10	38	81.87	60.06	8.63	48	170	186
11	11	44	73.03	50.54	10.13	45	168	168
12	12	45	87.66	37.39	14.03	56	186	192
13	13	45	66.45	44.75	11.12	51	176	176
14	14	47	79.15	47.27	10.60	47	162	164
15	15	54	83.12	51.86	10.33	50	166	170
16	16	49	81.42	49.16	8.95	44	180	185
17	17	51	69.63	40.84	10.95	57	168	172
18	18	51	77.91	46.67	10.00	48	162	168

1. 다중공선성 검토를 포함 회귀진단을 해보라.

   - RUNPULSE, MAXPULSE에 대한 VIF가 8 이상으로 큰 편이다. 두 변수 간 상관이 0.93 정도로 높다. 따라서 두 변수 모두 필요하지는 않다고 판단된다.
   - 표준화 잔차를 살펴보면 절대값이 2.5를 넘어가는 관측은 발견되지 않는다. 특이점이 없다고 볼 수 있다. Cook의 거리도 특별히 큰 것은 없다.

2. 후진제거법으로 설명변수 중 필요 없는 것으로 없애보라(α = 10%와 5%에서).

   - 유의수준 10%에서는 AGE, RUNTIME, RUNPULSE, MAXPULSE가 모형에 남는다.
   - 유의수준 5%에서는 AGE, RUNTIME, RUNPULSE가 모형에 남는다.

9장 | 통계적 관계 III

일반선형모형

- 일반선형모형(general linear model)은 각종 분산분석과 선형회귀는 물론 공분산분석모형을 포함하며 복잡한 자료의 선형분석에 효과적이다.
- 중심용어 : 공분산분석, 공변량

Statistical Methods

9.1 공분산분석

4장과 5장에서 다룬 분산분석은 비교실험자료의 분석에만 유용한 것은 아니다. 마찬가지로 7장과 8장에서 다룬 선형회귀분석이 꼭 관측자료에만 응용되는 것은 아니다. 순수한 관측자료에 분산분석모형이 적용될 수 있을뿐더러, 실험자료분석에 분산분석모형 외에 선형회귀모형이 일부 혼합되어 적용될 수 있다. 이 장에서는 주로 관측자료의 선형적 통계모형분석에 대하여 설명하고자 한다.

본 장의 기본은 분산분석에 있다. 즉 이산형인 독립변수의 각 수준별로 종속변수의 평균차이가 있는가, 혹은 종속변수에 대한 독립변수의 영향력을 살피는 것이다(가령, 3개 회사 월급여의 차이). 그런데 종속변수에 영향을 주는 요인은 단 하나가 아니라 여러 가지 요인이 있을 수 있다. 따라서 연구에 따라서는 현재 고려 중인 독립변수 외에 제3의 변수를 고려할 수도 있다. 만약 이 변수가 이산형인 경우에는 다요인 분산분석을 실시한다(5장 참조). 그러나 추가적으로 고려하는 독립변수가 연속형인 경우에는 이 변수를 공변량으로 두어 공분산분석을 실시하게 된다. 공변량은 독립변수 외에 종속변수에 영향을 주는 변수를 의미하며, 연속형 변수이다. 공변량을 사용하면 처음에 고려했던 독립변수의 순수한 효과를 얻을 수 있다는 것과 공변량의 영향력을 평가할 수 있다는 장점이 있다.

SPSS 분석 사례 - 3개 회사의 월급여 비교

자료 예를 보도록 하자. 3개 큰 회사의 월급여 수준을 비교해보자는 것인데 자료는 <표 1>에 있다. 우선 각 회사의 급여수준의 평균을 보면 <표 2>와 같다.

〈표 1〉 3개 회사의 월급여 비교(salary_1.sav)

회사	근무년수	교육년수	월급여(만원)	회사	근무년수	교육년수	월급여(만원)
1	4	12	220	3	8	11	220
1	1	9	215	3	3	16	234
1	6	13	221	3	2	14	228
1	9	10	222	3	6	12	225
1	0	16	235	3	8	14	238
1	7	11	225	3	8	11	233
1	0	13	213	3	10	14	237
1	10	12	238	3	3	12	226
1	7	11	216	3	7	14	237
1	3	12	228	3	4	10	218
1	2	11	215	3	5	11	225
1	2	11	214	3	6	13	233
1	21	13	238	3	7	13	240
1	1	10	220	3	8	11	223
1	2	11	219	3	7	14	233
2	3	10	232	3	4	10	228
2	20	13	232	3	5	12	213
2	2	11	222	3	5	14	247
2	0	9	214				
2	9	13	224				
2	3	15	215				
2	0	15	242				
2	5	11	225				
2	9	15	238				
2	2	10	223				
2	14	10	228				
2	3	14	226				
2	2	13	214				
2	4	12	223				
2	15	14	232				
2	4	11	206				
2	0	11	210				

〈표 2〉 회사 간 월급여의 차이

회사	관측 수	평균	표준편차	F	유의확률
회사1	15	222.6	8.53	3.186	0.050
회사2	17	223.9	9.81		
회사3	18	229.9	8.57		

평균을 보면 회사 3이 회사 1과 회사 2에 비하여 급여의 평균수준이 높아 보인다. 그러나 그렇다고 결론짓는 것은 적어도 두 가지 이유에서 성급한 일이다.

첫째, 자료크기의 문제이다. 회사 1에서 불과 15명, 회사 2에서 17명, 회사 3에서 18명의 사례에 관한 자료이기 때문에 통계적 유의성이 검토되어야 한다. 이에 대하여는 4장에서 다룬 1원 분산분석모형으로 검토한 결과 F = 3.186, 유의확률 0.05로 유의수준 5%에서 유의하였다.

둘째, 더 중요한 것은 이 자료가 실험자료가 아니고 관측자료(observed data)라는 것이다. 때문에 소속회사 외 근로자들의 근무년수, 교육년수 등 급여에 영향을 줄 수 있는 부수적 요인에서의 차이가 자료에 체계적으로 남아 있을 가능성이 있다는 점이다. 그래서 사실을 확인해보았더니 다음과 같았다.

	회사 1	회사 2	회사 3	
평균 근무년수	5.0	5.6	5.9	(년)
평균 교육년수	11.7	12.2	12.6	(년)

즉 회사 3은 회사 1과 회사 2에 비하여 종업원들의 근무년수와 교육년수가 평균적으로 약간 높다. 그러므로 회사 3의 평균급여가 높은 이유가 일부 설명된다.

그러나 세 회사 간 평균급여의 차이가 근무년수와 교육년수의 차이로 완전히 설명되는지, 다시 말하여 근무년수와 교육년수를 고려하면 회사 간 평균급여 차이가 없는지는 아직 확실하지 않다. 따라서 월급여(변수명 : Salary)에 대하여 회사(Company), 근무년수(Years)와 교육년수(Educ)를 요인으로 하는 통계적 모형이 필요하다. 즉

$$\text{salary} = f(\text{company, years, educ}) + \epsilon \tag{1}$$

과 같이 월급여가 회사, 근무년수, 교육년수의 함수로 이루어져 있는 모형을 생각해볼 수 있다. (1)을 선형모형으로 표현한 공분산분석모형이나 이를 확장한 일반선형모형에 관한 설명은 204~205쪽의 통계이론을 참조하기 바란다.

〈표 3〉 3개 회사의 월급여 비교 분석

분산분석표

요인	제III유형 제곱합	자유도	평균제곱	F	유의확률
YEARS	510.350	1	510.350	10.110	0.0027
EDUC	854.191	1	854.191	16.921	0.0002
COMPANY	250.628	2	125.314	2.482	0.0949
오차	2271.636	45	50.481		
수정 합계	4323.220	49			

모수추정

모수	B	표준오차	t	유의확률
절편	195.618	7.482	26.144	0.0000
YEARS	0.702	0.221	3.180	0.0027
EDUC	2.400	0.583	4.114	0.0002
[COMPANY = 1]	-4.531	2.541	-1.784	0.0812
[COMPANY = 2]	-4.885	2.413	-2.024	0.0489
[COMPANY = 3]	0.000	-	-	-

<표 3>의 분산분석표에서 Company의 F값은 2.48로 주목할 만큼 유의하지 않다(유의확률 0.095). 이 결과는 <표 2>에서 회사 간의 월급여의 차이가 있다는 결과와는 다르다. 즉 회사만을 독립변수로 고려했을 때는 회사 간 차이가 유의한 것으로 나타났지만, 월급에 영향을 주는 제3의 변수로 근무년수(Years)와 교육년수(Educ)를 공변량으로 보정하면 Company(회사) 간 차이는 그다지 유의하지 않음을 의미한다.

회사 간 단순평균차이와 모형에 의해 추정된 차이는 각각 다음과 같다.

	단순평균 차이	모형 추정치
회사 1 - 회사 3 :	-7.3	-4.53 (p값 0.081)
회사 2 - 회사 3 :	-6.0	-4.89 (p값 0.049)

여기서 단순평균차이는 <표 2>에서 회사 간 월급의 차이를 구한 것이며, 모형 추정치는 <표 3>의 모수추정에서 보는 것은 회사 3을 기준으로 두었을 때 가변수인 회사 1(Company = 1)과 회사 2(Company = 2)의 모형계수이다. 단순 차이에 비하여 모형 추정치가 약간 작음을 볼 수 있다. 그만큼 부수요인의 차이에 의하여 회사 간의 월급여의 차이가 보정된 것이다. 회사 1과 회사 3은 그 차이가 유의하지 않다는 것과, 반면 회사 2와 회사 3 사이의 차이가 수준 5%에서 가까스로 유의함을 알 수 있다.

공변량으로 고려된 근무년수와 교육년수는 모형에서 추가적인 정보를 제공해주고 있다. 근무년수(Years)는 계수 0.70을 갖고 교육년수(Educ)는 계수 2.40을 갖는 것으로 추정되었다(<표 3>의 하단부). 이것은 근무년수 1년 증가에 0.70(만원)씩 급여가 증가하고 교육년수 1년 증가에 2.40(만원)씩 급여가 증가하는 경향이 있음을 말한다. 분산분석표의 유의확률을 보면 근무년수의 유의확률은 0.0027, 교육년수의 유의확률은 0.0002로 근무년수와 교육년수는 유의수준 5%에서 모두 통계적으로 유의하다.

통계이론 앞서 1절에서 월급여(변수명 : Salary)에 대하여 회사(Company), 근무년수(Years)와 교육년수(Educ)를 요인으로 하는 통계적 모형을 다음과 같이 세웠다.

$$\text{salary} = f(\text{company, years, educ}) + \epsilon \tag{1}$$

오차항 ϵ에 대하여는 평균이 0이고 분산이 σ^2인 정규분포를 가정한다. 그런데 여기서 주의해서 봐야 할 부분은 변수 'company'는 질적(범주형) 요인인 반면, 'years'와 'educ'은 양적(연속형) 요인이라는 점이다. 따라서 모형 (1)의 선형적 형태는 다음과 같이 정리된다.

$$salary_{ij} = \mu + \alpha_i + \gamma_1\, years_{ij} + \gamma_2\, educ_{ij} + \epsilon_{ij},\ (i = 1,2,3\,;j = 1,\cdots,n_i) \tag{2}$$

여기서 i는 회사를 나타내는 첨자이고 j는 회사내 종업원을 나타내는 첨자이며, n_i는 회사 i에서 관측된 자료 수이다.

모형 (2)의 특징은 분산분석모형과 선형회귀모형이 혼재되어 있다는 것이다. 즉

$$\text{분산분석모형 : } salary_{ij} = \mu + \alpha_i + \epsilon_{ij}$$

$$\text{선형회귀모형 : } salary_{ij} = \mu + \gamma_1\, years_{ij} + \gamma_2\, educ_{ij} + \epsilon_{ij}$$

이다. 이런 통계적 모형이 공분산분석(analysis of covariance) 모형이다.

그런데 3수준의 'company' 요인을 2개의 가변수(dummy variable)로 변환하고,[1] 이를 써서 모형 (2)를 재표현하면

$$salary_{ij} = \mu + \beta_1\, dummy1_{ij} + \beta_2\, dummy2_{ij} + \gamma_1\, years_{ij} + \gamma_2\, educ_{ij} + \epsilon_{ij} \tag{3}$$

가 된다. 모형 (3)이 넓은 의미에선 선형회귀모형이므로 일반선형모형(general linear

1) 'company' = 1이면 dummy1 = 1 and dummy2 = 0
'company' = 2이면 dummy1 = 0 and dummy2 = 1
'company' = 3이면 dummy1 = 0 and dummy2 = 0

model)이라고 한다.

9.1.1 또 하나의 사례 : 개념도 수업의 효과

사회과학의 실험에서 실험대상을 처리그룹과 대조그룹으로 구분하여 관심변수에 대해 실험 전에 1번 측정하고, 실험 후에 1번 더 측정하여 총 2회의 측정을 하는 경우가 많다. 여기서 처리그룹이란 연구 목적에 부합하여 어떠한 처리나 조치를 받는 집단을 의미하며, 대조그룹은 그러한 처리나 조치를 취하지 않아 비교의 준거가 되는 집단을 의미한다.

예를 들어 교육학에서 새롭게 도입된 교육 방법의 효과를 측정하기 위한 실험과정을 살펴보자. 우선 임의화 과정을 통해 실험대상의 절반은 처리그룹으로 배정하고 나머지 절반은 대조그룹으로 배정한다. 처리그룹에 새로운 교육 방법을 실시하기 전에, 처리그룹과 대조그룹 모두에서 일정한 테스트를 통해 점수를 측정한다(사전측정). 이후 처리그룹에만 새로운 교육 방법으로 수업을 진행하고 대조그룹은 기존의 교육 방법을 그대로 적용한다. 일정한 시간이 지난 후, 사전측정과 유사한 수준의 테스트를 통해 다시 점수를 측정한다(사후측정). 이러한 실험방법을 정리하면

사전측정 → 실험 → 사후측정

의 순서로 진행된다.

자료의 수집이 끝나면, 처리그룹과 대조그룹의 사후측정 값의 평균차이 유무를 알아보는 것이므로 독립표본 t 검증을 실시하게 된다. 그러나 측정이 성적으로 이루어진다면 처리를 받는 것과 무관하게 관찰대상의 평소 성적이 사후측정의 차이를 유발할 수 있다. 가령 상위권 학생들은 특별히 새로운 교육 방법으로 수업을 받는다고 해서 성적이 급격하게 상승하기보다는 평소의 성적을 그대로 유지할 가능성이 있다. 반면에 중하위권 학생들은 새로운 교육 방법의 효과가 매우 잘 나타날 수 있다. 따라서 평소의 성적을 측정한 사전측정을 공변량으로 고려한 공분산분석을 실시해야 새로운 교육 방법의 순수한 효과를 얻을 수 있을 것이다.

〈표 4〉 개념도 수업의 효과(education.sav)

그룹	사전점수	사후점수	그룹	사전점수	사후점수
0	8	11	1	16	20
0	11	13	1	11	14
0	10	12	1	12	15
0	9	11	1	10	14
0	13	15	1	11	16
0	8	10	1	6	11
0	6	15	1	6	10
0	10	13	1	6	10
0	2	6	1	3	6
0	13	15	1	5	6
0	11	13	1	11	19
0	6	9	1	6	14
0	6	13	1	9	10
0	7	9	1	11	12
0	8	9	1	11	15
0	10	14	1	11	14
0	10	13	1	15	17
0	18	20	1	13	14
0	9	11	1	6	11
0	9	12	1	17	19
0	13	16	1	9	15
0	11	12	1	4	11
0	13	15	1	7	15
0	8	13	1	5	15
0	9	11	1	7	14
0	10	11	1	7	10
0	15	17	1	4	15
0	13	15	1	6	17
0	3	5	1	9	15
0	7	8	1	6	15
0	15	16	1	8	9
0	9	11	1	4	8
0	11	13	1	13	12
0	13	15	1	4	12
0	13	15	1	10	13
0	15	17	1	7	11
0	3	9	1	10	14
0	6	11	1	13	12
0	4	10	1	7	12
0	13	15	1	8	14

〈표 5〉 그룹 간 t 검증 결과

	평균	표준편차	t	유의확률(양쪽)
대조그룹	12.48	3.09	-0.961	0.339
처리그룹	13.15	3.19		

분석 사례 – 개념도 수업의 효과

<표 4>는 교육학에서 개념도 수업을 통해 성적의 향상이 있는가를 알아보기 위한 실험자료이다. 실험의 대상은 처리그룹 40명(group = 1)과 대조그룹 40명(group = 0)으로 이루어져 있다. 실험 전에 처리그룹과 대조그룹 모두에게 시험을 통해 사전점수(pretest)를 측정하였다. 이후 처리그룹에만 개념도 수업을 실시하고 다시 유사한 시험을 통해 두 그룹의 사후점수(posttest)를 측정하였다.

이 실험에 대한 가설은 다음과 같이 세울 수 있다.

H_0 : 처리그룹과 대조그룹의 사후점수는 같다 ($\mu_{처리} = \mu_{대조}$).

H_1 : 처리그룹의 사후점수가 대조그룹의 사후점수보다 높다 ($\mu_{처리} > \mu_{대조}$).

따라서 개념도 수업을 실시한 처리그룹과 그렇지 않은 대조그룹의 사후점수가 같다라는 영가설을 기각하지 못하면 개념도 수업의 효과가 없는 것을 의미한다.

<표 5>는 사전점수를 고려하지 않고 그룹과 사후점수만으로 분산분석을 실시한 결과이다. 사후점수의 처리그룹 평균은 13.15, 대조그룹 평균은 12.48로 개념도 수업을 받은 처리그룹의 사후점수가 다소 높아 보인다. 그러나 t가 -0.961이며 유의확률 0.339로 유의수준 5%에서 통계적 차이가 나고 있지 않다.

개념도 수업을 받은 그룹의 성적이 더 높은 것으로 가설을 세웠다면 실망스러운 결과이다. 이러한 결과는 실제로 개념도 수업의 효과가 없어서일 수도 있지만, '그룹 → 사후점수'라는 단순한 인과관계만을 고려하고 사후점수에 영향을 줄 수 있는 다양한 요인을 반영하지 못했기 때문에 발생할 수도 있다. 따라서 추가적으로 사전점수를 공변량으로 고려하는 모형을 설정할 수 있을 것이다. 즉

$$사후점수 = f(사전점수,\ 그룹) + \epsilon$$

이라는 모형을 고려해보자.

〈표 6〉 사전점수를 공변량으로 고려한 공분산분석의 결과

요인	제III유형 제곱합	자유도	평균제곱	F	유의확률
PRETEST	418.210	1	418.210	91.780	0.000
GROUP	37.680	1	37.680	8.269	0.005
오차	350.865	77	4.557		

<표 6>의 결과에서 공변량으로 고려한 사전점수가 유의수준 5%에서 매우 유의한 것으로 나타났다(F = 91.780, 유의확률 0.000). 이 연구에서 중요한 것은 그룹 간의 평균차이인데, 사전점수를 공변량으로 보정한 모형에서는 그룹 간 평균차이가 유의한 것으로 나타났다(F = 8.269, 유의확률 0.005). 즉 처리그룹의 평균이 대조그룹의 평균보다 더 높은 것이 통계적인 유의성을 갖는다. 이는 사전점수를 공변량으로 고려하지 않은 경우에는 그룹 간 차이가 없는 것과는 상반되는 결과이다.

공변량으로 고려한 사전점수의 통계적 유의성은 사전점수가 사후점수에 매우 큰 영향을 주는 요인임을 말해준다. 따라서 사전점수를 공변량으로 고려하는 것이 바람직했음을 알 수 있다. 이렇게 사전점수로 보정한 모형에서 개념도 수업의 순수한 효과를 입증함으로써, 그룹만을 독립변수로 고려하여 자칫 교육의 효과가 없다고 결론을 내리는 잘못된 판단을 피할 수 있다.

9.2 SPSS 분석 절차

분석 사례 - 3개 회사의 월급여 비교자료 분석

자료 : salary_1.sav

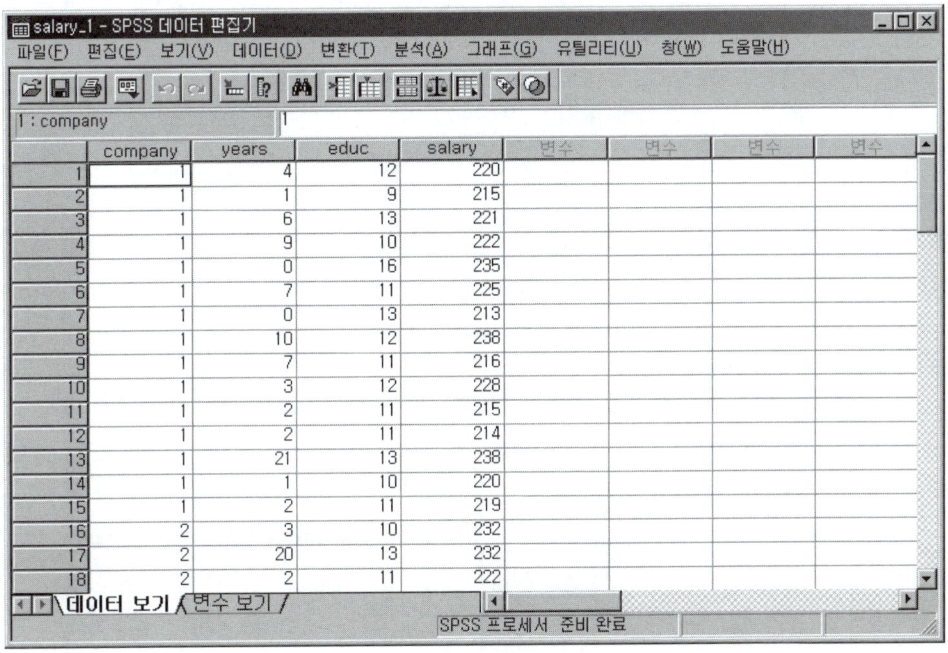

	company	years	educ	salary
1	1	4	12	220
2	1	1	9	215
3	1	6	13	221
4	1	9	10	222
5	1	0	16	235
6	1	7	11	225
7	1	0	13	213
8	1	10	12	238
9	1	7	11	216
10	1	3	12	228
11	1	2	11	215
12	1	2	11	214
13	1	21	13	238
14	1	1	10	220
15	1	2	11	219
16	2	3	10	232
17	2	20	13	232
18	2	2	11	222

- SPSS 분석(Analyze) 메뉴에서

일반선형모형(General Linear Model) ▶ 일변량(Univariate...)

에 들어가면 일변량 분산분석의 주 대화상자가 나타난다.

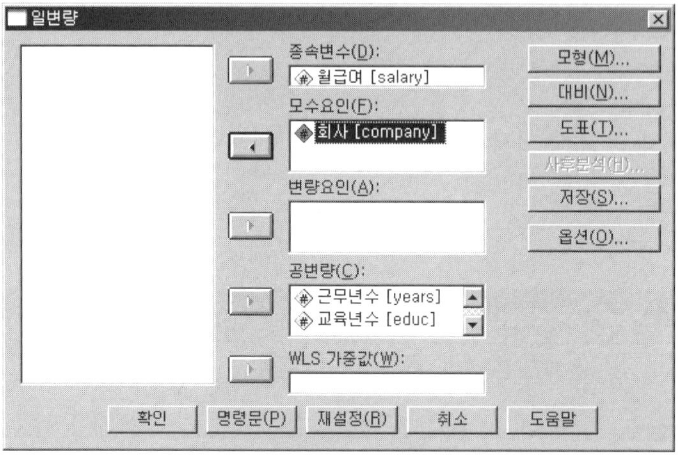

- 월급여 salary를 종속변수(Dependent Variables)에 넣고 회사 company를 모수요인(Fixed Factors)에, 근무년수 years와 교육년수 educ를 공변량(Covariates)에 넣는다. 이제 모형(Model) 대화상자에 들어간다.

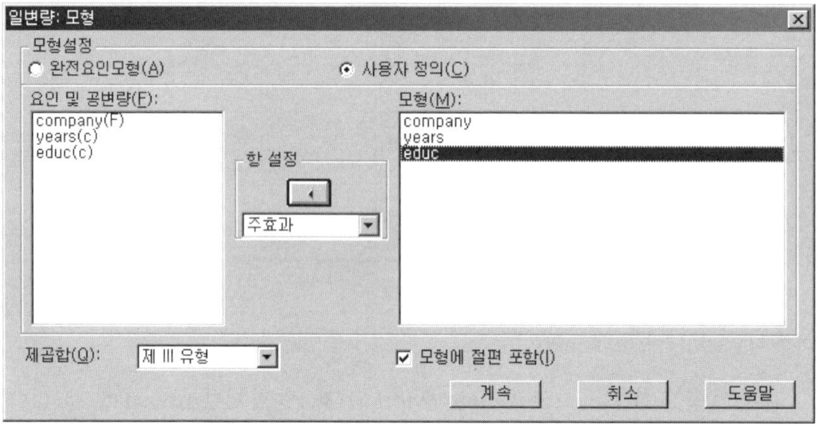

- 모형설정(Specify Model)을 사용자 정의(Custom)으로 바꾸고 3개 설명변수를 모두 주효과(Main Effects)로 설정한다. 주 대화상자에 돌아가 옵션(Options) 대화상자를 불러들인다.

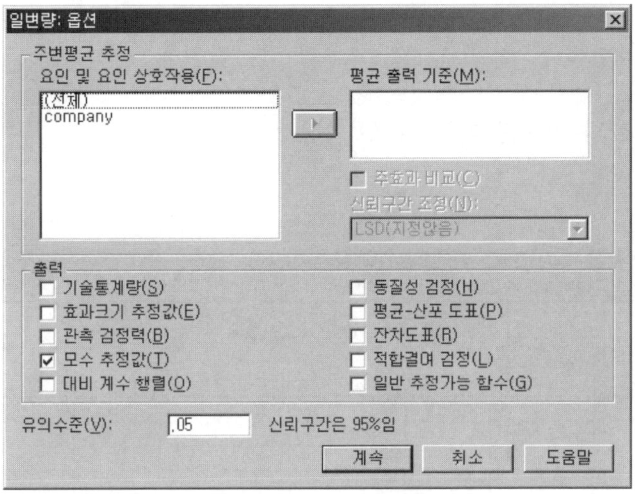

- 출력(Output)에서 모수 추정값(Parameter estimates)을 체크한다. 계속(Continue)을 눌러 주 대화상자에 돌아가 확인(OK)하면 출력 결과가 나온다. 203쪽의 <표 3>을 참조하기 바란다.

◪ SPSS 연습문제

개념도 수업의 효과 자료분석(207~208쪽)

자료 : education.sav

	group	pretest	posttest
1	0	8	11
2	0	11	13
3	0	10	12
4	0	9	11
5	0	13	15
6	0	8	10
7	0	6	15
8	0	10	13
9	0	2	6
10	0	13	15
11	0	11	13
12	0	6	9
13	0	6	13
14	0	7	9
15	0	8	9
16	0	10	14
17	0	10	13
18	0	18	20

- 사후점수 posttest에 대하여 집단구분(group)을 요인으로 사전점수 pretest를 공변량으로 고려한 공분산분석모형을 적합하여 분산분석표와 모수 추정값을 구하여라.
- 사전점수 pretest를 보정하였을 때 처리그룹은 대조그룹에 비하여 사후점수 posttest가 얼마나 높은가? [답 : 1.389]

10장 | 범주형 자료 분석

- 범주형 자료로부터 의미있는 패턴을 탐색하고 통계적 관계를 구축한다.
- 중심용어 : 2원 교차표, 카이제곱 검증, 3원 교차표, 로지스틱 회귀

Statistical Methods

10.1 이항반응과 $r \times 2$ 교차표

통계자료를 표의 형태로 정리해봄으로써 우리가 알고자 하는 것을 한눈에 볼 수 있는 경우가 있다. 예컨대 <표 1>과 같은 경우인데, 이 표는 72명의 비행청소년들을 24명씩 세 그룹으로 나누고 세 방식의 심리치료를 비교한 결과이다. 이때 결과는 호전·비호전 중 하나로 분류된 이항반응(二項反應, binary response)이다.

<표 1>의 두 변수를 표의 형태로 정리한 것인 <표 2>인데, 이처럼 이산형인 두 변수를 행과 열의 표로 정리한 통계표가 2원 교차표(two-way cross-classified table, 2원 분할표, two-way contingency table)이다. <표 2>는 3×2 교차표로 행은 세 가지 처리 방법으로 구분되고 열은 호전/비호전의 두 범주로 되어 있다(호전은 1, 비호전은 2로 입력되어 있다).

이런 통계표 자료분석의 목표는 행범주 간의 열범주의 비율을 비교하는 것으로 예에서는 처리들의 성과를 서로 비교하는 것이다. 즉 처리 1, 2, 3의 호전률을 θ_1, θ_2, θ_3라고 할 때 이것들을 비교하는 것이므로 영가설은

$$H_0 : \theta_1 = \theta_2 = \theta_3$$

이다. 잠정적으로 H_0를 일반적으로 부정한

$$H_1 : \theta_1 \neq \theta_2 \quad \text{or} \quad \theta_1 \neq \theta_3 \quad \text{or} \quad \theta_2 \neq \theta_3$$

를 대안가설로 놓는다.

〈표 1〉 심리치료의 효과 : 원자료(tab3x2.sav)

번호	처리그룹	호전여부	번호	처리그룹	호전여부	번호	처리그룹	호전여부
1	1	1	25	2	1	49	3	1
2	3	2	26	2	1	50	2	2
3	1	1	27	2	1	51	3	2
4	1	1	28	2	2	52	3	2
5	3	2	29	1	1	53	2	2
6	1	1	30	3	2	54	1	1
7	2	2	31	2	1	55	3	1
8	1	1	32	1	2	56	3	1
9	2	2	33	2	1	57	3	2
10	2	1	34	2	1	58	2	2
11	2	1	35	3	2	59	3	2
12	2	2	36	2	1	60	3	2
13	1	1	37	2	2	61	1	2
14	1	1	38	1	1	62	3	2
15	3	1	39	2	2	63	3	1
16	3	1	40	1	1	64	3	1
17	1	2	41	2	2	65	1	2
18	1	2	42	2	2	66	3	2
19	1	2	43	1	1	67	3	2
20	3	2	44	2	2	68	1	1
21	1	2	45	3	1	69	3	2
22	2	1	46	2	2	70	3	2
23	1	2	47	2	2	71	1	1
24	1	2	48	1	1	72	3	2

〈표 2〉 심리치료의 효과 : 전체 표

	호전(성공)	비호전(실패)	합계
처리 1 그룹	15 (62.5%)	9 (37.5%)	24 (100.0%)
2 그룹	10 (41.7%)	14 (58.3%)	24 (100.0%)
3 그룹	8 (33.3%)	16 (66.7%)	24 (100.0%)
합계	33 (45.8%)	39 (54.2%)	72 (100.0%)

〈표 3〉 심리치료 효과의 카이제곱 검증

	값	자유도	점근 유의확률 (양쪽검정)
Pearson 카이제곱	4.364	2	0.113
우도비	4.404	2	0.111
선형 대 선형결합	4.055	1	0.044
유효 케이스 수	72		

* 0 셀(.0%)은 5보다 작은 기대빈도를 가지는 셀이다. 최소 기대빈도는 11.00이다.

분석 사례 – 심리치료의 효과

앞서 살펴본 자료에서 각 처리(행) 간 호전률(열)의 차이가 있는지 알아보자. 이에 대한 가설은 다음과 같이 설정할 수 있다.

영가설 H_0 : 처리 간 호전률은 모두 같다.
$(\theta_1 = \theta_2 = \theta_3)$

대안가설 H_1 : 적어도 두 처리 간에 호전률의 차이가 있다.
($\theta_i \neq \theta_j$ 적어도 한 쌍의 i와 j에 대하여, $i \neq j$)

원자료를 표 형태로 변환하여 정리한 <표 2>를 살펴보자. 처리 1 그룹의 호전률은 62.5%, 처리 2 그룹은 41.7%, 처리 3 그룹은 33.3%로 처리 1 그룹의 호전률이 가장 높으며, 처리그룹 2와 3의 순으로 그룹 간 호전률의 차이를 보이고 있다. 그러나 <표 3>의 카이제곱 검증 결과에서 Pearson 카이제곱이 4.364이며, 자유도 2에서 유의확률이 0.113으로 나타나 유의수준 5%에서 통계적으로 유의하지 않은 것으로 나타났다. 따라서 처리그룹 간의 호전률이 같다는 영가설을 기각할 수 없다.

카이제곱 검증이 잘 적용되기 위해서는 자료 수가 커야 하는데, 기대빈도가 5 이상인 셀들이 80% 이상이면 무난하다. <표 3>의 아래를 보면 5보다 작은 기대빈도를 가진 셀이 없으며, 이 자료에서의 최소 기대빈도가 11임을 알 수 있다.

앞서 처리그룹 간의 호전률의 차이는 통계적으로 유의하지 않은 것으로 나타났다. 그러나 통계적 가설검증은 대안가설과 연관되어 있음을 명심하기 바란다. 앞에서 대안가설 H_1을 일반적으로 놓았었는데, 실제 연구가설이 예컨대

H_{1a} : 처리 1의 성공률이 처리 2·3의 호전률보다 크다($\theta_1 > \theta_{2+3}$).

H_{1b} : 처리 2의 성공률이 처리 3의 호전률보다 크다($\theta_2 > \theta_3$).

라고 하자. 이에 대응되는 영가설은 각각

H_{0a} : 처리 1의 성공률과 처리 2·3의 호전률은 같다($\theta_1 = \theta_{2+3}$).

H_{0b} : 처리 2의 성공률과 처리 3의 호전률은 같다($\theta_2 = \theta_3$).

이다.

따라서 가설 H_{0a} 대 H_{1a}는 <표 4>의 a에 의하여, 가설 H_{0b} 대 H_{1b}는 b에 의하여 검증될 수 있을 것이다.

〈표 4〉 심리치료의 효과의 카이제곱 검증

a

	호전(성공)	비호전(실패)	합계
처리 1 그룹	15 (62.5%)	9 (37.5%)	24 (100.0%)
2+3 그룹	18 (37.5%)	30 (62.5%)	48 (100.0%)
합계	33 (45.8%)	39 (54.2%)	72 (100.0%)

	값	자유도	점근 유의확률 (양쪽검정)
Pearson 카이제곱	4.028	1	0.045
유효 케이스 수	72		

b

	호전(성공)	비호전(실패)	합계
처리 2 그룹	10 (41.7%)	14 (58.3%)	24 (100.0%)
3 그룹	8 (33.3%)	16 (66.7%)	24 (100.0%)
합계	18 (37.5%)	30 (62.5%)	48 (100.0%)

	값	자유도	점근 유의확률 (양쪽검정)
Pearso n 카이제곱	0.356	1	0.551
유효 케이스 수	48		

원자료를 변형한 자료에 대한 카이제곱 검증의 결과, 가설 a의 경우 Pearson 카이제곱이 4.028이며 자유도 1에서의 유의확률은 0.0224(단측검증)로 유의수준 5%에서 통계적으로 유의하다. 그러나 가설 b는 Pearson 카이제곱이 0.356으로 자유도 1에서의 유의확률이 0.551로 유의수준 5%에서 통계적으로 유의하지 않다(참고로 가설 a처럼 자유도가 1인 카이제곱분포를 따르며, 대안가설이 단측검증인 경우인 경우에는 유의확률을 절반으로 계산한다).

지금까지 동일한 자료에 대해 다양한 대안가설을 세워 검증해보았다. 우선 처리 1, 2, 3 간의 성공률은 차이가 없었다. 반면에 처리 1의 성공률이 처리 2·3의 성공률보다 크다는 연구가설 a는 통계적으로 지지되었다(유의수준 2.5%에서). 처리 2의 성공률이 처리 3의 성공률보다 크다는 연구가설 b는 통계적으로 지지되지 못하였다.

이처럼 대안가설에 따라 검증결과가 달라질 수 있다. 가능한 한 대안가설(연구가설)을 구체적으로 설정하는 것이 바람직하다.

통계이론 여기에서는 처리 1, 2, 3의 호전률을 θ_1, θ_2, θ_3라고 할 때 이것들을 비교하는 가설과 검증통계량에 대해서 알아보겠다. 영가설은

$$H_0 : \theta_1 = \theta_2 = \theta_3$$

이며, 잠정적으로 H_0를 일반적으로 부정한

$$H_1 : \theta_1 \neq \theta_2 \quad \text{or} \quad \theta_1 \neq \theta_3 \quad \text{or} \quad \theta_2 \neq \theta_3$$

를 대안가설로 놓는다.

일반적인 $r \times 2$ 교차표에서 행(그룹) i열 j칸의 관측빈도를 n_{ij}라고 하면 ($i = 1, \cdots, r$; 표 2 참조), 처리 i 그룹의 성공률 θ_i는

$$\hat{\theta}_i = p_i (= n_{i1}/n_{i+}), \quad i = 1, \cdots, r$$

로 추정된다.

영가설 H_0 하에서의 공통 성공률을 $\bar{\theta}\,(= \theta_1 = \theta_2 = \theta_3)$라고 하면 $p_i\ (i = 1, \cdots, r)$는

$$z_i = \frac{p_i - \bar{\theta}}{\sqrt{\bar{\theta}\,(1 - \bar{\theta})/n_{i+}}}, \quad i = 1, \cdots, r$$

〈표 5〉 $r \times 2$ 교차표의 칸 빈도 표기

	열 1	열 2	합계
행 1	n_{11}	n_{12}	n_{1+}
…	…	…	…
행 i	n_{i1}	n_{i2}	n_{i+}
…	…	..	…
행 r	n_{r1}	n_{r2}	n_{r+}
합 계	n_{+1}	n_{+2}	N

로 표준화된다. 그러므로 영가설 H_0에 대한 검증통계량으로

$$\chi^2 = \sum_{i=1}^{r} z_i^2 = \sum_{i=1}^{r} n_{i+} \frac{(p_i - \bar{\theta})^2}{\bar{\theta}(1-\bar{\theta})} \tag{1}$$

을 생각할 수 있다. 이때 물론 (1)에서의 공통 성공률 $\bar{\theta}$는 그것의 추정치

$$\bar{p} = \sum_{i=1}^{r} (n_{i+}/N)\, p_i = n_{+1}/N$$

으로 대치되어야 한다. 그런 경우 (1)의 검증통계량 χ^2(카이제곱, chi-square)은 영가설 H_0 하에서 자유도 $r-1$의 카이제곱분포를 근사적으로 따른다(이에 대한 증명은 생략한다). 카이제곱분포에 대하여는 부록 A.6절을 보라.

<표 2> 자료의 경우, $\bar{p} = 0.458$이고

$$\chi^2 = 24\frac{(0.625-0.458)^2}{0.458 \cdot 0.542} + 24\frac{(0.417-0.458)^2}{0.458 \cdot 0.542} + 24\frac{(0.333-0.458)^2}{0.458 \cdot 0.542} = 4.36$$

이다. 자유도 2의 카이제곱분포에서 상위 5% 분위수가 5.99이므로 $\chi^2 = 4.36$은 통계적으로 유의하지 않다. 따라서 모든 처리의 성공률이 같다는 영가설을 기각할 수 없다(대안가설이 영가설의 일반적 부정인 경우).

검증통계량 (1)이 카이제곱분포를 잘 따르기 위해서는 n_{i+}가 크고, 또한 $\bar{p}$가 너무 작거나 너무 크지 않아야 한다. 실제적으로 통하는 기준은 다음과 같다.

$$n_{i+}\bar{p} \geq 5,\ n_{i+}(1-\bar{p}) \geq 5 \quad (i = 1, \cdots, r) \tag{2}$$

10.2 다항반응과 $r \times c$ 교차표

설문조사 자료를 2원 분류하는 경우, 행의 범주 수만 3 이상이 되는 것이 아니라 열의 범주 수도 3 이상이 되는 경우가 일반적이다. 예컨대 <표 6>은 총 200명의 사례를 교육 정도에 따라 4개 수준으로 나누고, 또한 선호정당에 따라 3개 범주로 나눈 결과로 생기게 된 2원 교차표이다. 이 예에서 응답자의 반응은 3항인데, 3항 이상의 범주형 반응을 다항반응(多項反應, multinomial response)이라고 한다.

<표 6>은 우리가 보고 싶은 것은 교육수준에 따라 선호정당이 다른가 하는 것이다. θ_{ij}를 교육수준 i인 부집단에서 정당 j가 선호되는 참 비율이라고 할 때, 영가설은

$$H_0 : (\theta_{11}, \theta_{12}, \theta_{13}) = (\theta_{21}, \theta_{22}, \theta_{23}) = (\theta_{31}, \theta_{32}, \theta_{33}) = (\theta_{41}, \theta_{42}, \theta_{43})$$

이다. 잠정적으로 H_0를 일반적으로 부정한

$$H_1 : (\theta_{i1}, \theta_{i2}, \theta_{i3}) \neq (\theta_{i'1}, \theta_{i'2}, \theta_{i'3}), \quad \text{어떤 } i \text{와 } i' \text{에 있어서}$$

를 대안가설로 놓는다.

분석 사례 – 교육수준에 따른 선호정당 분포

예로서 <표 6>의 자료를 살펴보자. 이 자료에서 알고자 하는 바는 교육수준별로 각 정당에 대한 선호율이 같은지 다른지를 살펴보는 것이다. 이에 대한 가설은 다음과 같이 설정할 수 있다.

H_0: 교육 수준별로 각 정당 선호율은 모두 같다.

$$(\theta_{11}, \theta_{12}, \theta_{13}) = (\theta_{21}, \theta_{22}, \theta_{23}) = (\theta_{31}, \theta_{32}, \theta_{33}) = (\theta_{41}, \theta_{42}, \theta_{43})$$

H_1: 적어도 두 교육 수준별로 각 정당 선호율은 다르다.

$$(\theta_{i1}, \theta_{i2}, \theta_{i3}) \neq (\theta_{i'1}, \theta_{i'2}, \theta_{i'3}), \quad \text{어떤 } i \text{와 } i' \text{에 있어서}$$

<표 6>의 카이제곱 검증의 결과 Pearson 카이제곱 값은 16.365이며 자유도 6에서의 유의확률은 0.012이다. 그러므로 교육수준별로 각 정당 선호율이 같다는 영가설은 유의수준 5%에서 기각된다. 이는 행과 열 사이에 통계적으로 유의한 어떤 패턴이 있다는 이야기가 된다.

〈표 6〉 교육수준에 따른 선호정당 분포(tab4x3.sav)

교육수준	선호정당			합계
	1:A당	2:B당	3:C당	
1:초등학교	10 (50.0%)	5 (25.0%)	5 (25.0%)	20 (100%)
2:중학교	25 (50.0%)	15 (30.0%)	10 (20.0%)	50 (100%)
3:고등학교	30 (37.5%)	40 (50.0%)	10 (12.5%)	80 (100%)
4:대학교	10 (20.0%)	30 (60.0%)	10 (20.0%)	50 (100%)
합 계	75 (37.5%)	90 (45.0%)	35 (17.5%)	200 (100%)

	값	자유도	점근 유의확률 (양쪽검정)
Pearson 카이제곱	16.365	6	0.012
유효 케이스 수	200		

〈표 7〉 〈표 6〉 자료의 기대빈도와 편차(= 관측빈도 – 기대빈도)

교육수준	선호정당			합계
	1:A당	2:B당	3:C당	
1:초등학교	7.50 + 2.50	9.00 – 4.00	3.50 + 1.50	20.00
2:중학교	18.75 + 6.25	22.50 – 7.50	8.75 + 1.25	50.00
3:고등학교	30.00 + 0.00	36.00 + 4.00	14.00 – 4.00	80.00
4:대학교	18.75 – 8.75	22.50 + 7.50	8.75 + 1.25	50.00
합 계	75.00	95.00	35.00	200.00

영가설이 기각된 경우에는 2원 교차표가 어떤 특성을 갖는지를 면밀하게 살펴볼 필요가 있다. 왜냐하면 영가설의 부정은 행의 수준별로 열 범주 구성비율이 각기 다른 것으로 봐도 된다는 것을 뜻하기 때문이다. 이때 유용한 것이 <표 7>에서 계산한 각 칸에서의 관측빈도와 기대빈도 사이의 편차인 $O_{ij} - E_{ij}$의 부호와 크기이다. <표 7>에서 편차가 보여주는 통계적 경향은 A당에 대한 지지도가 학력수준에 역비례하는 추세가 있다는 것과, B당에 대한 지지도는 학력수준에 비례하는 추세가 있다는 것이다.

카이제곱 검증을 활용하는 또 하나의 방법은 앞 절에서와 같이 대안가설을 구체화하여, 그것에 해당하는 세부적 카이제곱 검증을 하는 것이다. 여기서는 이에 대한 해설을 하지 않겠다.

통계이론 <표 6>의 영가설은 교육수준별 선호정당 비율이 다르지 않다고 놓는다. 이때 교육수준(행) i에서의 3개 선호정당 빈도와 빈도 합을 각각

$$(n_{i1}, n_{i2}, n_{i3}), \quad n_{i+}$$

로 표기하자. 그러면 (n_{i1}, n_{i2}, n_{i3})는 시행 수 $n_{i+} (= n_{i1}+n_{i2}+n_{i3})$인 다항분포(multinomial distribution)를 따른다고 봐도 좋겠다. 이때의 다항 모비율은

$$(\theta_{i1}, \theta_{i2}, \theta_{i3}), \quad \theta_{i1}+\theta_{i2}+\theta_{i3}=1$$

이고, 여기서 θ_{ij}는 교육수준이 i인 부집단에서 정당 j가 선호되는 참 비율이다.[2] 따라서 영가설을 구체적으로 기술하면 다음과 같다.

$$H_0 : (\theta_{11}, \theta_{12}, \theta_{13}) = (\theta_{21}, \theta_{22}, \theta_{23}) = (\theta_{31}, \theta_{32}, \theta_{33}) = (\theta_{41}, \theta_{42}, \theta_{43})$$

영가설을 부정하여 대안가설로 놓자. 즉

$$H_1 : (\theta_{i1}, \theta_{i2}, \theta_{i3}) \neq (\theta_{i'1}, \theta_{i'2}, \theta_{i'3}), \text{ 어떤 } i \text{와 } i' \text{에 있어서}$$

영가설 하에서는 각 행의 다항 모비율이 같으므로, 공통모비율을 $(\bar{\theta}_{.1}, \bar{\theta}_{.2}, \bar{\theta}_{.3})$라고 하면 $\bar{\theta}_{.j}$가

$$\bar{p}_{.j} = n_{+j}/N, \quad j=1,2,3$$

로 추정된다. 따라서 칸 (i, j)에서의 기대빈도가

$$E_{ij} \equiv n_{i+}\bar{p}_{.j} = n_{i+}n_{+j}/N$$

으로 얻어진다. 예컨대 칸 (1, 1), (1, 2), (1, 3)에서의 기대빈도는 각각

$$E_{11} = 20 \cdot 75/200 = 7.5, \; E_{12} = 20 \cdot 90/200 = 9.0, \; E_{13} = 20 \cdot 35/200 = 3.5$$

이다. <표 7>을 보라.

다항비율 동질성에 관한 영가설에 대한 피어슨(Karl Pearson)의 카이제곱 검증은 바로 기대빈도 E_{ij}와 그 칸에서의 관측빈도 O_{ij}와의 척도화된 차이를 제곱합으로 결합한 카이제곱 통계량에 근거한다. 수리적으로,

---

2) 항의 수가 3인 다항분포는 다음과 같은 확률값 함수를 갖는다.

$$p(n_1,n_2,n_3) = \frac{n!}{n_1!n_2!n_3!}\theta_1^{n_1}\theta_2^{n_2}\theta_3^{n_3}, \; n_1+n_2+n_3=n, \; \theta_1+\theta_2+\theta_3=1$$

$$\chi^2 = \sum_i \sum_j (O_{ij} - E_{ij})^2 / E_{ij} \tag{3}$$

는 영가설 하에서 근사적으로 자유도 $(r-1)(c-1)$의 카이제곱분포를 따른다(증명 생략). 1절의 (1)도 (3)과 같은 형태로 표현할 수 있으며 수치값도 일치한다.

<표 6>의 자료에서 카이제곱값은 16.365이며 자유도 6에서의 p값은 1.2%이다. 그러므로 영가설이 5% 유의수준에서 기각된다.

앞서 카이제곱분포 근사는 자료 수가 클수록 잘 맞는데 80% 이상의 칸들에서 기대빈도가 5 이상이면 된다. 즉 많은 셀들에서

$$E_{ij} \geq 5 \quad (i=1,\cdots,r;\ j=1,\cdots,c) \tag{4}$$

여야 카이제곱 근사가 적절하고, 그렇지 않은 경우는 특수한 방법이 적용되어야 한다(허명회, 1997). 기준 (4)는 $c=2$인 경우의 기준인 1절의 (2)와 동일하다.

특수하게 $r=c=2$인 경우, 즉 2×2 교차표에서의 카이제곱은

$$\chi^2 = N\frac{(n_{11}n_{22} - n_{12}n_{21})^2}{n_{+1}\,n_{+2}\,n_{1+}\,n_{2+}} \qquad (\text{단, } N = \sum_{i=1}^{r}\sum_{j=1}^{c} n_{ij})$$

로 표현된다(자유도 = 1). 이것과 이항비율 차이에 대한 z 검증은 완전히 동등하다 $(\chi^2 = z^2)$. 단, 전자가 양측검증에 대한 p값을 제시하는 반면 후자는 단측검증에 더 유용하게 쓰일 수 있다는 점에서 약간의 차이가 있다.

10.3 3원 교차표

자료가 3개의 범주형 변수로 분류되는 경우 3원 교차표(three-way contingency table)가 얻어진다. 이 절에서는 3원 교차표의 분석이 어떤 관점에서 수행되는지를 기초적인 분석 예와 함께 심프슨의 패러독스를 제시하기로 하겠다(다원 교차표에 관한 일반적 분석법으로 로그선형모형(log-linear model)이 있다).

이 절에서 예로 들 자료는 조기교육 프로그램의 효과를 평가하기 위한 교육학 연구에서 나온 것이다. 이 연구에서는 총 491명의 아동들을 조기교육(Head Start) 프로그램과 대조(control) 프로그램으로 나누어 교육을 시키고 그 결과를 평가하는 순서로 진행되었다. 그런데 프로그램의 배치가 연구자의 제어 하에 있지 못하였으

므로 제3의 변수가 개입하여 통계적 추론에 심각한 영향을 줄 가능성이 있었다. 그런 변수로 짐작된 것이 가장(家長)의 교육 정도인데 9년 이하, 10년~11년, 12년 이상의 3개 수준을 갖는다. 그리고 이 연구의 주요 관심은 프로그램 종류(조기교육·대조의 2개 수준)와 교육 결과(합격·불합격의 2개 수준) 사이의 인과관계이다.

<표 8>이 프로그램, 교육수준, 결과 등 세 변수들 사이의 2원 교차표이다. 첫째, 교차표는 프로그램과 결과에 대한 2원 교차표로서 조기교육 그룹의 합격률이 대조그룹의 합격률보다 높음을 보여준다. 둘째, 교차표는 교육수준과 결과에 대한 2원 교차표이며 가장의 교육수준이 높은 가정의 아동들이 더 높은 합격률을 기록함을 보여준다. 셋째, 교차표는 가장의 교육수준이 높을수록 조기교육 프로그램을 선택하는 경향이 높아짐을 보여준다. 그러므로 조기교육 프로그램이 결과(합격·불합격)에 순수한 긍정적 영향을 주는지를 말할 수 없다. 왜냐하면 가장의 교육수준이 높을수록 조기교육 프로그램이 선택되는 경향이 크고, 동시에 프로그램에 상관없이도 좋은 결과가 예상되기 때문이다.

제대로 된 추론을 위해서는 가장의 교육수준이 통제된 상태에서 프로그램과 결과 사이의 관계를 분석해야 한다. <표 9>를 보라.

<표 9>에 의하면 가장의 교육수준이 중·상인 경우 조기교육 그룹이 대조그룹에 비하여 11~13% 포인트 높은 합격률을 보인다(물론 이것에 통계적 유의성이 있는지는 카이제곱 검증을 거쳐 확인되어야 할 사항이다). 그러나 가장의 교육수준이 하인 경우에는 조기교육 그룹의 합격률이 오히려 작게 나온다. 따라서 가장이 교육수준이 낮을 것으로 짐작되는 저소득층에 대하여는 조기교육 프로그램의 실시가 아동의 취학전 지적 발달에 별 효과가 없다는 결론을 얻을 수 있다.

〈표 8〉 조기교육의 효과 : 2원 교차표

		결과		합계
		불합격	합격	
프로그램	대조	288 (74%)	99 (26%)	387 (100%)
	조기교육	67 (64%)	37 (36%)	104 (100%)
	합계	355	136	491

		결과		합계
		불합격	합격	
교육수준	하	135 (81%)	32 (19%)	167 (100%)
	중	106 (73%)	40 (27%)	146 (100%)
	상	114 (64%)	64 (36%)	178 (100%)
합계		355	136	491

		프로그램		합계
		대조	조기교육	
교육수준	하	150 (90%)	17 (10%)	167 (100%)
	중	110 (75%)	36 (25%)	146 (100%)
	상	127 (71%)	51 (29%)	178 (100%)
합계		387	104	491

〈표 9〉 조기교육의 효과 : 3원 교차표

교육수준 = 하		결과		합계
		불합격	합격	
프로그램	대조	119 (79%)	31 (21%)	150 (100%)
	조기교육	16 (94%)	1 (6%)	17 (100%)
합계		135	32	167

교육수준 = 중		결과		합계
		불합격	합격	
프로그램	대조	83 (75%)	27 (25%)	110 (100%)
	조기교육	23 (64%)	13 (36%)	36 (100%)
합계		106	40	146

교육수준 = 상		결과		합계
		불합격	합격	
프로그램	대조	86 (68%)	41 (32%)	127 (100%)
	조기교육	28 (55%)	23 (45%)	51 (100%)
합계		114	64	178

교차표 분석에서는 '심프슨의 패러독스(Simpson's paradox)'를 항상 염두에 두어야 한다. 이에 관하여는 버클리대학 대학원의 입학자료를 가지고 설명하도록 하겠다. 버클리대학은 1973년 여성운동단체로부터 여성을 차별한다는 심한 비난을 받았는데, 그 이유는 대학원 입학에서 남학생의 합격률이 52%로 나온 반면, 여학생의 합격률은 42%로 10% 포인트나 차이가 났기 때문이다. <표 10>을 보라.

처음에 이 표는 대학원 입학에 있어 여성차별을 명백히 드러낸 것으로 보였다(미국대학에서는 수험생의 학부성적, GRE라고 하는 대학원 수학능력시험, 학업계획서, 교수추천서 등의 자료를 해당 학과에서 주관적으로 평가하여 합격 여부가 결정된다는 점을 고려하자).

그러나 이러한 비난에 대응하여 대학 측에서 <표 11>을 제시하였는데, 이것은 분야별로 세분된 남녀별 합격자 현황을 보여준다. 자료를 세분한 결과, 6개 분야 중 3개 분야(A, B, F)에서 성별 합격률이 5% 포인트 이상 차이가 났음을 볼 수 있고 이 분야들에서 모두 여학생의 합격률이 높았던 것으로 드러났다. 즉 불이익을 받은 쪽이 여학생이 아니라 남학생이라는 사실을 보여주기 때문에 사람들이 어리둥절하게 된다. 통계의 패러독스인 것이다.

<표 11>은 남녀, 분야, 합격 여부로 자료를 분할한 결과이기 때문에 3원표라고 할 수 있는데, 이와 같이 저차원의 제표가 보여준 것을 고차원의 제표가 뒤집어놓는 것을 심프슨의 패러독스라고 한다. 패러독스는 우리말로 역설(逆說), 즉 설(說)을 뒤집다는 뜻인데, 왜 이 예에서 '여성 차별설'이 뒤집어졌을까?

자료를 잘 관찰해보면, 남학생들이 많이 지원한 두 분야가 A와 B인데 이들 분야는 여학생들이 가장 적게 지원한 두 분야이기도 하다. 그런데 분야 A, B, F가 합격률 60%대로 높은 편이기 때문에 남학생의 전체 합격률이 높은 반면 여학생의 전체 합격률은 낮게 잡히는 것이다. 즉 전공 선택에 있어 남녀별로 성향의 차이가 있었던 것이지 입학허가에 있어 여학생을 차별하였던 것이 아니다라는 것을 알 수 있다.

앞의 예가 여권운동자들을 낙담시켰을지 모르겠다(교차표 분석상의 어떤 논리를 말하려고 했을 뿐 그럴 의도는 전혀 없다). 이제 버클리 대학원 자료를 변형시킨 '리클버' 대학원 자료를 제시하여 여권운동자들을 격분하게 해보겠다.

<표 10a>와 같이 '리클버' 대학원의 경우에는 남학생의 합격률과 여학생의 합격률이 똑같은 48%로 나타나 아무런 문제가 없어 보인다. 그러나 전공분야별 남녀 합격률에 관한 <표 11a>를 보라. 분야 A, B, C, D, E, F에서 남학생의 합격률이 여학생의 합격률에 비해 각각 21%, 5%, 3%, 2%, 4%, 10% 포인트가 높다. 따라서

〈표 10〉 버클리 대학원의 남녀별 입학자료

	합격	불합격	합계
남학생	1400 (52%)	1291 (48%)	2691 (100%)
여학생	772 (42%)	1063 (58%)	1835 (100%)
전체	2172 (48%)	2354 (52%)	4526 (100%)

〈표 11〉 버클리 대학원의 남녀별·분야별 입학자료

	합격	불합격	합계
남학생	1400 (52%)	1291 (48%)	2691 (100%)
분야 A	512 (61%)	313 (39%)	825 (100%)
B	353 (63%)	207 (37%)	560 (100%)
C	120 (37%)	205 (63%)	325 (100%)
D	138 (33%)	279 (67%)	417 (100%)
E	53 (28%)	138 (72%)	191 (100%)
F	224 (60%)	149 (40%)	373 (100%)
여학생	772 (42%)	1063 (58%)	1835 (100%)
분야 A	89 (82%)	19 (18%)	108 (100%)
B	17 (68%)	8 (32%)	25 (100%)
C	202 (34%)	391 (66%)	593 (100%)
D	131 (35%)	244 (65%)	375 (100%)
E	94 (24%)	299 (76%)	393 (100%)
F	239 (70%)	102 (30%)	341 (100%)
전체	2172 (48%)	2354 (52%)	4526 (100%)

대학원 입학 결정에 성적 편견이 작용했을 가능성이 있다고 볼 수 있다(물론 이에 대한 통계적 유의성은 검토되어야 하지만). 이 '가공' 예는 하마터면 그냥 넘어갈 뻔한 것에서 세부적 관찰로써 문제점을 찾아낼 수 있음을 보여준다.

심프슨의 패러독스는 2원표에 전적으로 의존하는 것이 잘못된 자료 해석을 초래할 수 있음을 우리에게 경고한다. 어느 한 변수(예 : 합격여부)에 관심을 둘 때 이에 영향을 줄 수 있는 제 변수(예 : 성과 분야)를 동시에 고려해야 할 필요가 있음을 강조해 말하고 싶다.

〈표 10a〉 '리클버' 대학원의 남녀별 입학자료

	합격	불합격	합계
남학생	649 (48%)	716 (52%)	1365 (100%)
여학생	1523 (48%)	1638 (52%)	3161 (100%)
전체	2172 (48%)	2354 (52%)	4526 (100%)

〈표 11a〉 '리클버' 대학원의 남녀별·분야별 입학자료

	합격	불합격	합계
남학생	649 (48%)	716 (52%)	1365 (100%)
분야 A	89 (82%)	19 (18%)	108 (100%)
B	17 (68%)	8 (32%)	25 (100%)
C	120 (37%)	205 (63%)	325 (100%)
D	131 (35%)	244 (65%)	375 (100%)
E	53 (28%)	138 (72%)	191 (100%)
F	239 (70%)	102 (30%)	341 (100%)
여학생	1523 (48%)	1638 (52%)	3161 (100%)
분야 A	512 (61%)	313 (39%)	825 (100%)
B	353 (63%)	207 (37%)	560 (100%)
C	202 (34%)	391 (66%)	593 (100%)
D	138 (33%)	279 (67%)	417 (100%)
E	94 (24%)	299 (76%)	393 (100%)
F	224 (60%)	149 (40%)	373 (100%)
전체	2172 (48%)	2354 (52%)	4526 (100%)

우리 주변에는 이와 같은 문제들이 많이 있다. 예컨대 정치여론조사를 들 수 있겠다. 20세 이상 성인들의 보수-진보 성향에 관하여 조사하였다고 하자. 우리 사회에서는 나이가 적을수록 학력수준이 높고 나이가 많을수록 학력수준이 낮은 경향이 있다. 각 나이 대에서 학력수준과 보수-진보성이 무관하다고 하더라도, 이에 불구하고 나이대와 보수-진보성의 2원 교차표에서는 두 변인이 관련이 있는 것으로 나타날 수 있다(왜?). 이 절의 결론은 어떤 교차표를 작성할 것인가에 대해 충분히 심사숙고해야 한다는 것이다. 2원 교차표는 너무 단순한 모습만 보여줄지 모른다.

10.4 로지스틱 회귀

처리 또는 자극에 대한 반응이 이항형(二項型) 범주로 나타나는 경우가 종종 있다. 예를 들어 농도 X의 페놀 용액에 민물고기를 넣었을 때 그 물고기가 일정 시간 생존하는지 그렇지 않은지라든가(사망 = 1, 생존 = 0), 월수입이 X인 소비자가 새로 개발된 어떤 전자제품을 구입할 의사를 갖고 있는지 아닌지(구입의사 있음 = 1, 없음 = 0) 등의 경우를 들 수 있다.

앞의 예들에서 변수 X는 이항형 반응 Y에 대한 독립변수라고 할 수 있다. 이 절에서는 먼저 이항형 범주 반응 Y를 하나의 독립변수 X로 설명하기 위한 로지스틱 단순회귀모형을 소개하고, 다수의 설명변량 $X_1, \cdots, X_k$와 이항형 반응 Y를 고려한 로지스틱 다중회귀모형의 응용 예도 제공하기로 한다.

연속형 독립변수 X와 이항반응 Y를 생각해보자. 편의상 Y의 두 자료값을 0과 1이라고 하자. 이런 경우에 선형회귀모형

$$Y = \beta_0 + \beta_1 X + \epsilon$$

을 고려하면 어떨까? 손쉽게 모형을 적합시킬 수 있어 좋을 것이다. 그러나 이 모형은 여러모로 결함을 갖고 있다.

첫째, 결함은 Y의 관측치는 이항형이지만 적합치(예측치)의 유형은 이항형이 아니라는 점이다. 가령 $\beta_0 = 0.1$이고 $\beta_1 = 0.01$이라면 $X = 10$일 때 Y의 적합값은 0.2이다. 만약 $X = 1000$일 때는 Y의 적합값은 10.1이 되는데 이것은 Y의 두 자료값인 0과 1 사이에 있지도 않다.

둘째, 결함은 반응변수 Y에 대한 확률분포와 회귀모형에서 가정되는 확률모형이 불일치한다는 점이다. Y는 이항형 변수이기 때문에 시행 수가 1인 이항분포라고 할 수 있는 베르누이 분포(Bernoulli distribution)로 모형화하는 것이 타당할 것이다. 그러나 선형회귀모형에서의 종속변수 Y는 연속형인 것으로 간주되기 때문에 흔히 정규분포로 모형화된다.

공변량 X의 값이 x인 관측의 경우 이항반응 Y가 성공 확률이 p_x인 베르누이 분포를 한다고 생각해 보자. 즉

$$P(Y = y \mid X = x) = p_x^y (1 - p_x)^{1-y}, \quad y = 0, 1$$

문제는 p_x가 x의 어떤 함수이냐 하는 것인데, 이에 관하여는 다음의 로지스틱 성장 곡선이 가장 대표적이다.

$$p_x = \exp(\alpha + \beta x) / 1 + \exp(\alpha + \beta x) \tag{5}$$

이 함수의 형태에 대하여는 <그림 1>을 보라. 이렇게 정의되는 성공 확률 p_x는 물론 0과 1 사이의 값을 갖는다. (5)는

$$\log p_x / (1 - p_x) = \alpha + \beta x \tag{6}$$

로 재표현되는데, 여기서 log는 자연로그(natural log)를 의미한다. (6)의 좌변을 확률 p_x의 로짓(logit, log unit)이라 하고, 식 (5) 또는 (6)으로 지칭된 확률모형을 로짓 모형(logit model) 또는 로지스틱 회귀모형(logistic regression model)이라 한다.

〈그림 1〉 로지스틱 성장곡선($\alpha = -0.7624$, $\beta = 0.4701$)

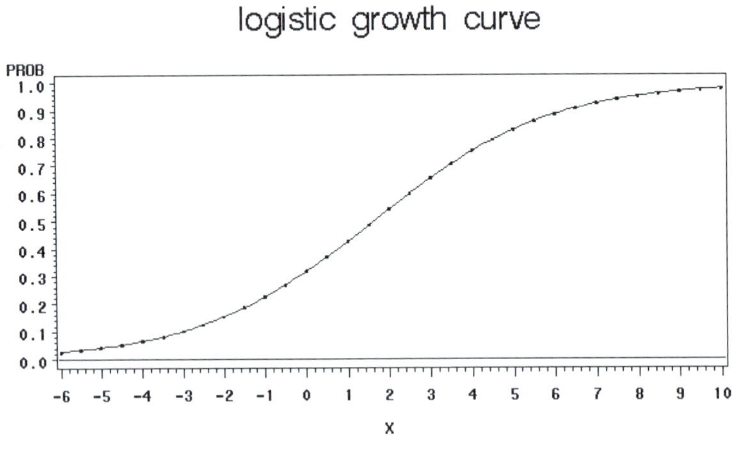

<표 12>의 자료를 보자. 여기서 $X(=0,1,2,3,4)$는 광고노출 수이고 Y는 그 광고에서 선전한 상품을 구매하였는가를 나타낸다. 즉 구매하였으면 $Y=1$이고 구매하지 않았으면 $Y=0$이다. 가령 $X=0$의 10명 중에서 3명은 상품을 구매하였으나 나머지 7명은 구매하지 않았음을 알 수 있고, (X, Y) 자료 형태로 나타낸다면 (0, 1), (0, 1), (0, 1), (0, 0), (0, 0), (0, 0), (0, 0), (0, 0), (0, 0), (0, 0)이다.

〈표 12〉 광고효과 자료(ad50.sav)

광고 노출수 X	구매자($Y=1$) 수	비구매자($Y=0$) 수
0	3	7
1	5	5
2	4	6
3	8	2
4	7	3

로짓 모형의 추정과 검증에 관한 수리적 이론은 여기서 다루지 않겠다. 관심이 있는 학생은 허명회의 『선형모형방법론』(1992)과 허명회의 『비교연구를 위한 통계적 방법론』(1996)을 보라. SPSS와 같은 통계 패키지를 사용하면 쉽게 모형을 적합할 수 있으므로 여기서는 그 결과를 보는 것으로 만족하도록 하겠다(괄호 안의 숫자는 출력된 유의확률임).

$$\log\ p_x/(1-p_x) = -0.7624 + \underset{(0.0323)}{0.4701}\ x \tag{7}$$

즉 로지스틱 회귀분석에 의하여 X가 1단위 증가할 때 구입확률의 로짓이 0.4701만큼 증가한다.

X의 회귀계수를 해석하는 또 다른 방법은 $\exp(\beta)$ (혹은 다른 표현으로 e^{β})를 이용하는 것이다. 식 (7)은 다음과 같이 변형될 수 있다.

$$\log\{p_x/(1-p_x)\} = -0.7624 + 0.4701\ x$$

$$\therefore \quad \frac{p_x}{1-p_x} = e^{(-0.7624+0.4701x)} = e^{-0.7624}\cdot e^{0.4701x}$$

$$= e^{-0.7624}\cdot (e^{0.4701})^x \tag{8}$$

식 (8)에서 $e^{0.4701}=1.6$으로 계산되며, 이는 X가 1단위 증가할 때 구입 확률이 비구입 확률에 비해 1.6배가 됨을 의미한다.

분석 사례 - 새 잡지의 잠재적 구독성향 자료

앞의 로지스틱 회귀의 예는 설명변량의 수가 하나인 경우였으나, 다음과 같이 설명변량의 수가 k개인 모형으로 확장할 수 있다.

$$\log\{p(x_1,\cdots,x_k)/(1-p(x_1,\cdots,x_k))\}=\beta_0+\beta_1 x_1+\cdots+\beta_k x_k$$

이제 이 모형이 적용된 사례를 보도록 하겠다. <표 13>은 40명의 응답자로부터 성별(변수명 : gender, 0 male, 1 female)과 나이(변수명 : age) 및 사회적 친화력(변수명 : socio)과 정치적 성향(변수명 : polit), 새 잡자의 구독의사(변수명 : subs, 1 구입, 0 비구입)가 측정된 자료이다. 여기서 변수 socio와 polit은 10점 만점의 척도를 갖으며 각각의 점수가 높을수록 대인관계의 친화력이 크고 정치적으로는 보수적이다.

〈표 13〉 새 잡지의 잠재적 구독성향 자료(reader_1.sav)

gender	age	socio	polit	subs	gender	age	socio	polit	subs
1	35	5	4	1	0	44	8	8	1
0	45	2	5	0	1	47	3	9	0
1	51	7	2	1	1	34	4	9	0
0	47	4	4	1	0	47	5	7	0
1	35	5	8	1	1	34	5	2	1
1	48	7	8	1	1	56	7	5	0
0	46	5	5	0	1	59	2	2	0
1	46	5	8	0	0	59	6	7	0
0	38	4	9	0	1	39	6	2	1
0	49	5	7	0	0	42	3	1	0
0	50	6	6	0	1	45	5	8	1
1	47	7	9	1	1	30	8	1	0
1	39	5	8	1	1	51	8	9	1
1	45	5	3	1	1	43	5	5	0
0	39	5	5	0	0	31	5	7	1
1	39	6	4	1	0	34	7	3	1
1	52	4	3	0	1	46	4	1	1
0	58	8	7	0	1	50	4	9	0
1	32	4	4	1	1	52	6	5	0
1	35	7	7	1	1	51	7	8	1

〈표 14〉 로지스틱 분석 결과

	B	S.E.	Wald	자유도	유의확률	Exp(B)
성별 gender	1.462	0.848	2.974	1	0.085	4.315
나이 age	-0.138	0.059	5.447	1	0.020	0.871
사회적 친화력 socio	0.663	0.311	4.551	1	0.033	1.940
정치적 성향 polit	-0.075	0.159	0.222	1	0.637	0.928
상수	2.021	2.703	0.559	1	0.455	7.543

이때 다음과 같은 로짓 모형(로지스틱 회귀모형)을 생각해보기로 하자.

$$\log\{p(gender, age, socio, polit)/(1-p(gender, age, socio, polit))\}$$
$$= \beta_0 + \beta_1 gender + \beta_2 age + \beta_3 socio + \beta_4 polit$$

여기서 확률 $p(gender, age, socio, polit)$는 잠재적 구독 확률이다. 모형적합의 결과는 다음과 같다.

$$\log\{p(gender, age, socio, polit)/(1-p(gender, age, socio, polit))\}$$
$$= 2.021 + 1.462\, gender - 0.138\, age + 0.663\, socio - 0.075\, polit$$

<표 14>의 분석 결과를 해석해보면 다음과 같다.

1) 여성($gender = 1$)들의 잠재적 구독성향이 남성($gender = 0$)에 비하여 크다 (유의확률이 0.085로 나타났지만, 이것은 양측검증 시의 것이므로 단측검증 시의 유의확률은 0.085의 절반인 0.042이다). 표의 제일 끝 열에 제시되어 있는 Exp(B)는 4.315로 여성이 잡지를 구독할 확률은 남성에 비해 4.3배이다.
2) 나이(age)가 많을수록 통계적으로 유의하게 잠재적 구독성향이 작아진다 (유의확률 = 0.02). Exp(B) = 0.871로 나이가 1세(단위) 증가 시에 잡지를 구독할 확률은 0.87배가 된다. 따라서 이 잡지는 젊은 층에서 보다 높은 호응을 얻을 것으로 보인다.
3) 사회적 친화력($socio$)이 클수록 통계적으로 유의하게 이 잡지의 잠재적 구독성향이 높아진다 (유의확률 = 0.033). Exp(B)는 1.94로 사회적 친화력이 1단위 증가할수록 구매할 확률은 1.94배가 되는 것으로 나타났다.
4) 정치적 성향($polit$)은 이 잡지의 잠재적 구독성향과 무관한 것으로 보인다 (유의확률 0.637).

10.5 SPSS 분석 절차

분석 사례 – 심리치료의 효과 자료분석

자료 : tab3x2_1.sav

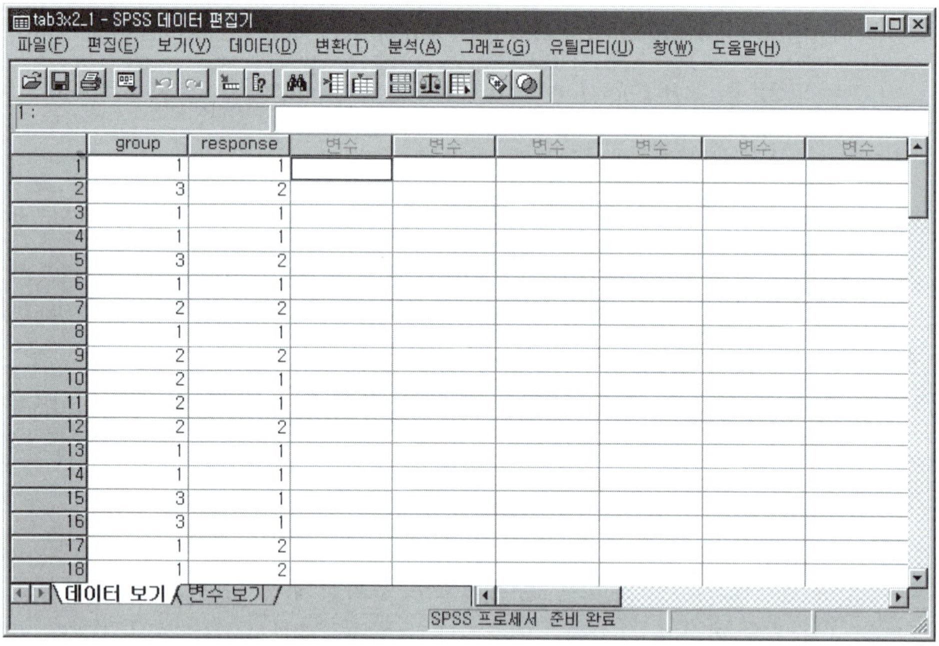

- SPSS 분석(Analyze) 메뉴에서

    기술통계량(Descriptive Statistics) ▶ 교차분석(Crosstabs....)

 에 들어가면 교차표 분석의 주 대화상자가 나타난다.

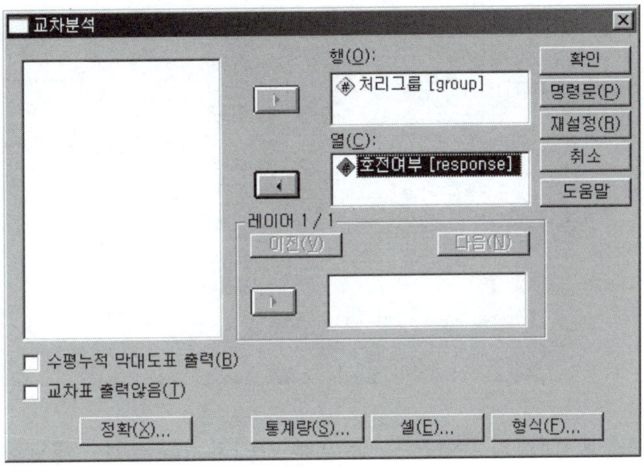

- 행(Rows)에 처리그룹 group을 넣고 열(Columns)에 호전여부 response를 넣는다.

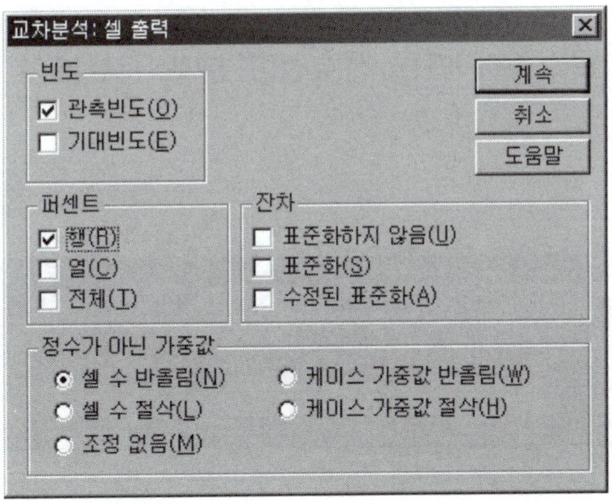

- 셀(Cell...) 대화상자에서 관측빈도(Observed Counts)와 행 퍼센트(Row Percentages)를 체크한다.

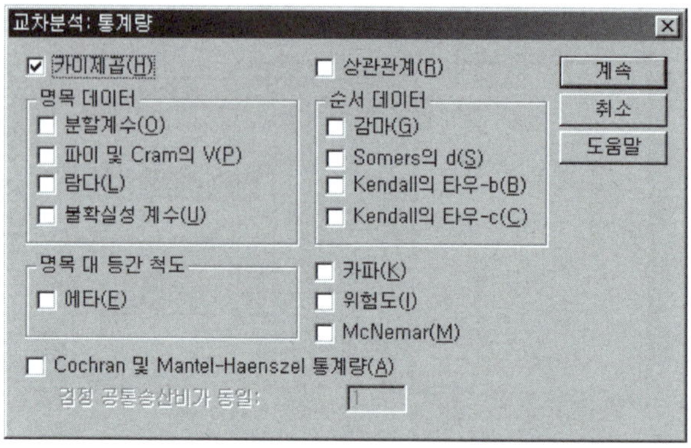

- 통계량(Statistics) 대화상자에서는 카이제곱(Chi-square)을 체크한다.
- 주 대화상자에 돌아가 확인(OK)하면 215쪽의 <표 2>와 216쪽의 <표 3>이 나온다.

분석 사례 - 교육수준에 따른 선호정당 분포 자료분석

자료 : tab4x3.sav

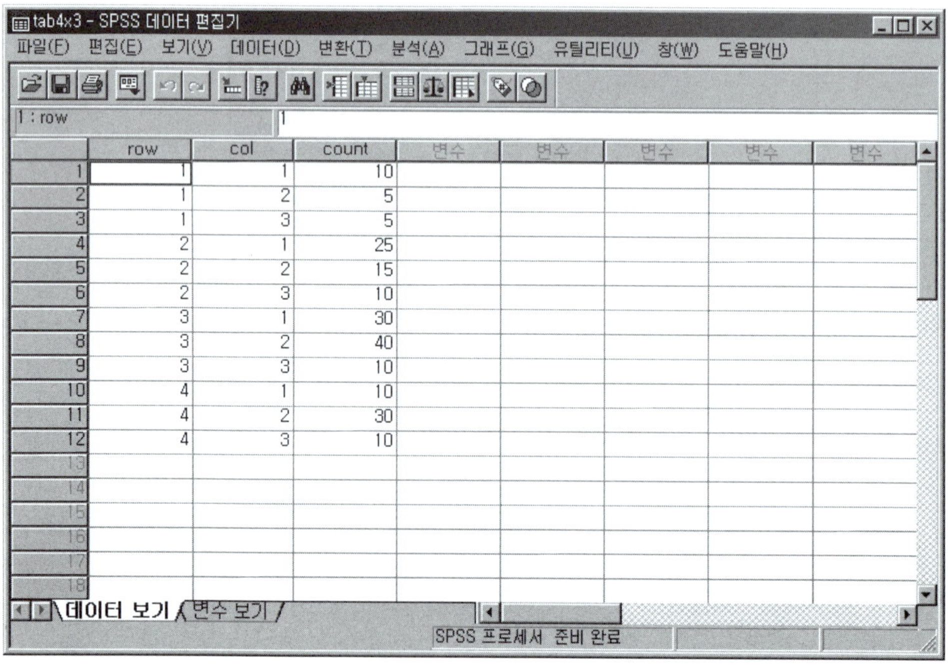

	row	col	count
1	1	1	10
2	1	2	5
3	1	3	5
4	2	1	25
5	2	2	15
6	2	3	10
7	3	1	30
8	3	2	40
9	3	3	10
10	4	1	10
11	4	2	30
12	4	3	10

- 위 자료에서 특수한 것은 각 케이스가 count 만큼 반복된다는 것이다. 이를 위하여 SPSS의 데이터(Data) 메뉴에서 가중 케이스(Weight Cases)를 활용한다.

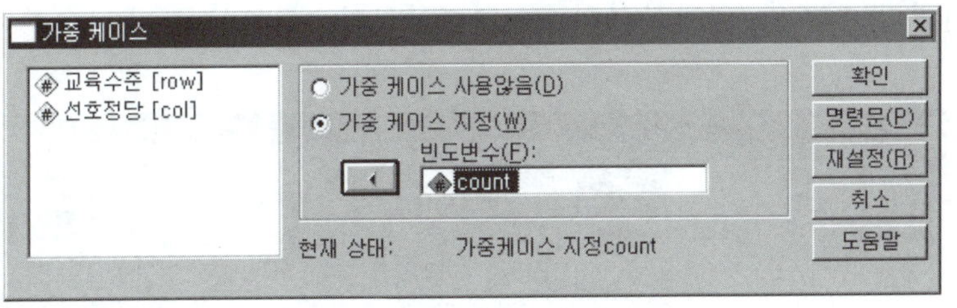

- 가중 케이스 지정(Weight cases by)에서 빈도변수(Frequency variable)에 count를 지정한다. 이제 교차분석에 들어가 필요 사항을 지정하면 된다.

분석 사례 – 새 잡지의 잠재적 구독성향 자료분석

자료 : reader_1.sav

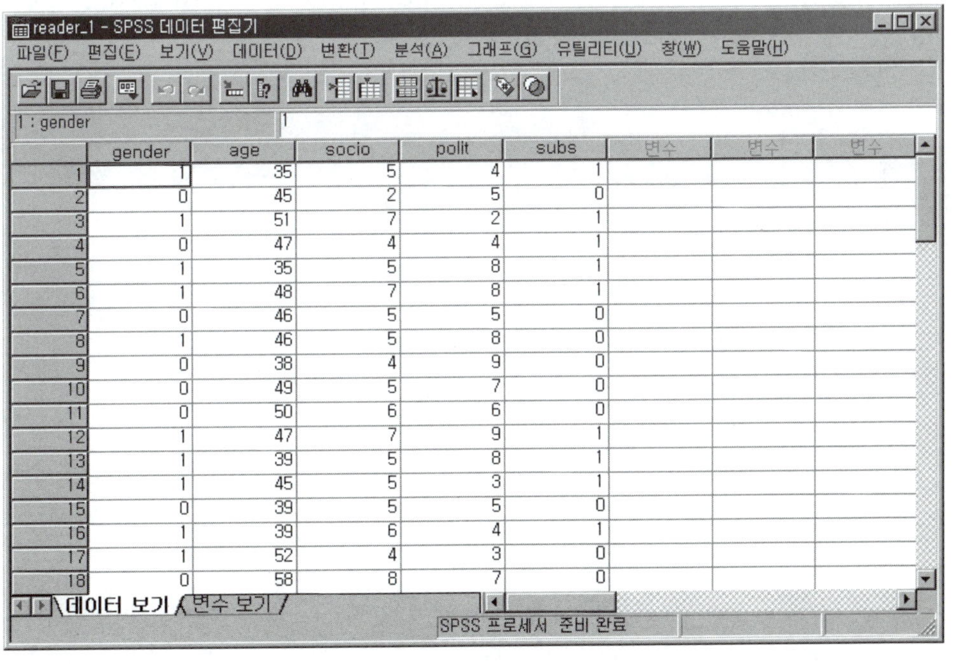

	gender	age	socio	polit	subs	변수	변수	변수
1	1	35	5	4	1			
2	0	45	2	5	0			
3	1	51	7	2	1			
4	0	47	4	4	1			
5	1	35	5	8	1			
6	1	48	7	8	1			
7	0	46	5	5	0			
8	1	46	5	8	0			
9	0	38	4	9	0			
10	0	49	5	7	0			
11	0	50	6	6	0			
12	1	47	7	9	1			
13	1	39	5	8	1			
14	1	45	5	3	1			
15	0	39	5	5	0			
16	1	39	6	4	1			
17	1	52	4	3	0			
18	0	58	8	7	0			

- SPSS 분석(Analyze) 메뉴에서

  회귀(Regression) ▶ 이분형 로지스틱(Logisic...)

  에 들어가면 로지스틱 회귀분석의 주 대화상자가 나타난다.

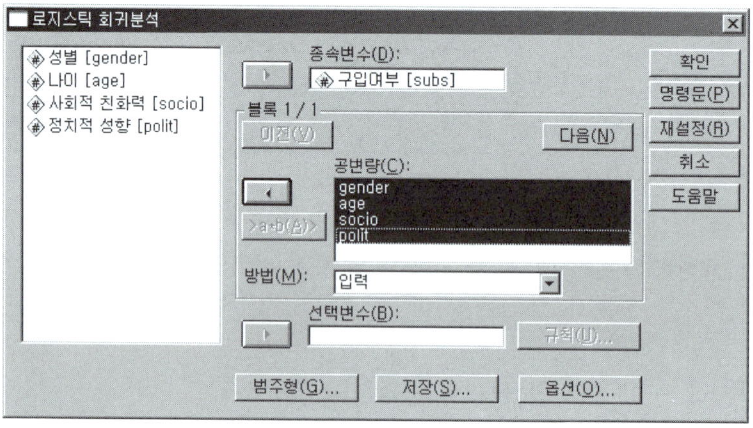

- 구입여부 subs를 종속변수(Dependent)에 넣고, 나이 age, 사회적 친화력 socio, 정치적 성향 polit을 공변량(Covariates)에 넣는다. 그리고 확인(OK)하면 232쪽의 <표 14>와 같은 출력 결과를 얻는다.

◩ 연습문제

심리치료의 효과 자료분석(계속)

- group 1 대 (group 2, group 3)를 비교하고, group 2 대 group 3을 비교하여 217쪽의 <표 4>의 a와 b와 같은 출력 결과를 만들어라.
  [힌트 : SPSS 변환(Transformations) 메뉴의 새로운 변수로 코딩변경(Recode into Different Variables) 기능과 데이터(Data) 메뉴의 케이스 선택(Select Cases) 기능을 활용할 것]

- 풀이 절차 : SPSS 변환 메뉴의 새로운 변수로 코딩변경(Recode into Different Variables)에서 시작한다.

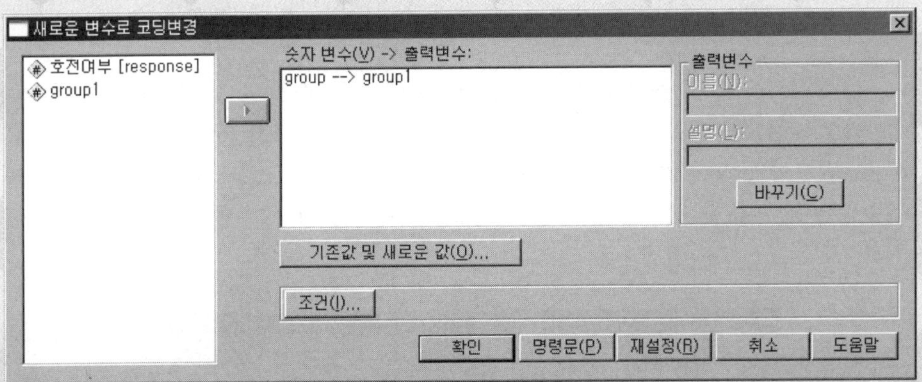

□ 새 변수명을 group 1이라 하자. 기존 값 및 새로운 값(Old and New Values)을 누른다.

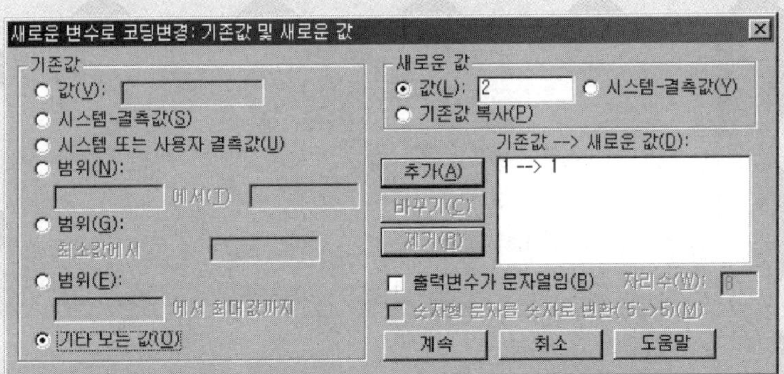

□ 기존 값(Old Values) 1을 새로운 값(New Values) 1로, 기타 모든 값(All Other Values)을 2로 변경한다.

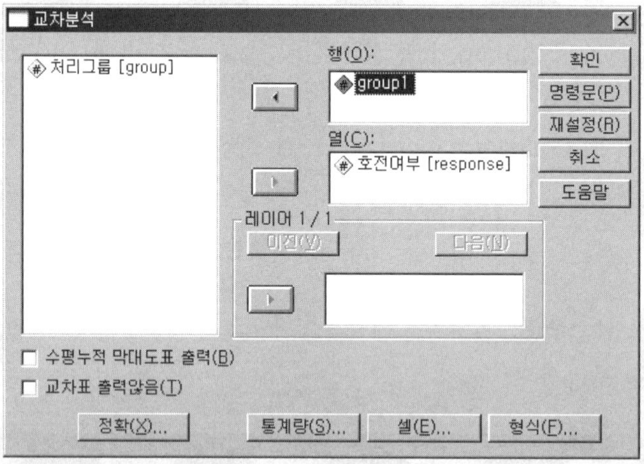

□ 교차분석의 주 대화상자에 돌아가 행(Rows)에 group1을 넣고 열(Columns)에 호전여부 response를 넣는다. 그리고 확인(OK)하면 217쪽의 <표 4>의 a를 얻는다.

□ group 2 대 group 3를 비교하기 위하여는 group 1인 케이스를 제외시킬 수 있는 필터 변수를 만들 필요가 있다. SPSS 데이터(Data) 메뉴에서 케이스 선택(Select Cases)에 들어간다.

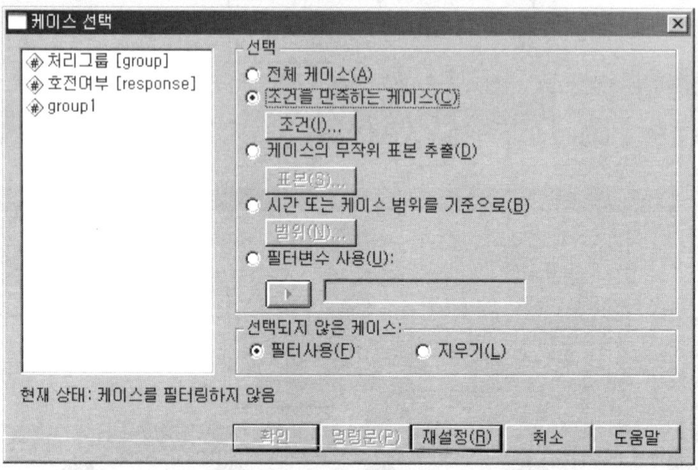

□ 조건을 만족하는 케이스(If condition is satisfied)를 지정한다.

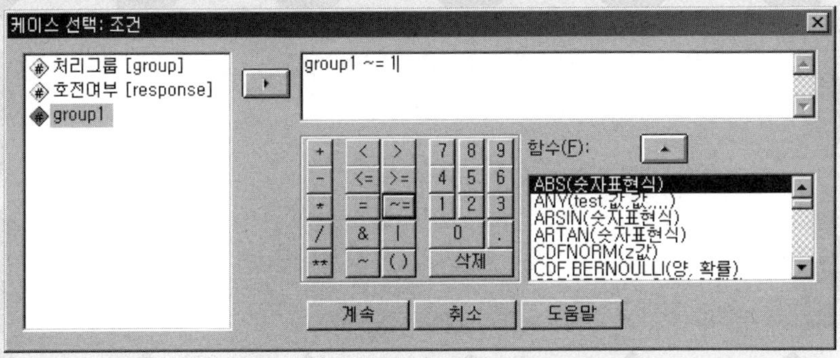

□ 조건(Condition)으로 "group ~ = 1"을 지정한다. 그러면 group ≠ 1인 케이스만 남는다.

□ 이제 교차분석의 주 대화상자에 돌아가 행(Rows)에 group을 넣고 열(Columns)에 호전여부 response를 넣고 확인(OK)하면 217쪽의 <표 4>의 b를 얻는다.

부 록

참고 및 추천 문헌

강명욱 · 김영일 · 안철환 · 이용구(1996), 『회귀분석 : 모형개발과 진단』, 서울 : 율곡출판사.

김기영 · 전명식(1993), 『다변량통계자료분석』, 서울 : 자유아카데미.

김홍규(1997), 『사회과학 통계분석 : SPSS for Windows』, 서울 : 나남출판.

박미라 · 이재원(1997), 『임상시험 연구를 위한 통계적 방법』, 서울 : 자유아카데미.

백운봉(1995), 『선형모형의 이해와 계산』, 서울 : 자유아카데미.

성내경(1997), 『실험설계와 분석』, 서울 : 자유아카데미.

성태제(1995), 『타당도와 신뢰도』, 서울 : 자유아카데미.

송혜향(1992), 『메타분석법』, 서울 : 자유아카데미.

오택섭(1991), 『사회과학 데이터 분석법』,서울 : 나남출판.

전명식(1996), 『수리통계학』, 서울 : 자유아카데미.

허명회(1992), 『선형모형방법론』, 서울 : 자유아카데미.

허명회(1996), 『비교연구를 위한 통계적 방법론』, 서울 : 자유아카데미.

허명회(1997), 『통계적 개념 · 방법 · 응용』, 서울 : 자유아카데미.

허명회(1998), 『수량화방법 I · II · III · IV』, 서울 : 자유아카데미.

허명회(1999), 『사회과학을 위한 다변량자료분석』, 서울 : 자유아카데미.

허명회 · 이태림 · 임성수(1994), 『통계적 자료분석 I: SAS』, 서울 : 한국방송대학.

Cook, R. D. and S. Weisberg(1982), *Residuals and Influence in Regression,* Chapman and Hall, London.

Hedge, L.V. and Olkin, I.(1985), *Statistical Methods for Meta-Analysis,* Academic Press, Orlando.

Rosental, R. and Rosnow, R.L.(1991), *Essentials of Behavioral Research : Methods and Data Analysis*(2nd ed), McGraw-Hill, New York.

Snedecor, G.W. and Cochran, W.G.(1970), *Statistical Methods* (7th ed), Iowa State University Press, Ames.

Zar, J. H.(1984), *Biostatistical Analysis*(2nd ed),. Prentice-Hall, Englewood Cliffs.

부록 A. 통계분포표

A.1 이항분포

표기 : $X \sim B(n, p)$, 여기서 n 은 독립시행의 수, p 는 성공의 확률

확률 : $\Pr(X = x; n, p) = \binom{n}{x} p^x (1-p)^{n-x}, \quad x = 0, 1, \cdots, n$

기대값과 분산 : $E(X; n, p) = np$, $Var(X; n, p) = np(1-p)$

확률표 (예 : n=20인 경우)

x	p=0.1	p=0.25	p=0.5	p=0.75	p=0.9
0	0.121577	0.003171	0.000001	0.000000	0.000000
1	0.270170	0.021141	0.000019	0.000000	0.000000
2	0.285180	0.066948	0.000181	0.000000	0.000000
3	0.190120	0.133896	0.001087	0.000000	0.000000
4	0.089779	0.189685	0.004621	0.000000	0.000000
5	0.031921	0.202331	0.014786	0.000003	0.000000
6	0.008867	0.168609	0.036964	0.000026	0.000000
7	0.001970	0.112406	0.073929	0.000154	0.000000
8	0.000356	0.060887	0.120134	0.000752	0.000000
9	0.000053	0.027061	0.160179	0.003007	0.000001
10	0.000006	0.009922	0.176197	0.009922	0.000006
11	0.000001	0.003007	0.160179	0.027061	0.000053
12	0.000000	0.000752	0.120134	0.060887	0.000356
13	0.000000	0.000154	0.073929	0.112406	0.001970
14	0.000000	0.000026	0.036964	0.168609	0.008867
15	0.000000	0.000003	0.014786	0.202331	0.031921
16	0.000000	0.000000	0.004621	0.189685	0.089779
17	0.000000	0.000000	0.001087	0.133896	0.190120
18	0.000000	0.000000	0.000181	0.066948	0.285180
19	0.000000	0.000000	0.000019	0.021141	0.270170
20	0.000000	0.000000	0.000001	0.003171	0.121577

A.2 포아송 분포

표기 : $X \sim Poisson(\mu)$, 여기서 μ는 평균

확률 : $\Pr(X=x;\mu)=e^{-\mu}\dfrac{\mu^x}{x!}$, $x=0,1,\cdots,\infty$

기대값과 분산 : $E(X;\mu)=\mu$, $Var(X;\mu)=\mu$

확률표(예)

x	μ=1	μ=2	μ=3	μ=4	μ=5
0	0.367879	0.135335	0.049787	0.018316	0.006738
1	0.367879	0.270671	0.149361	0.073263	0.033690
2	0.183940	0.270671	0.224042	0.146525	0.084224
3	0.061313	0.180447	0.224042	0.195367	0.140374
4	0.015328	0.090224	0.168031	0.195367	0.175467
5	0.003066	0.036089	0.100819	0.156293	0.175467
6	0.000511	0.012030	0.050409	0.104196	0.146223
7	0.000073	0.003437	0.021604	0.059540	0.104445
8	0.000009	0.000859	0.008102	0.029770	0.065278
9	0.000001	0.000191	0.002701	0.013231	0.036266
10	0.000000	0.000038	0.000810	0.005292	0.018133
11	0.000000	0.000007	0.000221	0.001925	0.008242
12	0.000000	0.000001	0.000055	0.000642	0.003434
13	0.000000	0.000000	0.000013	0.000197	0.001321
14	0.000000	0.000000	0.000003	0.000056	0.000472
15	0.000000	0.000000	0.000001	0.000015	0.000157
16	0.000000	0.000000	0.000000	0.000004	0.000049
17	0.000000	0.000000	0.000000	0.000001	0.000014
18	0.000000	0.000000	0.000000	0.000000	0.000004
19	0.000000	0.000000	0.000000	0.000000	0.000001
20	0.000000	0.000000	0.000000	0.000000	0.000000

A.3 정규분포

표기 : $X \sim N(\mu, \sigma^2)$, 여기서 μ는 평균, σ^2는 분산

확률밀도 : $f(x;\mu,\sigma^2) = \frac{1}{\sqrt{2\pi}\,\sigma} e^{-\frac{(x-\mu)^2}{2\sigma^2}}, \quad -\infty < x < \infty$

기대값과 분산 : $E(X;\mu,\sigma^2) = \mu$, $Var(X;\mu,\sigma^2) = \sigma^2$

표준화 : $Z = (X-\mu)/\sigma \sim N(0,1)$

표준정규분포표 : 우측꼬리확률 $\bar{p}(z) = \Pr\{Z \geq z\}$, 여기서 $Z \sim N(0,1)$

z	0.00	0.01	0.02	0.03	0.04	0.05	0.06	0.07	0.08	0.09
0.0	0.5000	0.4960	0.4920	0.4880	0.4840	0.4801	0.4761	0.4721	0.4681	0.4641
0.1	0.4602	0.4562	0.4522	0.4483	0.4443	0.4404	0.4364	0.4325	0.4286	0.4247
0.2	0.4207	0.4168	0.4129	0.4090	0.4052	0.4013	0.3974	0.3936	0.3897	0.3859
0.3	0.3821	0.3783	0.3745	0.3707	0.3669	0.3632	0.3594	0.3557	0.3520	0.3483
0.4	0.3446	0.3409	0.3372	0.3336	0.3300	0.3264	0.3228	0.3192	0.3156	0.3121
0.5	0.3085	0.3050	0.3015	0.2981	0.2946	0.2912	0.2877	0.2843	0.2810	0.2776
0.6	0.2743	0.2709	0.2676	0.2643	0.2611	0.2578	0.2546	0.2514	0.2483	0.2451
0.7	0.2420	0.2389	0.2358	0.2327	0.2296	0.2266	0.2236	0.2206	0.2177	0.2148
0.8	0.2119	0.2090	0.2061	0.2033	0.2005	0.1977	0.1949	0.1922	0.1894	0.1867
0.9	0.1841	0.1814	0.1788	0.1762	0.1736	0.1711	0.1685	0.1660	0.1635	0.1611
1.0	0.1587	0.1562	0.1539	0.1515	0.1492	0.1469	0.1446	0.1423	0.1401	0.1379
1.1	0.1357	0.1335	0.1314	0.1292	0.1271	0.1251	0.1230	0.1210	0.1190	0.1170
1.2	0.1151	0.1131	0.1112	0.1093	0.1075	0.1056	0.1038	0.1020	0.1003	0.0985
1.3	0.0968	0.0951	0.0934	0.0918	0.0901	0.0885	0.0869	0.0853	0.0838	0.0823
1.4	0.0808	0.0793	0.0778	0.0764	0.0749	0.0735	0.0721	0.0708	0.0694	0.0681
1.5	0.0668	0.0655	0.0643	0.0630	0.0618	0.0606	0.0594	0.0582	0.0571	0.0559
1.6	0.0548	0.0537	0.0526	0.0516	0.0505	0.0495	0.0485	0.0475	0.0465	0.0455
1.7	0.0446	0.0436	0.0427	0.0418	0.0409	0.0401	0.0392	0.0384	0.0375	0.0367
1.8	0.0359	0.0351	0.0344	0.0336	0.0329	0.0322	0.0314	0.0307	0.0301	0.0294
1.9	0.0287	0.0281	0.0274	0.0268	0.0262	0.0256	0.0250	0.0244	0.0239	0.0233

상위 100α 백분위수 z_α : $P\{Z \geqq z_\alpha\} = \alpha$

α	0.500	0.250	0.100	0.050	0.025	0.010	0.005
z_α	0.0000	0.6745	1.2816	1.6449	1.9600	2.3264	2.5758

표준정규분포표(계속) : $\bar{p}(z) = \Pr\{Z \geqq z\}$, 여기서 $Z \sim N(0,1)$

z	0.00	0.01	0.02	0.03	0.04	0.05	0.06	0.07	0.08	0.09
2.0	0.0228	0.0222	0.0217	0.0212	0.0207	0.0202	0.0197	0.0192	0.0188	0.0183
2.1	0.0179	0.0174	0.0170	0.0166	0.0162	0.0158	0.0154	0.0150	0.0146	0.0143
2.2	0.0139	0.0136	0.0132	0.0129	0.0125	0.0122	0.0119	0.0116	0.0113	0.0110
2.3	0.0107	0.0104	0.0102	0.0099	0.0096	0.0094	0.0091	0.0089	0.0087	0.0084
2.4	0.0082	0.0080	0.0078	0.0075	0.0073	0.0071	0.0069	0.0068	0.0066	0.0064
2.5	0.0062	0.0060	0.0059	0.0057	0.0055	0.0054	0.0052	0.0051	0.0049	0.0048
2.6	0.0047	0.0045	0.0044	0.0043	0.0041	0.0040	0.0039	0.0038	0.0037	0.0036
2.7	0.0035	0.0034	0.0033	0.0032	0.0031	0.0030	0.0029	0.0028	0.0027	0.0026
2.8	0.0026	0.0025	0.0024	0.0023	0.0023	0.0022	0.0021	0.0021	0.0020	0.0019
2.9	0.0019	0.0018	0.0018	0.0017	0.0016	0.0016	0.0015	0.0015	0.0014	0.0014
3.0	0.0013	0.0013	0.0013	0.0012	0.0012	0.0011	0.0011	0.0011	0.0010	0.0010
3.1	0.0010	0.0009	0.0009	0.0009	0.0008	0.0008	0.0008	0.0008	0.0007	0.0007
3.2	0.0007	0.0007	0.0006	0.0006	0.0006	0.0006	0.0006	0.0005	0.0005	0.0005
3.3	0.0005	0.0005	0.0005	0.0004	0.0004	0.0004	0.0004	0.0004	0.0004	0.0003
3.4	0.0003	0.0003	0.0003	0.0003	0.0003	0.0003	0.0003	0.0003	0.0003	0.0002
3.5	0.0002	0.0002	0.0002	0.0002	0.0002	0.0002	0.0002	0.0002	0.0002	0.0002
3.6	0.0002	0.0002	0.0001	0.0001	0.0001	0.0001	0.0001	0.0001	0.0001	0.0001
3.7	0.0001	0.0001	0.0001	0.0001	0.0001	0.0001	0.0001	0.0001	0.0001	0.0001
3.8	0.0001	0.0001	0.0001	0.0001	0.0001	0.0001	0.0001	0.0001	0.0001	0.0001
3.9	0.0000	0.0000	0.0000	0.0000	0.0000	0.0000	0.0000	0.0000	0.0000	0.0000

A.4 t 분포

표기 : $t \sim t(\nu)$, 여기서 ν는 자유도

확률밀도 : $f(t;\nu) = \dfrac{\Gamma((\nu+1)/2)}{\sqrt{\pi\nu}\,\Gamma(\nu/2)} \times \dfrac{1}{(1+t^2/\nu)^{(\nu+1)/2}}, \quad -\infty < t < \infty$

상위 100α 백분위수 t_α : $P\{t \geq t_\alpha\} = \alpha$

α	0.500	0.250	0.100	0.050	0.025	0.010	0.005
ν=1	0.00000	1.0000	3.0777	6.3138	12.7062	31.8206	63.6570
2	0.00000	0.81650	1.88562	2.91999	4.30265	6.96456	9.92485
3	0.00000	0.76489	1.63774	2.35336	3.18245	4.54070	5.84091
4	0.00000	0.74070	1.53321	2.13187	2.77645	3.74696	4.60410
5	0.00000	0.72669	1.47592	2.01505	2.57058	3.36493	4.03215
6	0.00000	0.71756	1.43976	1.94318	2.44691	3.14267	3.70745
7	0.00000	0.71114	1.41492	1.89459	2.36463	2.99795	3.49948
8	0.00000	0.70639	1.39682	1.85955	2.30601	2.89646	3.35539
9	0.00000	0.70272	1.38304	1.83311	2.26216	2.82144	3.24986
10	0.00000	0.69981	1.37220	1.81246	2.22814	2.76378	3.16928
11	0.00000	0.69745	1.36343	1.79589	2.20099	2.71808	3.10582
12	0.00000	0.69548	1.35622	1.78229	2.17882	2.68100	3.05456
13	0.00000	0.69383	1.35017	1.77093	2.16037	2.65031	3.01228
14	0.00000	0.69242	1.34503	1.76131	2.14480	2.62450	2.97686
15	0.00000	0.69120	1.34061	1.75305	2.13145	2.60248	2.94672
16	0.00000	0.69013	1.33679	1.74589	2.11991	2.58349	2.92078
17	0.00000	0.68921	1.33340	1.73961	2.10982	2.56694	2.89824
18	0.00000	0.68836	1.33040	1.73407	2.10093	2.55238	2.87844
19	0.00000	0.68763	1.32773	1.72914	2.09303	2.53948	2.86095
20	0.00000	0.68695	1.32534	1.72473	2.08598	2.52798	2.84534
25	0.00000	0.68443	1.31635	1.70814	2.05954	2.48511	2.78744
30	0.00000	0.68276	1.31042	1.69726	2.04227	2.45726	2.75000
35	0.00000	0.68157	1.30621	1.68957	2.03011	2.43774	2.72381
40	0.00000	0.68067	1.30308	1.68385	2.02108	2.42326	2.70446

A.5 F 분포

표기 : $F \sim F(\nu_1, \nu_2)$, 여기서 ν_1는 분자 자유도, ν_2는 분모 자유도

확률밀도 :

$$f(x;\nu_1,\nu_2) = \frac{\Gamma((\nu_1+\nu_2)/2)}{\Gamma(\nu_1/2)\,\Gamma(\nu_2/2)} \times \frac{(\nu_1/\nu_2)^{\nu_1/2} x^{\nu_1/2-1}}{(1+\nu_1 x/\nu_2)^{(\nu_1+\nu_2)/2}},\quad 0 \leqq x < \infty$$

상위 100α 백분위수 F_α : $P\{F \geqq F_\alpha\} = \alpha$

$\nu_1 = 1$ α	0.500	0.250	0.100	0.050	0.025	0.010	0.005
$\nu_2 = 1$	1.0	5.8	39.9	161.4	647.8	4052.2	16210.7
2	0.667	2.571	8.526	18.513	38.506	98.503	198.501
3	0.5851	2.0239	5.5383	10.1280	17.4439	34.1162	55.5521
4	0.5486	1.8074	4.5449	7.7086	12.2179	21.1977	31.3336
5	0.5281	1.6925	4.0604	6.6079	10.0070	16.2583	22.7849
6	0.5149	1.6214	3.7760	5.9874	8.8132	13.7452	18.6351
7	0.5057	1.5731	3.5895	5.5915	8.0727	12.2464	16.2356
8	0.4990	1.5384	3.4579	5.3177	7.5709	11.2586	14.6882
9	0.4938	1.5121	3.3603	5.1174	7.2093	10.5616	13.6136
10	0.4897	1.4915	3.2850	4.9646	6.9367	10.0443	12.8265
11	0.4864	1.4749	3.2252	4.8443	6.7242	9.6461	12.2263
12	0.4837	1.4614	3.1765	4.7472	6.5538	9.3304	11.7543
13	0.4814	1.4500	3.1362	4.6672	6.4143	9.0738	11.3736
14	0.4794	1.4403	3.1022	4.6001	6.2980	8.8617	11.0604
15	0.4778	1.4321	3.0732	4.5431	6.1995	8.6831	10.7981
16	0.4763	1.4249	3.0481	4.4940	6.1151	8.5310	10.5755
17	0.4750	1.4186	3.0263	4.4513	6.0420	8.3998	10.3842
18	0.4738	1.4130	3.0070	4.4139	5.9781	8.2854	10.2181
19	0.4728	1.4081	2.9899	4.3808	5.9216	8.1851	10.0726
20	0.47191	1.40366	2.97469	4.35130	5.87150	8.09596	9.94401
25	0.46845	1.38706	2.91775	4.24170	5.68638	7.76980	9.47531
30	0.46616	1.37608	2.88069	4.17088	5.56755	7.56248	9.17968
35	0.46454	1.36835	2.85465	4.12135	5.48482	7.41912	8.97630
40	0.46332	1.36259	2.83536	4.08476	5.42394	7.31412	8.82786

상위 100α 백분위수 F_α : $P\{F \geqq F_\alpha\} = \alpha$ (계속)

$\nu_1=2$ α	0.500	0.250	0.100	0.050	0.025	0.010	0.005
$\nu_2=1$	1.5	7.5	49.5	199.5	799.5	4999.5	19999.5
2	1.000	3.000	9.000	19.000	39.000	99.000	199.000
3	0.8811	2.2798	5.4625	9.5521	16.0441	30.8165	49.7995
4	0.8284	2.0000	4.3246	6.9443	10.6491	18.0000	26.2843
5	0.7988	1.8528	3.7797	5.7861	8.4336	13.2740	18.3138
6	0.7798	1.7622	3.4633	5.1433	7.2599	10.9248	14.5444
7	0.7665	1.7010	3.2574	4.7375	6.5416	9.5466	12.4040
8	0.7568	1.6569	3.1131	4.4590	6.0595	8.6491	11.0424
9	0.7494	1.6236	3.0065	4.2565	5.7147	8.0215	10.1067
10	0.74349	1.59756	2.92447	4.10288	5.45640	7.55944	9.42709
11	0.73872	1.57668	2.85951	3.98230	5.25589	7.20572	8.91235
12	0.73477	1.55955	2.80680	3.88531	5.09587	6.92661	8.50964
13	0.73147	1.54524	2.76317	3.80560	4.96528	6.70098	8.18649
14	0.72863	1.53310	2.72647	3.73894	4.85672	6.51489	7.92165
15	0.72619	1.52269	2.69518	3.68237	4.76509	6.35888	7.70085
16	0.72406	1.51369	2.66819	3.63376	4.68673	6.22625	7.51385
17	0.72219	1.50575	2.64464	3.59155	4.61888	6.11220	7.35352
18	0.72054	1.49876	2.62400	3.55456	4.55967	6.01291	7.21484
19	0.71906	1.49255	2.60561	3.52192	4.50753	5.92588	7.09356
20	0.71774	1.48700	2.58926	3.49283	4.46126	5.84893	6.98648
25	0.71274	1.46609	2.52834	3.38519	4.29093	5.56800	6.59820
30	0.70941	1.45238	2.48872	3.31584	4.18210	5.39035	6.35473
35	0.70706	1.44270	2.46094	3.26744	4.10650	5.26794	6.18784
40	0.70530	1.43550	2.44037	3.23173	4.05099	5.17851	6.06643

상위 100α 백분위수 F_{α} : $P\{F \geq F_{\alpha}\} = \alpha$ (계속)

$\nu_1=3$ α	0.500	0.250	0.100	0.050	0.025	0.010	0.005
$\nu_2=1$	1.7	8.2	53.6	215.7	864.2	5403.3	21614.7
2	1.135	3.153	9.162	19.164	39.166	99.166	199.167
3	1.0000	2.3556	5.3908	9.2766	15.4394	29.4575	47.4673
4	0.9405	2.0467	4.1909	6.5914	9.9792	16.6944	24.2591
5	0.9071	1.8843	3.6195	5.4095	7.7636	12.0600	16.5298
6	0.8858	1.7844	3.2888	4.7571	6.5989	9.7796	12.9167
7	0.8709	1.7169	3.0741	4.3469	5.8898	8.4513	10.8825
8	0.86004	1.66829	2.92380	4.06618	5.41598	7.59099	9.59649
9	0.85168	1.63155	2.81286	3.86255	5.07812	6.99192	8.71709
10	0.84508	1.60285	2.72768	3.70826	4.82564	6.55235	8.08076
11	0.83973	1.57981	2.66023	3.58743	4.63005	6.21680	7.60048
12	0.83531	1.56093	2.60553	3.49030	4.47419	5.95257	7.22577
13	0.83159	1.54512	2.56028	3.41054	4.34720	5.73941	6.92576
14	0.82842	1.53173	2.52223	3.34390	4.24174	5.56389	6.68040
15	0.82569	1.52024	2.48980	3.28740	4.15281	5.41697	6.47604
16	0.82330	1.51027	2.46183	3.23891	4.07683	5.29221	6.30339
17	0.82121	1.50154	2.43745	3.19672	4.01117	5.18502	6.15562
18	0.81935	1.49382	2.41601	3.15991	3.95387	5.09193	6.02782
19	0.81770	1.48696	2.39703	3.12735	3.90346	5.01034	5.91609
20	0.81621	1.48081	2.38009	3.09839	3.85872	4.93822	5.81770
25	0.81061	1.45772	2.31702	2.99125	3.69427	4.67546	5.46152
30	0.80689	1.44256	2.27608	2.92228	3.58936	4.50975	5.23879
35	0.80425	1.43185	2.24736	2.87423	3.51665	4.39575	5.08650
40	0.80229	1.42388	2.22610	2.83874	3.46326	4.31258	4.97584

상위 100α 백분위수 F_{α} : $P\{F \geq F_{\alpha}\} = \alpha$ (계속)

$\nu_1=4$ α	0.500	0.250	0.100	0.050	0.025	0.010	0.005
$\nu_2=1$	1.8	8.6	55.8	224.6	899.6	5624.6	22499.5
2	1.207	3.232	9.243	19.247	39.248	99.249	199.250
3	1.0632	2.3901	5.3427	9.1172	15.1010	28.7101	46.1955
4	1.0000	2.0642	4.1072	6.3882	9.6045	15.9774	23.1545
5	0.9646	1.8927	3.5202	5.1922	7.3879	11.3920	15.5561
6	0.9419	1.7872	3.1808	4.5337	6.2272	9.1483	12.0277
7	0.9262	1.7157	2.9605	4.1203	5.5226	7.8466	10.0505
8	0.91466	1.66422	2.80648	3.83787	5.05266	7.00608	8.80515
9	0.90580	1.62530	2.69268	3.63309	4.71808	6.42209	7.95591
10	0.89884	1.59487	2.60536	3.47806	4.46835	5.99434	7.34281
11	0.89316	1.57042	2.53619	3.35670	4.27509	5.66833	6.88090
12	0.88848	1.55035	2.48010	3.25917	4.12125	5.41195	6.52115
13	0.88455	1.53358	2.43370	3.17913	3.99595	5.20533	6.23347
14	0.88120	1.51937	2.39469	3.11225	3.89194	5.03541	5.99841
15	0.87831	1.50717	2.36144	3.05557	3.80427	4.89323	5.80291
16	0.87579	1.49654	2.33276	3.00692	3.72942	4.77258	5.63791
17	0.87357	1.48725	2.30777	2.96472	3.66476	4.66897	5.49670
18	0.87161	1.47904	2.28581	2.92776	3.60835	4.57904	5.37464
19	0.86987	1.47173	2.26634	2.89513	3.55871	4.50026	5.26809
20	0.86830	1.46519	2.24889	2.86611	3.51470	4.43069	5.17428
25	0.86237	1.44060	2.18424	2.75871	3.35304	4.17746	4.83509
30	0.85844	1.42447	2.14224	2.68965	3.24993	4.01789	4.62337
35	0.85565	1.41301	2.11277	2.64148	3.17851	3.90826	4.47875
40	0.85357	1.40449	2.09095	2.60597	3.12613	3.82829	4.37381

상위 100α 백분위수 F_α : $P\{F \geq F_\alpha\} = \alpha$ (계속)

$\nu_1=5$ α	0.500	0.250	0.100	0.050	0.025	0.010	0.005
$\nu_2=1$	1.9	8.8	57.2	230.2	921.8	5763.6	23055.7
2	1.252	3.280	9.293	19.296	39.298	99.299	199.300
3	1.1024	2.4095	5.3092	9.0135	14.8849	28.2371	45.3918
4	1.0367	2.0723	4.0506	6.2561	9.3645	15.5219	22.4564
5	1.0000	1.8947	3.4530	5.0503	7.1464	10.9670	14.9396
6	0.9765	1.7852	3.1075	4.3874	5.9876	8.7459	11.4639
7	0.96026	1.71106	2.88334	3.97156	5.28534	7.46051	9.52208
8	0.94831	1.65750	2.72646	3.68750	4.81728	6.63184	8.30180
9	0.93916	1.61702	2.61061	3.48167	4.48447	6.05695	7.47120
10	0.93193	1.58533	2.52164	3.32584	4.23609	5.63633	6.87240
11	0.92608	1.55986	2.45119	3.20388	4.04400	5.31602	6.42175
12	0.92124	1.53893	2.39406	3.10589	3.89115	5.06437	6.07114
13	0.91718	1.52142	2.34672	3.02545	3.76672	4.86167	5.79099
14	0.91371	1.50658	2.30694	2.95825	3.66342	4.69496	5.56226
15	0.91072	1.49382	2.27302	2.90131	3.57642	4.55562	5.37216
16	0.90812	1.48274	2.24376	2.85241	3.50215	4.43744	5.21170
17	0.90583	1.47304	2.21826	2.81000	3.43795	4.33594	5.07457
18	0.90381	1.46444	2.19584	2.77286	3.38198	4.24788	4.95609
19	0.90200	1.45680	2.17598	2.74006	3.33272	4.17077	4.85261
20	0.90038	1.44995	2.15826	2.71089	3.28906	4.10271	4.76158
25	0.89425	1.42421	2.09216	2.60299	3.12868	3.85496	4.43267
30	0.89020	1.40727	2.04925	2.53355	3.02647	3.69904	4.22758
35	0.88732	1.39527	2.01913	2.48515	2.95566	3.59192	4.08761
40	0.88517	1.38633	1.99682	2.44947	2.90372	3.51384	3.98606

A.6 카이제곱 분포

표기 : $W(=\chi^2) \sim \chi^2(\nu)$, 여기서 ν는 자유도

확률밀도 : $f(w;\nu) = \dfrac{1}{\Gamma(\nu/2)\,2^{\nu/2}} \times w^{\nu/2-1} e^{-w/2}, \quad 0 \leq w < \infty$

상위 100α 백분위수 χ^2_α : $P\{\chi^2 \geq \chi^2_\alpha\} = \alpha$

α	0.500	0.250	0.100	0.050	0.025	0.010	0.005
$\nu=1$	0.4549	1.3233	2.7055	3.8415	5.0239	6.6349	7.8795
2	1.3863	2.7726	4.6052	5.9915	7.3778	9.2103	10.5966
3	2.3660	4.1083	6.2514	7.8147	9.3484	11.3449	12.8382
4	3.3567	5.3853	7.7794	9.4877	11.1433	13.2767	14.8603
5	4.3515	6.6257	9.2364	11.0705	12.8325	15.0863	16.7496
6	5.3481	7.8408	10.6446	12.5916	14.4494	16.8119	18.5476
7	6.3458	9.0371	12.0170	14.0671	16.0128	18.4753	20.2778
8	7.3441	10.2189	13.3616	15.5073	17.5346	20.0902	21.9550
9	8.3428	11.3888	14.6837	16.9190	19.0228	21.6660	23.5893
10	9.3418	12.5489	15.9872	18.3070	20.4832	23.2093	25.1882
11	10.3410	13.7007	17.2750	19.6751	21.9201	24.7250	26.7569
12	11.3403	14.8454	18.5493	21.0261	23.3367	26.2170	28.2996
13	12.3398	15.9839	19.8119	22.3620	24.7356	27.6882	29.8194
14	13.3393	17.1169	21.0641	23.6848	26.1190	29.1413	31.3194
15	14.3389	18.2451	22.3071	24.9958	27.4884	30.5779	32.8013
16	15.3385	19.3689	23.5418	26.2963	28.8454	32.0001	34.2674
17	16.3382	20.4887	24.7690	27.5871	30.1910	33.4085	35.7182
18	17.3379	21.6049	25.9894	28.8693	31.5264	34.8053	37.1564
19	18.3377	22.7178	27.2036	30.1435	32.8523	36.1907	38.5820
20	19.3374	23.8277	28.4120	31.4104	34.1696	37.5662	39.9968
25	24.3366	29.3389	34.3816	37.6525	40.6466	44.3144	46.9285
30	29.3360	34.7997	40.2560	43.7730	46.9793	50.8922	53.6720
35	34.3356	40.2228	46.0588	49.8019	53.2035	57.3424	60.2755
40	39.3354	45.6161	51.8051	55.7586	59.3420	63.6914	66.7673

A.7 표준화범위 Q의 분포

표기 : $Q \sim Q(t,\nu)$, 여기서 t는 처리의 수, ν는 자유도

확률밀도 : 해석적 형태로 표현되지 않는다. 다만,

$$Q = \frac{\max(Z_1,\cdots,Z_t) - \min(Z_1,\cdots,Z_t)}{\sqrt{W/\nu}}$$

여기서 $Z_1,\cdots,Z_t$는 독립적인 표준정규변량, W는 독립적인 $\chi^2(\nu)$ 변량

상위 100α 백분위수 Q_α : $P\{Q \geq Q_\alpha\} = \alpha$, 100α = 5%

t	2	3	4	5	6
ν=1	17.97	26.98	32.82	37.08	40.41
2	6.085	8.311	9.798	10.88	11.74
3	4.501	5.910	6.825	7.502	8.037
4	3.927	5.040	5.757	6.287	6.707
5	3.635	4.602	5.218	5.673	6.033
6	3.461	4.339	4.896	5.305	5.628
7	3.344	4.165	4.681	5.060	5.359
8	3.261	4.041	4.529	4.886	5.167
9	3.199	3.949	4.415	4.756	5.024
10	3.151	3.877	4.327	4.654	4.912
11	3.113	3.820	4.256	4.574	4.823
12	3.082	3.773	4.199	4.508	4.751
13	3.055	3.735	4.151	4.453	4.690
14	3.033	3.702	4.111	4.407	4.639
15	3.014	3.674	4.076	4.367	4.595
16	2.998	3.649	4.046	4.333	4.557
17	2.984	3.628	4.020	4.303	4.524
18	2.971	3.609	3.997	4.277	4.495
19	2.960	3.593	3.977	4.253	4.469
20	2.950	3.578	3.958	4.232	4.445
24	2.919	3.532	3.901	4.166	4.373
30	2.888	3.486	3.845	4.102	4.302
40	2.858	3.442	3.791	4.039	4.232

상위 100α 백분위수 Q_α : $P\{Q \geqq Q_\alpha\} = \alpha$, $100\alpha = 1\%$

t	2	3	4	5	6
$\nu=1$	90.03	135.0	164.3	185.6	202.2
2	14.04	19.02	22.29	24.72	26.63
3	8.261	10.62	12.17	13.33	14.24
4	6.512	8.120	9.173	9.958	10.58
5	5.702	6.976	7.804	8.421	8.913
6	5.243	6.331	7.033	7.556	7.973
7	4.949	5.919	6.543	7.005	7.373
8	4.746	5.635	6.204	6.625	6.960
9	4.596	5.428	5.957	6.348	6.658
10	4.482	5.270	5.769	6.136	6.428
11	4.392	5.146	5.621	5.970	6.247
12	4.320	5.046	5.502	5.836	6.101
13	4.260	4.964	5.404	5.727	5.981
14	4.210	4.895	5.322	5.634	5.881
15	4.168	4.836	5.252	5.556	5.796
16	4.131	4.786	5.192	5.489	5.722
17	4.099	4.742	5.140	5.430	5.659
18	4.071	4.703	5.094	5.379	5.603
19	4.046	4.670	5.054	5.334	5.554
20	4.024	4.639	5.018	5.294	5.510
24	3.956	4.546	4.907	5.168	5.374
30	3.889	4.455	4.799	5.048	5.242
40	3.825	4.367	4.696	4.931	5.114

부록 B. 컴퓨터 파일 목록

이 책에서 쓰인 소프트웨어는 SPSS이다. 다음 목록에 제시한 SPSS 데이터 파일을 한나래 출판사 홈페이지(www.hannarae.net)자료실에서 내려 받아 활용하기 바란다.

SPSS 데이터 파일

장	파일	내용
1장.	desc61.sav	<표 1> 수강생 만족도 자료, p.13
	sat100.sav	<표 4> 학교성적과 수능성적, p.28
	baseball1994.sav	1장 연습문제 자료, p.42
2장.	diet25.sav	<표 1> 다이어트 약 A의 효능, p.43
	gain100.sav	<표 3> 학교급식으로 향상된 학업성적, p.50
3장.	ad20.sav	<표 1> 광고 A와 B의 기억효과, p.59
	edu20.sav	<표 3> 교수방법 A와 B의 비교, p.66
	edu20_twogroup	3장 연습문제 자료, p.72
4장.	exp4x6.sav	<표 1> 학습방법에 따른 성적차이, p.76
	exp5x5.sav	<표 8> 학습방법의 비교, p.89
	dvdplayer_1	4장 연습문제 자료, p.106
5장.	exp2x3x4.sav	<표 1> 2요인 실험 자료 : 세미나 수업의 효과, p.113
	grocery_1.sav	5장 연습문제 자료, p.112
6장.	exp5x4.sav	<표 1> 4종의 약물 처리간 반응의 차이, p.125
	exp6x4.sav	<표 4> 반복측정 2요인 실험 자료 : 반복요인 B, p.130
7장.	tree.sav	<표 1> 미니탭 나무자료, p.146
	grades.sav	<표 3> 대학생의 학업성취도 자료, p.154
	pulse.sav	<표 5> 맥박 수 자료, p.160
8장.	finance.sav	<표 1> 화학관련사 재무자료, p.183
	aerobic.sav	8장 연습문제 자료, p.198
9장.	salary.sav	<표 1> 3개 회사의 월 급여 비교, p.203
	education.sav	<표 4> 개념도 수업의 효과, p.206
10장.	tab3x2.sav	<표 1> 심리치료의 효과, p.215
	tab4x3.sav	<표 6> 교육수준에 따른 선호정당 분포, p.221
	ad50.sav	<표 12> 광고효과 자료, p.231
	reader.sav	<표 13> 새 잡지의 잠재적 구독성향 자료, p.232

찾 아 보 기